◎勁草法学案内シリーズ

借地借家法案内

内田勝一

勁草書房

はしがき

　本書の目的は、大学の法学部や法科大学院で民法、借地借家法、不動産法、土地法等を学んでいる学生・院生の皆さんを対象にして、土地建物の法律関係を規律する基本法である民法と借地借家法の内容をわかりやすく解説することです。法制度・知識の断片的な解説ではなく、制度の趣旨、背景、学問的に重要な論点等について、借地借家関係の実態を踏まえて、解説しました。また、借地借家法の全体的な理解ができるだけでなく、法的・論理的な思考方法をも習得できるように試みました。弁護士・司法書士などの法律実務家、不動産の賃貸借に関する仕事に携わっている人々、宅地建物取引士資格試験等の国家試験の受験を志している方々にも有益なものと思います。

　本書は、①日本の借地借家関係がどのように発展してきたのかという歴史的視点、②日本と同じような政治的・経済的・社会的制度にある国々の借地借家法との比較という視点、③法が社会的文脈の中でどのような現実的機能を果たしているかを考察し、社会的実態を重視するという視点から考察をしている点が、類書と比べた特徴です。各章の冒頭に Learning Goals という項目をおき、質問形式により、各章で学ぶ論点を示しています。掲げられている質問を念頭に置きながら、本書を読むことをお勧めします。

　借地借家に関する法的な規律の基本は民法（明治 29 年法律 89 号）です。しかし、社会経済の発展に伴い民法の賃貸借に関する規定で

はしがき

は不十分となり、借地借家法という法分野が発展してきました。借地借家法は1991年（平成3年）に制定され、1992年（平成4年）8月1日から施行されていますが、その歴史は1909年（明治42年）の建物保護法、1921年（大正10年）の借地法、借家法にさかのぼります。多くの判決により判例法理論が形成されてきました。また、詳細な解釈論のみならず、日本の借地借家関係の実態分析、歴史的な研究、比較法的な研究等の学問的研究も活発に行われています。2000年（平成12年）に制定された消費者契約法は、情報の質と量および交渉力の格差の是正、対等な立場での公正な契約の実現を目的としており、居住用建物賃貸借契約の規律に対して大きな影響を与えています。本書はこれらの法律、判例、学説により形成されてきた法理論を基礎として、問題点を解説しています。

現在、民法の債権法について改正事業が進んでおり、2017年（平成29年）1月現在、国会で審議中です。借地借家法は改正の対象になっていませんが、民法の賃貸借に関する規定に関しては改正が予定されていますので、必要な場合には、改正法案についても解説しています。

本書の執筆に際して、適切な助言を下さり、辛抱強く待って下さった編集部の竹田康夫さんには大変お世話になりました。最近の判例の進展、学説の深化・展開をできる限り反映させ、読者の皆さんにとって有益な本となるよう努めました。その試みが成功したかは読者の皆さんの判断に委ねるところです。

2017年1月

内田　勝一

目　　次

序　論｜借地借家法の基礎知識 ── 1

第1節　賃貸借契約と借地借家 … 3
1. 物の賃貸借　3
2. 建物所有を目的とする地上権設定および土地の賃貸借　3
3. 建物賃貸借　6
4. 借地借家法の適用されない賃貸借関係　7

第2節　借地借家関係に適用される法規の発展 … 8
1. 民法典における賃借権の規定　8
2. 借地法・借家法の制定　9
3. 戦後における借地借家関係の変化　11
4. 借地借家法の制定　13
5. 借地借家法制定以降の立法の動き　16
6. 借地借家に関する契約　18
7. 借地借家関係の訴訟・判決　19

第3節　借地借家関係の類型・社会的実態 … 19
1. 借地借家関係を理解する視点　19
2. 借地借家関係の類型化　20
3. 日本の借地制度の特徴　22
4. 日本の借家関係の特徴　23
5. 消費者契約法　24

第4節　借地借家に関する法学的な研究 … 25

目　　次

　　1　不動産賃借権の強化　25
　　2　継続的な契約関係としての借地借家関係　26
　　3　特別法と社会政策　26

第1部　借地関係

第1章 ｜ 借地権の意義と成立

第1節　借地権の意義
　1　建物所有の目的　33
　2　地上権または賃貸借であること　35
　3　一時使用の借地　36

第2節　借地権の成立
　1　借地契約の締結　38
　2　契約以外の事由による借地権の発生　39

第3節　借地権の種類と存続期間
　1　旧借地権　41
　2　普通借地権　43
　3　定期借地権　43
　4　短期賃貸借　44
　5　被災地短期借地権　44

第2章 ｜ 当事者間の使用収益関係

第1節　借地権設定者の義務
　1　使用収益させる義務　47

2　修繕義務　47

3　費用償還義務　48

4　他人の物の賃貸借　49

5　担保責任　50

第2節　借地権者の義務　51

1　賃料支払義務　51

2　使用収益に際しての義務　51

3　原状回復義務　52

4　賃借人が複数の場合　52

第3節　使用収益に関する各種の特約　53

1　特約の効力　53

2　使用目的・建物の種類構造に関する特約　54

3　使用方法違反　54

4　建物の増改築禁止特約　55

5　その他の特約　56

第4節　借地の利用条件変更に関する非訟事件訴訟　57

1　非訟事件手続　57

2　借地条件の変更　58

3　増改築許可の裁判　60

4　借地契約更新後の建物再築許可申立て　61

第3章｜借地権の終了 ─── 63

第1節　期間満了以外の事由による借地関係の終了　65

1　合意による借地関係の終了　65

2　債務不履行による賃貸借の解除と信頼関係理論　65

目　　次

　　3　借地上建物の朽廃　67

　　4　借地上建物の滅失—旧借地権の場合　67

　　5　借地上建物の滅失—普通借地権の場合　68

　　6　普通借地契約更新後の建物滅失　69

　　7　賃貸借当事者の破産　70

第2節　借地権の期間満了と契約の更新……………………………………70

　　1　借地期間の満了と借地契約更新の基本原則　70

　　2　更新請求権　74

　　3　更新拒絶の正当事由　78

　　4　更新料　89

第3節　更新の効果 ……………………………………………………………92

第4節　終了の効果 ……………………………………………………………93

　　1　借地権の消滅・原状回復義務　93

　　2　建物買取請求権　93

第4章｜当事者間の経済的関係 ──────── 97

第1節　賃料………………………………………………………………………99

　　1　賃料　99

　　2　地代の増減請求権　102

第2節　権利金・敷金 …………………………………………………………108

　　1　権利金　108

　　2　敷金　109

目　次

第5章 ｜ 借地関係と第三者 ——————————111

第1節　借地権が設定された土地の譲渡と借地権の対抗 …… 113
1　借地権が設定されている土地の所有権譲渡　113
2　借地権の対抗力　115

第2節　借地権に基づく妨害排除 ……………………………… 123
1　不法占拠者に対する妨害排除　123
2　二重賃貸借の場合　124

第3節　借地権の譲渡・転貸 …………………………………… 125
1　譲渡・転貸の意義　125
2　借地権の譲渡・転貸と信頼関係理論　126
3　有効な譲渡・転貸　129
4　建物取得者の建物買取請求権　132
5　借地上建物の賃貸借　133

第4節　借地権の譲渡・転貸と借地非訟事件 ………………… 136
1　賃借権の譲渡・転貸についての承諾に代わる許可　136
2　競売等による買受人の賃借権の譲渡・転貸についての承諾に代わる許可　138
3　借地権設定者の介入権　139

第5節　借地権と担保権設定 …………………………………… 140
1　借地上建物への抵当権設定　140
2　借地上建物への譲渡担保設定　142
3　借地権設定者による土地所有権への抵当権設定　143

第6節　借地関係と一般債権者 ………………………………… 144
1　借地権設定者と一般債権者　144
2　借地権者と一般債権者　145

第7節　借地権と相続・借地権者の保証人 ……………………… 145

　1　借地権と相続　145

　2　賃借人の保証人　147

第6章 | 定期借地権制度 ——————————————149

第1節　定期借地権制度 ……………………………………………… 151

第2節　一般定期借地権 ……………………………………………… 152

　1　一般定期借地権の意義　152

　2　一般定期借地権の設定　152

　3　一般定期借地権の対抗力　152

　4　一般定期借地権の相続と譲渡　153

　5　一般定期借地契約と建物の滅失　153

　6　一般定期借地の終了と建物の賃借人　153

　7　一般定期借地権の利用状況　154

第3節　事業用定期借地権および事業用借地権 ……………… 155

　1　事業用定期借地権の意義　155

　2　事業用借地権の意義　155

　3　事業用定期借地権等の効力　156

　4　事業用定期借地権等の終了と建物の賃借人　156

　5　事業用定期借地権等の利用状況　156

第4節　建物譲渡特約付き借地権 ………………………………… 157

　1　建物譲渡特約付き借地権の意義　157

　2　建物譲渡特約付き借地契約の終了　157

　3　建物譲渡特約付き借地権の効力　158

　4　建物譲渡特約付き借地契約の終了と建物の賃借人　158

5 建物譲渡特約付き借地権利用の実態　158

第2部　借家関係

第1章　借家関係の成立 ———163

第1節　建物の賃貸借 …… 165

1 借地借家法の適用される建物　165

2 賃貸借契約　166

3 一時使用の建物賃貸借契約　170

4 短期賃貸借　171

5 罹災都市借地借家臨時処理法の廃止と大規模な災害の被災地における借地借家に関する特別措置法　172

6 サブリース契約　172

7 事業用建物の建貸契約・オーダーメイド賃貸借　175

第2節　建物賃貸借関係の成立 …… 177

1 契約による成立と法律に基づく成立　177

2 借家契約締結の際の説明義務　178

3 人種、性別、国籍、年齢などを理由とする入居の拒絶　179

第2章　当事者間の使用収益関係 ———181

第1節　賃貸人の義務 …… 183

1 使用収益させる義務　183

2 修繕義務　183

3 費用償還義務　185

目　　次

　　4　他人の物の賃貸借　186
　　5　担保責任　186
第2節　賃借人の義務 …………………………………………………… 187
　　1　賃料支払義務　187
　　2　善良なる管理者としての注意義務　187
　　3　賃借人の損害賠償の範囲　188
　　4　原状回復義務　188
　　5　通常損耗特約　189
　　6　賃借人が複数の場合　192
第3節　借家の使用収益に関する各種の特約 …………………… 192
　　1　特約の有効性　192
　　2　使用目的に関する特約　192
　　3　使用方法に関する特約　193
　　4　建物の増改築禁止特約　194
　　5　その他の特約　195
第4節　造作買取請求権 ………………………………………………… 195
　　1　造作買取請求権の意義　195
　　2　造作買取請求権の要件　196
　　3　造作買取請求権の効果　198

第3章　借家関係の終了 ——————————199

第1節　借家関係の終了 ………………………………………………… 201
　　1　期間の定めのある建物賃貸借　201
　　2　期間の定めのない建物賃貸借　202
　　3　借地上に賃貸建物が存在する場合　202

第2節　更新拒絶・解約申入れの正当事由 …………………… 203
　1　正当事由の意義・判断基準　203
　2　正当事由と立退料の提供　213
　3　立退料提供の申出の時期　218
　4　賃借人による立退料支払請求権　218
　5　更新の効果　219
第3節　期間満了・解約申入れ以外の事由による
　　　　借家関係の終了 …………………………………………… 220
　1　合意による解除　220
　2　債務不履行による賃貸借の解除　220
　3　建物の滅失と借家関係の終了　220
　4　賃貸借当事者の破産　221
　5　借家関係の終了と転借人への効果　221
第4節　終了に関する特約 ……………………………………………… 222
　1　更新料支払特約　222
　2　終了に関するその他の特約　227

第4章 | 当事者間の経済的関係 ── 229

第1節　賃料・家賃 ……………………………………………………… 231
　1　賃料　231
　2　家賃・借賃の増減請求権　236
第2節　権利金・敷金・保証金 ………………………………………… 241
　1　権利金　241
　2　礼金　242
　3　敷金　242

4　保証金（建設協力金）　250

第5章 ｜ 借家関係と第三者 ─────253

第1節　賃貸建物の譲渡と賃貸借関係の対抗 … 255
　　1　賃貸借関係が設定されている建物の譲渡　255
　　2　建物賃貸借の対抗　255

第2節　建物賃貸借に対する侵害 … 257

第3節　建物賃借権の譲渡・転貸 … 258
　　1　無断譲渡・転貸の禁止　258
　　2　建物賃貸借における信頼関係理論の適用　259
　　3　譲渡・転貸の効果　263
　　4　基本賃貸借の終了と転貸借　263

第4節　建物賃貸借と担保権 … 264
　　1　賃貸建物への抵当権設定　264
　　2　建物賃借人による担保権の設定　267

第5節　借家関係と一般債権者 … 267
　　1　賃貸人と一般債権者　267
　　2　賃借人と一般債権者　268

第6節　借家と相続・離婚に伴う財産分与 … 268
　　1　建物賃貸人の死亡　268
　　2　建物賃借人の死亡　268
　　3　離婚に伴う財産分与　273

第7節　賃借人の保証人の地位 … 273
　　1　保証人の意義　273
　　2　転借人の行為についての責任　274

3　保証人の解約権　275
　　4　家賃債務保証会社　276

第6章　定期建物賃貸借制度 ―――― 279

第1節　定期建物賃貸借制度制定の背景 …… 281
第2節　定期建物賃貸借の締結・効力・終了時の関係 …… 282
　　1　定期建物賃貸借の締結　282
　　2　定期建物賃貸借の効力　283
　　3　定期建物賃貸借の終了　285
第3節　取壊し予定の建物の賃貸借 …… 286
　　1　取壊し予定の建物の賃貸借の意義　286
　　2　取壊し予定の建物の賃貸借の要件　286
　　3　取壊し予定の建物の賃貸借の効果　287
第4節　建物賃貸人不在期間の建物賃貸借 …… 287
第5節　定期借家制度の利用状況 …… 288
第6節　高齢者の居住の安定確保に関する法律に基づく終身建物賃貸借 …… 290
　　1　制度の趣旨　290
　　2　終身建物賃貸借の法律関係　290
　　3　終身建物賃貸借の実態　291

むすびにかえて　293

　　借地借家法参考文献　295
　　事項索引　298
　　判例索引　303

凡 例

◇法令略語
民法　民
民法の一部を改正する法律案（189閣法63号）　改正案
借地借家法　法
借地借家法附則　附則
旧借地法　旧借地
旧借家法　旧借家
民事訴訟法　民訴
民事執行法　民執
破産法　破
供託法　供託
農地法　農地
民事調停法　民調

◇判例略語
①判決裁判所
　大判　大審院判決
　最判（決）　最高裁判所判決（決定）
　高判（決）　高等裁判所判決（決定）
　地判（決）　地方裁判所判決（決定）
　簡判　簡易裁判所
②登載判例集
　民集　大審院民事判例集
　民録　大審院民事判決録
　新聞　法律新聞
　民集　最高裁判所民事判例集
　判時　判例時報
　判タ　判例タイムズ
　金判　金融・商事判例
　金法　金融法務事情
　LEX/DB　TKC ローライブラリー・判例データベース
　LLI　判例秘書データベース

＊判例の引用方法について，例えば最判昭29・3・11民集50-7-1876とあるのは，昭和29年3月11日の最高裁判所判決で，最高裁判所民事判例集50巻7号1876頁掲載を示す。

序 論
借地借家法の基礎知識

【Learning Goals】

　序論では、借地借家法の具体的な解釈論を学ぶ前提として、借地借家関係についての基礎知識を学ぶことにします。

　日本の借地借家関係の特徴を理解する際には、それがどのように発展してきたのかという歴史的視点、日本と同じような政治的・経済的・社会的制度にある国々の借地借家関係との比較という視点、社会的文脈の中で、法が現実に果たしている機能を考察するという視点が重要性です。これが序論における学びの基本的な目標です。

　学びの中心的な目標は、以下の論点についての理解を得ることです。
1　土地・建物の賃貸借についての法制度はどのようになっているのでしょうか。民法の中ではどのように規律されているのでしょうか。また特別法としての借地借家法はどのような関係に適用されているのでしょうか。
2　民法の賃貸借規定、借地借家法はどのように展開してきたのでしょうか。その背景にはどのような問題があったのでしょうか。また、法の制定によって問題は解決されたのでしょうか。判例による法形成はどのように進んできたのでしょうか。
3　借地借家法の適用対象となる土地・建物の賃貸借関係の実態はどうなっているのでしょうか。借地上に居住用建物、事業用建物を所有している事例はどの程度あるでしょうか。居住用建物・事業用建物の賃貸借の実態はどうなっているのでしょうか。きわめて多様な実態がありますが、法はそれらを適切に規制しているのでしょうか。
4　日本の借地借家法制は外国法と比べてどのような特徴があるのでしょうか。

5 居住用建物の賃借人は民間賃貸住宅の消費者という性格も持っています。消費者契約法の制定は居住用建物の賃借人の法律関係にどのような影響を及ぼしたのでしょうか。
6 借地借家に関する法学的な研究はどのような事柄を解明してきたのでしょうか。

第 1 節　賃貸借契約と借地借家法

1　物の賃貸借

　私たちは生活の中で他人の所有する物を利用することがあります。当事者の一方が他方にある物の使用収益をさせ、これに対して後者が使用収益の対価を支払う契約を賃貸借契約と呼びます（民601条）。民法改正案601条は、「賃貸借は、当事者の一方がある物の使用及び収益を相手方にさせることを約し、相手方がこれに対してその賃料を支払うこと及び引渡しを受けた物を契約が終了したときに返還することを約することによって、その効力を生ずる」と定義しています。賃貸借関係に適用される一般的な法律は民法です。賃貸借契約は、利用の対価を支払うという意味で、有償契約と呼ばれ（対価を伴わない契約は無償契約と呼ばれます）、当事者双方に債権債務の発生する双務契約（一方にのみ債務が発生する契約は片務契約と呼ばれます）であり、合意のみによって成立する諾成契約（契約の成立に目的物の交付を必要とする契約は要物契約と呼ばれます）です。

　土地、建物等の不動産の賃貸借契約は社会の中では重要な位置を占めており、様々な特別法が制定されてきました。借地借家法は建物所有を目的とする地上権および土地の賃貸借ならびに建物（居住用建物、工場・事務所・商店・コンビニ・スーパーマーケット等の事業用建物賃貸借等様々な用途の建物を含みます）の賃貸借に適用されます（法1条）。

2　建物所有を目的とする地上権設定および土地の賃貸借

　借地借家法の対象となる土地・建物の賃貸借関係の実態をみてみ

序　論　借地借家法の基礎知識

ましょう。

　借地上に居住用建物を所有する例は少なくなりました。総務省の2013年（平成25年）住宅・土地統計調査（2015年2月26日発表）によると、主世帯5210万世帯のうち、一般の借地権は103万4千世帯（2.0％）です。2008年（平成20年）では117万世帯（2.4％）でしたから、ずいぶんと減少しています。定期借地権は、2008年の12万1千世帯から13万8千世帯（0.3％）に増加しました。しかし、全体としてみると、住宅所有を目的とする借地権の数、比率ともに減少傾向にあります。2008年には主世帯4959万8千世帯のうち一般借地と定期借地権等を含む借地は合計129万1千世帯、2.6％でしたが、2013年には主所帯5210万世帯のうち、一般借地と定期借地権等を含む借地は合計117万2千世帯（2.3％）です。この減少傾向は長い間続いています。借地契約の更新に際して、借地権者が土地（底地といいます）を購入することが多いこと、いわゆる借地権価格の発生により、所有権を取得するのと同じような当初費用が必要なので、最近では借地借家法上の普通借地権の設定はあまり多くないと想像されること、住宅地価格の下落により土地の取得が従来よりも容易になったことが理由でしょう。

　借地上に事業用建物を所有している者の正確な数字はわかりません。事業経営をする場合は、立地が重要です。経営者が事業予定土地を取得して建物を建築しようと考えても、売却により土地を失いたくない、土地売却代金に賦課される税が高額である、取得した金銭につき安全確実で高収益の投資先を見いだすことが容易ではない等の理由で、土地所有者は土地を簡単には譲渡してくれません。土地を賃借する場合には取得に等しい程度の権利金を支払う必要があるので、土地の賃借を希望する事業者も多くありません。また、土

地所有者は、借地権の設定により高額の権利金を取得したとしても、長期間土地を自ら活用・開発できず、地代額も高額ではなく、利益率も低いので、賃貸する意欲は高くありません。そこで、事業経営者は、土地所有者に融資をして、自己の希望する建物を建築してもらい、その建物を賃借することが多くなりました。土地取得費用は不要で、経営環境が変化すれば建物賃貸借を解消して、容易に移動できるので、建物賃貸借契約を結ぶ方が有利だからです。事業経営者が土地所有者に建築資金を融資する場合には、返済金と賃料支払との相殺という処理も可能です。土地所有者の立場からすると、土地開発・建物建築にかかる費用を自ら用意する必要がなく、土地利用に関するノウハウが不十分であっても賃料取得が可能です。建物建設、資金融資、建物賃貸を一体的な契約とし、専門的知識と経験を有する者に交渉を委任することで建物賃貸借解消のリスクを低減させる有利な契約を実現できます。なお事業用定期借地契約の締結はありますが、事業用建物所有の借地契約は増加していません。

　日本法では、建物は土地とは別個独立の不動産であり、借地の上に建築された建物は土地の地上権者、賃借人の所有物となります。しかし、欧米諸国では、建物は土地の一部であり、土地の上に建築された建物は、原則として、土地の一部となり、土地所有者に帰属します。建物所有を目的とする地上権の設定や土地の賃貸借は、建物は土地に服すという原則の例外として、借地権者に建物所有権を帰属させるための制度です。公有地上に市民による住宅建設を促進するためとか、都市開発のために開発業者が地主から土地を借用する制度として存在しており、日本におけるような一般的な制度ではありません。

序　論　借地借家法の基礎知識

3　建物賃貸借

　借地借家法はすべての建物賃貸借契約に適用されます。建物を住居として利用する場合（住居賃貸借）のほか、商店・事務所・工場等として利用することもあります（事業用建物賃貸借）。土地・建物を所有していない市民が生存・生活に必要な居住用建物の賃貸借に適用される借家法と、建物を借用して事業を営む商店主・企業主が事業経営に投下した資本の回収の保障を目的とする事業用建物の賃貸借とは、立法の目的が異なるということもできます。外国法では事業用建物賃貸借については居住用建物賃貸借に適用される借家法とは別個独立の法制度が設けられていることもあります。

　2013年（平成25年）の住宅・土地統計調査によると、土地・住宅のいずれも所有していない世帯は1853万1千世帯であり、国民の35.6％は借家に居住しています。持家率、借家率には地域的な差があり、持家率が最も高い富山県は77.0％に達しています。東京都は最も低く42.8％ですが、借家率は最も高く47.7％に達しています。借家率は世帯主が若ければ高く、世帯主が25歳から29歳では85.9％、30歳から34歳までは67.9％です。持家取得率は30歳代で急上昇しており、一般的には、借家は移動性の高い若年世帯向けの居住形態です。同じ借家であっても、公営住宅は年齢が上がるにつれて居住率が上昇しており、高齢世帯が多いのが特徴です。他方で、シェアハウス等の新たな居住形態も生まれつつあります。

　2013年の総住宅戸数は6063万戸であり、5年前と比べると305万戸増加しましたが、空き家は820万戸に達し、総住宅戸数に占める割合は13.5％です。空き家の内訳をみると賃貸用の住宅が429万戸であり、空き家の52％を占めています。居住者の住宅の施設・設備に対するニーズの変化の結果、老朽化し狭小な借家の需要が乏

しくなったことが理由でしょう。

　建物を賃借して事業活動を営む者がどのくらいなのか正確な統計はありません。大企業から零細個人事業者まで多様です。新たに事業を始めようとする場合、事業経営に直接投資できる金銭額を多くしようと考えますから、建物を所有するよりは、賃借するのが合理的です。それ故、事業活動を営むために建物を賃借することは非常に多く、多様な利用・経営方式が考え出され、実施されています。建物賃貸借に関しては、居住用、事業用のいずれの場合にも、新しいニーズが生まれ、多様な利用関係が生まれていますので、本書では建物賃貸借の類型的な違いに留意して解説をしています。

4　借地借家法の適用されない賃貸借関係

　農地として利用するための借地関係については農地法が規律しています。また、自動車、航空機、機械、様々な日用品等の動産が賃貸借の目的になることも多く、物以外の権利が目的となっている場合（漁業権の賃貸借－大判大10・10・15民録27-1788）もあります。低価格の動産を短期間利用する賃貸借契約はレンタル契約と呼ばれることもあります。いずれも借地借家法は適用されません。

　ある者（ユーザー＝賃借人）が、機械・設備等の動産を必要とする場合に、リース業者（賃貸人）が、そのユーザーに対して購入のための資金を貸し付ける代わりに、その動産を販売業者（売主＝サプライヤー）から購入して、ユーザーに賃貸し、その使用料（リース料）の支払を受ける契約をリース契約と呼びます。コンピューター等、常に最新鋭の機器が必要な業種ではこのようなリース契約が広く用いられています。その法的性質につき、最判昭57・10・19民集36-10-2130は「ファイナンス・リース契約は形式的にはリー

ス業者が自己の所有する物件を利用者に利用させるという内容を有するものであるがこれを実質的にみる場合にはリース業者が利用者に対して金融の便宜を供与するという性質を有することは否定できない」としています。学説・判例ともにリース契約の実体である金融という側面に着目して解釈する傾向にあり、リース業者とユーザーとの法律関係を通常の賃貸借と同様に考えることはできないとしています。

第2節 借地借家関係に適用される法規の発展

1 民法典における賃借権の規定

　市民の一般的な法律関係を規律する民法（明治29年法律89号・明治31年施行）は他人の土地を利用する物権として地上権を用意しています（民295条）。地上権は竹木、工作物を所有するため他人の土地を直接かつ排他的に利用する物権であり、土地利用に関する妨害に対してはそれを直接的に排除する権利を持っています。地上権設定登記を備えることにより第三者にも対抗でき、地上権を自由に譲渡することもできます。民法制定当時は他人の土地の利用関係には地上権が用いられると想定されましたが、土地所有者が建物所有のための地上権の設定を認めることは少なく、ほとんどの場合、賃貸借契約（民601条以下）が結ばれてきました。

　現行民法典制定前、フランス人のボアソナードを中心にして起草され、1891年（明治23年）に公布された旧民法（財産編572条）は賃借権を物権とし、地上権は賃借権の一部とされ、建物所有のために土地を賃借した者が建物を築造すれば地上権が発生すると定めま

した。しかし、旧民法に対しては、日本古来の伝統である醇風美俗に反する等の批判がされ、賃借権を物権とすることに対しても強い反対がありました。これを民法典論争といいますが、明治以降の近代化のモデルをドイツに求めようとする政治的な流れ、旧民法の施行を断行しようとするフランス法学派と延期を主張したイギリス法学派との対立等も加わり、旧民法の施行は延期されました（明治25年11月24日）。

その後、1893年（明治26年）から、法典調査会において、民法典の編纂作業が始まり、他人の土地を利用し建物を建築する権利として、物権である地上権と債権である賃借権とを用意しました。議会の大多数は地主が占めており、農地の賃貸借を念頭に置いて賃貸借契約の内容を定めたので、賃借人の地位は弱いものとなりました。建物の賃借人の権利についての議論はほとんどありませんでした。

1896年（明治29年）に制定された民法は現在でも賃貸借に適用される一般的な法律ですが、民法制定後の社会情勢の変化に伴い、利用権者の地位を保護するために多くの特別法の制定が制定されました。特別法の規定は民法の規定よりも優先的に適用されます。これを「特別法は一般法に優先する」といいます。

民法の債権法についての改正事業が進み、2015年（平成27年）3月に「民法の一部を改正する法律案」が第189回国会に提出されました。賃貸借に関する規定に関しても改正が予定されています。

2 借地法・借家法の制定

都市における土地利用に関する特別法の制定は以下のように進みました。日露戦争後の経済発展に伴い、都市の商業用地の地価が上昇しました。借地上で商業が営まれていることが多かったので、地

主層（東京銀座、日本橋等の土地は旧幕府の武士階層や寺社の所有が多かったようです）は地代の増額を図ろうとしました。借地人は自分たちの経済活動の結果、地価が上昇したのであり、地価上昇に貢献していない地主による地代増額には根拠がないと反対しました。民法605条は登記を備えている賃借権は新地主に対しても対抗力があるとしています。しかし、地主と共同で登記を申請する必要があり（共同申請主義といいます）、賃借人には登記請求権がないとされていましたので、賃借権登記はほとんどありませんでした。そこで、地主は土地賃借人が賃借権登記を具備していないことを奇貨として、賃貸土地を第三者に譲渡し、その者から明渡請求をさせるという事例が多発しました。敷地所有権の移転があると、賃借権を新地主に対抗できず、建物の取壊しが生じることから、これは「地震売買」と呼ばれました。

そこで、東京の日本橋や銀座の商店主が中心となって、借地法制定運動を展開しました。地主勢力の反対も強く、結局、借地上の建物登記に借地権の対抗力を認める建物保護法が1909年（明治42年）に制定されました。この後、明治末から大正にかけては事業用建物で商業を営む都市の商人・借地人層からの借地法制定の要望が高まり、いくつかの借地法案が提案された後、1921年（大正10年）には、東京等の大都市に適用を限定した借地法が制定されました。また、その当時、都市に住む人々の90%以上は借家人でしたので、それら無産者の保護という社会政策思想、大正デモクラシーの影響により、借家法も制定されました。

この後、日中戦争の中で、戦時経済統制の一環として、1939年（昭和14年）には地代家賃統制令（1986年（昭和61年）廃止）が発布され、1941年（昭和16年）には借地法・借家法ともに改正があ

りました。戦時体制においては、軍需生産が重要になり、都市に労働者が集中します。しかし、資本・資材・労働力等は軍需生産に投下され、住宅生産にはされないので、軍需産業に従事する労働者の居住する住宅が不足し、家主からの賃料値上げや立退請求が増えてきました。これは国家の立場からすると戦争遂行目的を阻害するものですから、そのような請求の制限が必要となります。このような経緯からして、1941年の改正の中心は借家法でした。借家法1条の2は、自己使用その他の正当事由がなければ明渡請求ができないと規定しました。立法者は自己使用の必要性は正当事由を満たすと考え、判例も同様でした（大判昭18・2・12民集22-57）が、住宅難が逼迫化するに伴い、大審院（大判昭19・9・18法律新報717-14）は当事者双方の必要性を比較するという原則を打ち出しました。

3　戦後における借地借家関係の変化

　敗戦後の生活は厳しく、とりわけ米軍の空襲によって破壊された都市では住宅不足が著しく、旧植民地で暮らしていた人々や兵士の引き揚げも加わり、住宅難は深刻でした。この時期から、多くの判決により、判例理論が形成されました。昭和30年代には、借地借家法の改正事業が進み、1960年（昭和35年）7月に「借地借家法改正要綱案」がまとめられました。要綱案は借地権を物権とする等、借地借家制度の全面的改正を意図していましたが、地主層からの「農地解放に続く第二弾だ」という反対論も強く、立法は頓挫しました。緊急に改正を要する点についての手直し的な改正として、1966年（昭和41年）に借地法を中心とした改正があり、その段階で実現できる最小限度の妥協と評価されました。このように昭和40年代までの借地法、借家法の展開は利用権者の地位を強化する

序　論　借地借家法の基礎知識

歴史でした。

　ところで、1970年代後半（昭和50年代）からは借地借家関係の変貌ということがいわれました。借地に関しては、借地権の強化の結果、借地権設定者による取戻しが困難となりました。そのため、借地権は準所有権的な性格を持つようになり、借地権価格が土地価格の大きな部分を占め、借地権を取得するには土地を購入するのに匹敵する権利金の支払が必要なこともあり、借地権の設定は少なくなりました。土地所有者も、土地を担保として金融機関から金銭を借用することが容易になり、金融機関から資金と都市開発に関するアドバイスを得て、土地上に建物を建設して、都市開発、建物賃貸経営をすることが多くなり、借地供給は少なくなりました。借地契約の更新に際して、借地権者も地主から借地権を買い取り、所有権を取得することも多く、借地関係は急激に減少しました。

　借家関係では、高度経済成長期に農村から都市へと人口が移動し、多くの人々が借家に居住しました。その後、持ち家政策の推進、収入の増加、住宅金融制度の発展により、多くの人々が住宅を所有することが可能となりました。また、公営住宅や当時の日本住宅公団の住宅等の公共住宅の建築も増加しました。家族を持つ定住型の借家人は、持ち家の取得、公共賃貸住宅への居住が進み、民間借家に居住する中心的な層は単身の若年労働者や世帯を形成してまもない人々となりました。それらの人々は家族数の増加とともに持家を所有することが一般的となり、流動的な借家人層が民間借家居住者の多くを占め、継続的な居住の保障よりも移転の容易さ、賃料の適切さに関心を持つようになりました。

4 借地借家法の制定

借地借家法制定の背景 1980年代半ば以降のバブルの時代には、正当事由制度を緩和し、再開発の必要性を正当事由の内容とすべきという主張がデベロッパーからなされ、借地法、借家法の改正が要望されました。「地上げ」という半ば暴力的な方法による借家の取戻しが社会問題となったのはこの時代です。しかし、民法、借地借家法という私人の法律関係に、都市再開発の推進という政策を持ち込むのは適切ではないとされ、その当時までの判例法理を整序し、建物保護法、借地法、借家法を統合した借地借家法が1991年（平成3年）9月に成立し、10月4日に公布され（平成3年法律90号）、1992年（平成4年）8月1日から施行されました。これにより、借地借家関係の規制は変更され、また借地関係の多様化を理由として定期借地権が導入される等の変化が生じました。

借地借家法改正問題が社会問題として登場した背景には都市再開発の要請がありました。中曽根政権の下での民間活力の活用、都市再開発ブームの中で、正当事由制度は再開発を制約するものであり、既存借地借家関係の終了を容易にせよという要求が民間都市開発業者から主張されました。また、借地権は準所有権化しており借地供給が事実上停止したので、貸主にとってメリットのある制度とし、借地供給を拡大しようという意見もありました。都市開発業者の要望に基づく立法であるという社会的批判もありましたが、法律改正を担当した法務省はそのような動向、都市再開発の要請とは無関係のものであることを強調しました。実際にも、法文の内容はこれまでの判例学説から大きくはずれることはなく、借地借家関係の多様化を反映したものとなりました。

序論　借地借家法の基礎知識

　借地借家法制定の目的は、借地借家人の権利を保障することにより土地建物の利用関係を安定させるという基本的な考え方を維持しながら、1921年（大正10年）に制定された借地法、借家法を現代の社会経済的状況の変化に対応させることでした。従前の判例により確立している内容に実質的な変更は加えず、既存の権利義務関係の内容を合理化し簡素化した条文が新法のかなりの部分を占めており、市民に分かりやすい法律にするため、口語体の漢字平仮名混じりの文章になりました。

借地借家法の概要

　借地借家法の内容を簡潔に紹介しておきましょう。借地借家法施行後に設定される借地権の内容に関しては、存続期間（法3条）、更新後の期間（法4条）、正当事由の内容（法6条）、期間満了前の建物滅失と再築（法7条、8条）等の点でこれまでとは異なる規制をしました。その結果、従前からの借地関係（以下では旧借地権と呼びます）と新法施行後に設定される普通借地権とが並存することになりました。

　また、更新制度のない定期賃借権が導入されました。更新を希望しない借地利用のニーズに応え、借地形態を多様化し、借地供給を増加させることが目的とされました。広義の定期借地権には、存続期間を50年以上とする定期借地権、30年以上の期間を定め期間満了後に土地上の建物を借地権設定者に相当な対価で譲渡する建物譲渡特約付き借地権、専ら事業の目的に供する建物の所有を目的とする期間10年以上20年以下の事業用借地権の3種類が定められました。

　改正過程で最も論議されたのは正当事由の内容でした。1985年（昭和60年）11月に発表された「借地借家法改正の問題点」は、借

地の正当事由の内容について、「土地の有効利用の必要性及び相当性」と規定しました。しかし、都市再開発の要請を導入するものであって私法の範囲を超えているという批判がされ、1989年（平成元年）の「借地借家法改正要綱試案」では「有効利用」という言葉をやめ、「土地所有者及び借地権者が土地の使用を必要とする事情、借地に関する従前の経過、土地の利用状況、土地の存する地域の状況その他一切の事情を考慮して定められるものとする」と規定しました。これに対しても当事者に直接関係しない事情であり土地の有効利用と変わらないという批判がされ、「土地の存する地域の状況」という文言は落ち、都市再開発、土地の有効利用のための規制緩和という色彩は薄れ、当事者間の必要度の比較衡量という正当事由制度の本来の状況へと戻ってきました。立退料の提供・支払による正当事由の補完が明文で認められることになりました。これは実務の現状を認めたものであり、金銭による当事者間の利害調整が借地借家の領域で一般化したことを象徴しています。

借家に関しては、旧借家法の内容を基本的には維持しつつ、期間満了にともない賃貸借関係が終了する期限付き建物賃貸借制度を導入しました。転勤、療養、親族の介護など貸主にとってやむを得ない事情がある場合にその期間を確定して建物を賃貸する更新規定のない賃貸人の不在期間の建物賃貸借（制定当時の38条）と、取壊し予定の建物賃貸借（39条）とが認められました。

借地借家法の制定と同時に、「当事者の互助により条理にかない実情に即した解決を迅速且つ適正に解決する」ことを目的として、民事調停法が一部改正され、地代・家賃の増減額に関する紛争には調停前置主義が導入されました（民調24条の2）。調停委員会の定める調停条項に服する旨の書面による合意が調停申立て後になされ

たときは調停委員会は適当な調停条項を定めることができます（民調24条の3）。民事調停法の改正は既存の借地借家関係にも適用されます。

|借地借家法制定前からの借地借家関係に関する借地借家法の適用| 　借地借家法の附則4条は経過措置に関する原則を定め、「この法律の規定は、この附則に特別の定めがある場合を除き、この法律の施行前に生じた事項にも適用する」と規定しています。したがって、借地借家法は施行前までに設定された既存の借地借家関係にも適用されます。附則5条以下は、経過措置に関する特別の規定を置いていますので、それに該当する場合には、なお従前の例によるとき、借地借家法の規定が適用されないときがあります。適用関係については、問題となる場面毎に解説することにします。

また、附則4条但書は「ただし、附則第2条の規定による廃止前の建物保護に関する法、借地法及び借家法の規定により生じた効力を妨げない」と規定しており、旧法のもとで生じた効力はそのまま維持されます。

5　借地借家法制定以降の立法の動き

借地借家法制定以降の立法の動きについて、簡単に紹介しておきましょう。詳細はそれぞれの箇所で触れています。

1990年代後半には、民間借家が狭いのは借家法の規制のためであり、正当事由制度は廃止すべきであり、立退料は禁止すべきである、家主が何時でも取戻しができるような賃貸住宅建設をすすめるべきとの主張から、1999年（平成11年）12月には、「良質な賃貸住宅等の供給の促進に関する特別措置法」（いわゆる定期借家法）が制

定され、定期借家権制度が創設され、2000年（平成12年）3月から施行されました。

　他方、2000年（平成12年）には消費者契約法が制定されました。居住用建物賃貸借契約に関しては、事業者としての賃貸人との間で、情報量および交渉力に格差のある賃借人を消費者として把握し、消費者契約としての公正さという観点から、規律をしており、判例による法形成に影響を与えています。

　2003年（平成15年）には民法の一部改正があり、短期賃貸借保護の規定が廃止され、抵当建物使用者の引渡猶予制度へと代わりました（民395条）。また、登記を備えた賃借権は抵当権に遅れる場合であっても、抵当権者の同意および同意の登記があれば、抵当権者に賃借権を対抗できる制度が作られました（民387条）。

　2004年（平成16年）には新しい破産法が制定され、それに伴い、賃借人が破産した場合、賃貸人が賃貸借契約の解約を申し入れることができるとする制度（民621条）が廃止されました（破産法の施行に伴う関係法律の整備等に関する法律6条）。

　2007年（平成19年）の借地借家法一部改正により（2008年（平成20年）1月1日施行）、事業用借地権は、期間30年以上50年未満の事業用定期借地権（法23条1項）と、期間10年以上30年未満の事業用借地権（法23条2項）とに区分されました。その結果、借地借家法第2章第4節は定期借地権等と題され、一般定期借地権（法22条）、事業用定期借地権（法23条1項）、事業用借地権（法23条2項）、および建物譲渡特約付き借地権（法24条）が認められています。

　2011年（平成23年）に新しい非訟事件手続法が制定され、非訟事件手続法及び家事事件手続法の施行に伴う関係法律の整備等に関する法によって借地非訟事件の手続に関する規定が改正されました。

序論　借地借家法の基礎知識

　罹災都市借地借家臨時処理法は、大規模災害が生じた場合に、政令により借地借家関係に適用されてきました。東日本大震災による被災地に適用されるかが問題となりましたが、適用されないこととなり、その後同法は廃止され、それに代わる被災地特別措置法が2013年（平成25年）に制定されました。

　2009年（平成21年）11月から法制審議会民法部会において民法債権法の全面改正の作業が始まり、2015年（平成27年）2月に改正要綱がまとまり、3月には「民法の一部を改正する法律案」として第189回国会に提案されました。改正案では、賃貸借に関してもいくつかの改正が予定されています。

6　借地借家に関する契約

　土地・建物の賃貸借は、特別法である借地借家法等と私法関係の一般法である民法の規定の適用を受けます。借地権者、借家人の権利を保護するための特別の規定（強行規定）に反する場合は、その約定は無効ですが（法9条、16条、21条、30条、37条参照）、それに反しない限り、自由な合意が尊重され、契約自由の原則が支配することになっています。

　借地借家法の制定を機会にして、住宅宅地審議会は、1993年（平成5年）に賃貸住宅標準契約書を公表しました。これは、その利用を強制するものではなく、そのまま利用されるケースはそれほど多くなかったようですが、次第にその評価は確立し、公的住宅の契約書の雛形や業界団体の契約書の雛形にその基本的な考え方が採用されるようになり、標準的な契約書の雛形とされています。ただし、一般の社会で広く用いられているわけではありません。

7 借地借家関係の訴訟・判決

借地借家関係の訴訟は毎年どのぐらいあるでしょうか。司法統計によれば、2014年（平成26年）度における一般民事通常訴訟事件受理件数14万2487件のうち、建物を目的とする訴え23351件、土地を目的とする訴え8147件です。借地借家に関する事件はこの一部ですが、具体的な数はわかりません。なお、2014年度における借地非訟新受件数は309件であり、そのうち半数以上の178件が東京地裁に申し立てられています。

訴訟においては、賃貸人・賃借人のいずれがどのような事情を主張証明する必要があるかという立証責任の問題が重要です。また証明の対象となる事実には、正当事由・信頼関係の破壊等の評価的・規範的な要件、つまり条文の文言が一義的かつ明確ではなく裁判官による価値判断が必要である規定が多いという特徴があります。なお、訴えがなされても、訴訟中、和解によって決着がつき、判決には至らない事件も多いようです。

第3節 借地借家関係の類型・社会的実態

1 借地借家関係を理解する視点

日本の借地借家関係の特徴を理解する際には、3つの重要な視点があります。第1は、どのように発展してきたのかという歴史的視点です。第2は、日本と同じような政治的・経済的・社会的制度にある国々の借地借家法・制度との比較という視点です。第3は、社会的文脈の中で、法が現実に果たしている機能を考察することです。

日本法の特徴を外国法と比較してみましょう。外国法では、建物

所有を目的とする借地法、居住用建物についての借家法（家賃法と呼ばれることもあります）、事業用建物賃貸借法は、それぞれ異なる目的を有するとされ、別個独立の法制度として存在しています。建物所有を目的とする借地法は「建物は土地に服す」というローマ法以来の原則の例外として、建物所有権を借地権者が保持するための制度です。市民による公有地上の住宅建設の促進、都市開発のために開発業者が地主から土地を借用する制度として存在しています。居住用建物についての借家法は建物を所有できない無産者のための生存権・生活を保障する立法とされ、事業用建物賃貸借法は建物を借用して事業を営む事業主の投下資本回収の保障を目的としています。

2 借地借家関係の類型化

　日本法は借地借家法という単一の法によって規制をしています。借地と借家には異なる側面と共通する側面とがあります。

　両者の違いをみてみましょう。建物所有を目的とする土地の賃貸借の場合、土地の賃借人は借地上に自己の資金を投じて建物を建築しますので、それが可能な資力を有しています。居住用・事業用など建物の用途は多様ですし、自から使用する場合と他人に賃貸し家賃の取得を目的とする場合があります。借地法の目的は、賃借人の建物への投下資本の回収で、それに必要な長期間の継続的な利用を保障することです。借家の場合は賃貸人が建築した建物を賃借人が利用する関係であり、建物建築という資本の投下をしたのは賃貸人であり、賃借人の建物の利用を保護することが立法の目的です。建物建築への投下資本の回収という視点では、借地と借家とは異なっています。

第3節　借地借家関係の類型・社会的実態

　他方、借地借家関係は、ともに他人所有の土地または建物を借用する法律関係であり、所有者と比べると社会的・経済的地位の弱い利用権者の保護を図る法制度です。利用者の借地上あるいは賃借建物において保護されるべき利益は、居住利益と事業利益とに区別できます。前者では居住利益の保護、居住の継続を保障することが目的です。後者では事業利益、営業利益の確保が目的となり、長期間の安定的な利用の保障とともに、事業とくに商業にから生まれた顧客の保有という利益、のれん権の保障が重要になります。

　借地借家関係は、このように4つの異なるタイプに分けることができます。ただし、このような基本的な性格付け・類型化については、若干の修正が必要です。日本では零細で小規模の営業者が伝統的に多く、土地や建物を借りている者の事業利益の保護が生存的な生活利益と結びついていることも多いのです。ヨーロッパやアメリカでは、大規模なチェーンストアーが商業の担い手であり、日本のような家族が営む商業経営は少ないのです。日本も現在ではコンビニエンスストアが商業経営で重要な地位を占めていますが、それでもまだ零細な生業的営業も多く、これが日本の商業形態の特徴です。また、建物で商業・事業を営むとともに居住しているという併用賃貸借が多いことも特徴です。生活の場と事業・営業の場とが結びつき、両者は明確に分離されていません。建物の立地に関する都市計画的規制が弱いことがこれらの背景にあります。建物を賃借し、小規模の事業を営みつつ、居住するという場合には、類型にぴたりと当てはまりませんが、類型の違いを念頭に置くことは重要なことです。

序　論　借地借家法の基礎知識

3　日本の借地制度の特徴

　日本の借地制度の特徴を説明しておきましょう。例えば、ある者が他人の所有する土地を賃借して建物を築造したとしましょう。土地と建物は別の不動産ですので、できた建物は、土地の賃借人に帰属します。土地賃借人であり建物所有者であるという範疇が生まれます。外国法では、土地賃借人かつ建物所有者という範疇は存在しないのが原則です。ですから、土地の所有と利用をめぐる社会関係は土地＝建物所有者と、そのいずれをも所有していない者とに大きく二分されます。日本では、土地建物をめぐる法律関係は、土地所有者、土地賃借人＝建物所有者、土地建物を所有しない者という3つの階層が存在します。

　土地の上に建物があることの意味も異なります。日本法では土地はその上に何もないときが土地所有者にとって利用可能性が最大限に残されており、他人によって建物が建築されると自由で完全な土地所有権が制約されたことになります。外国法では、建物は土地の一部となりその利用による収益は土地所有者のものですから、建物が存在することが土地の最有効使用となるのです。

　外国法では建物所有を目的とする土地の賃貸借の成立は例外的です。土地賃借人が建物を建てた場合、建物所有権を保持できるのは、附合の例外の場合に限られます。1つは公有地の上の借地の場合です。住宅難の時期に、都市の自治体に住宅建設資金がない場合、公有地を市民に解放して、市民に住宅を建設させる目的で行われました。他は、都市開発のために、大土地所有者が、土地開発業者に借地権を設定し、開発をさせるために、99年、125年の長期賃貸借がなされました。外国法では建物所有のための借地は例外的なのです。

　外国法では、土地の賃貸借は農地を対象とするのが一般的です。

農業資本家が土地所有者から土地を賃借し、農業労働者を雇用して大規模農業経営を行うという類型です。農地の賃借人は農業経営を行う資本家です。したがって、歴史的にみると、農地賃貸借における借地人の権利保護は、地主階層と資本家階層との対抗関係の中で、後者が投下した資本の回収を完全にできるようにするための制度なのです。戦前には、日本でも農地賃貸借は多かったのですが、賃借人は高額の地代を支払う小規模の小作人であり、農地賃貸借の保護は小作人の生存保護に関するものでした。戦後の農地改革以降、農地賃貸借は戦前の地主＝小作制度の復活を阻止するため、制限されてきました。現在では、企業が農地を賃借して大規模化した経営を進めることが推進されていますが、広く普及しているわけではありません。

4　日本の借家関係の特徴

　建物賃貸借であっても、建物を賃借し事業や営業を大規模に行っている場合、例えば、丸の内等で高層ビルを賃借している大企業、銀座のビルを借用してデパートを経営している企業を考えてみれば、アパートを賃借している学生と同じ借地借家法が適用されるのは不自然なようにもみえます。

　外国法では商業用・事業用建物の賃貸借には居住用建物の賃貸借に関する借家法が適用されないのが通常です。事業用建物の賃借人は経済的、社会的地位において弱者ではなく、平等な立場で、契約自由の原則を前提として賃貸借契約を結んでいるとされ、事業用建物賃貸借に関する特別法が制定されています。その保護目的は、賃借人が建物に加えた有形無形の費用・有益費の償還請求権が中心です。建物に対する改良は建物の一部となり、建物所有者である賃貸

序　論　借地借家法の基礎知識

人がその利益を吸収するので、不当利得状態を除去するため、有益費償還請求が中心となります。事業経営により顧客が生まれ、「のれん的利益」も形成されますから、投下資本の保護が必要なのです。他方、借家法は居住用建物賃貸借に関する特別法であり、建物賃借人は、土地も建物をも所有しない無産者であり、そのような者の生存利益を保護する法として特化しています。

　日本の借家に関する法制度は、居住用・事業用の違いにもかかわらず、建物の賃貸借契約という点に重点をおいている点が特徴です。

5　消費者契約法

　居住用建物の借家関係では、多くの場合、賃借人は建物を所有する資力がなく、生活上の必要により、その地域での居住が必要であり、借家関係に対する法的な知識も乏しい人々です。転居等により空き家となった建物を賃貸する小規模の賃貸人もいますが、賃貸戸数という点では、複数の建物・住宅を賃貸をしており、業として、賃貸借契約を行ってきた者が多く、地域の賃貸市場に関する情報量・知識も多く、賃借人との間の交渉力には格差があります。居住用建物の賃借人は、消費者契約法上の消費者に該当し、消費者契約の透明性、公正さという観点からの規制が必要になっています。

　これに対して、事業用建物賃貸借の場合は、消費者契約法の適用はなく、情報力・交渉力が対等な当事者がかなりの期間をかけて、詳細な事項について契約交渉を行うことも多いようです。ただし、法律関係の規律に際しては、継続的な契約関係にある当事者間の信頼の保護という観点が必要になります。

第4節　借地借家に関する法学的な研究

1　不動産賃借権の強化

　敗戦後の逼迫した住宅不足、深刻な住宅問題を背景にして、賃借人保護を目的とする判例が進展しました。これを理論化するために、「賃借権の物権化」という理論が展開されました。「賃借権の物権化」とは、不動産に関して、賃借権の対抗力、存続期間の長期化、譲渡転貸の自由等の点で、賃借権を物権と同様の権利とすべきという主張です。西欧法の源流である古代のローマ法において賃借権が債権とされたのは当時の賃借人の劣悪な地位を背景としたものであったこと、その後、ヨーロッパ各国の立法は賃借権を強化してきたこと、英米法では賃借権は物権的な権利であること、旧民法起草者であるボアソナードも賃借権を物権としていた等が根拠としてあげられました。契約自由の原則が賃借人保護という観点から制約されている点では、労働者の保護という観点から雇用契約の自由を制約する労働法と共通する性格があり、社会法という用語も用いられました。

　また、借地借家に関する法の展開の歴史、判例による借地借家権の強化をどのように理解すべきかが学問的課題となり、これは「借地借家法の性格論争」とも呼ばれました。戦前からの特別法制定運動の中心は借地人や事業用建物賃借人であった点を重視して、借地や借家に投下した資本の回収を保障する観点から制定された市民法的な性格という主張と、大正時代に特別法が制定された背景には、居住用建物の借家人の保護、地主と比べると社会的経済的に劣位の地位にある借地人の生活・生存的利益を保護するという社会政策的

考えがあり、戦後の判例の展開はこのような観点が強いので、社会法的性格を有するという主張とが対立していました。借地借家関係の変貌、借地借家供給の多様化を経た現在では、借地借家関係・法制度を類型的・具体的に理解するという立場が一般的です。

2 継続的な契約関係としての借地借家関係

賃貸借契約は目的物の継続的な利用契約です。民法学では継続的契約関係の特徴が議論されています。雇用契約、継続的な売買等の法律関係は継続的契約関係と呼ばれ、当事者間で熟成されてきた信頼関係を重視して契約関係の処理をすること、とくに継続的契約関係の終了に制限を加える必要がある点で共通しており、判例による契約自由の制限、特別法による民法の修正が行われてきました。不動産賃貸借契約にもこれが当てはまりますので、借地借家法による利用権の強化は、継続的利用関係の存続を保障するという視点から理解することも可能です。

3 特別法と社会政策

法はある社会的な課題を解決するための手段ですから、当事者の権利調整という視点だけでなく、社会政策的な視点から考察することも必要です。借地上での事業用建物の建築、事業用建物の賃借、借地による住宅供給、居住用建物の賃貸借という制度を、より広い社会政策との関係で考えることが必要になります。

事業用・営業用建物の建築のための借地関係、事業用建物の借家関係の場合には、商業政策との関連で考える必要があります。日本の伝統的な小規模経営の衰退と現代化、コンビニエンスストア、その他のチェーンストアの増加、経済社会のグローバル化による都市

第4節　借地借家に関する法学的な研究

の構造変化、世界的企業の東京などの大都市への集中等に伴って生じる事業用・事務所用建物の建築と賃貸借による利用の必要性についての理解が必要です。

　居住用建物の場合には、持家・民間借家・公共住宅等の住宅政策全体と関連づけて考察する必要があります。借地借家法は、持家取得促進のための借地権による宅地供給政策と賃貸住宅政策とに関わります。住宅法という領域・体系を考え、住宅に居住する者の権利を居住権という場合には、適正な負担により、良質な環境と快適な居住とを市民に保障すべき旨を国家に請求する社会権的側面と、居住移転の自由を内容とする自由権的側面とがあり、両者をどのような関係として捉えるかが重要な問題です。居住用建物賃貸借の場合には、賃貸人と賃借人との間には経済的社会的な地位の格差があるので、社会保障的な生存権保障的な視点からの賃借人保護が必要ですが、賃貸人に適正な収益を保障し住宅供給を促進させるという視点も必要ですので、これらを調和させるための家賃手当制度などとも連結させたシステム作りを視野に入れることが借地借家法研究には必要です。

　借地借家に関する法律関係、法制度に関しては、以上のような観点からの研究が進んでいます。本書では、これらの理論的な研究を基盤として、実際の社会で生じる現実的、具体的な問題について、わかりやすく解説することにしましょう。

第1部
借地関係

第1章
借地権の意義と成立

【Learning Goals】

本章では借地権の意義と成立に関する論点を検討します。
1. 借地借家法が適用される普通借地権、旧借地法が適用される旧借地権とはどのような土地利用関係でしょうか。また、借地借家法が適用されない一時借地権とはどのような関係でしょうか。
2. 借地権を成立させるための借地契約はどのように締結すればよいでしょうか。当事者間の契約に基づかないで発生する借地権とはどのようなものでしょうか。
3. 借地権の存続期間に関しては旧借地権と普通借地権とは大きな違いがあります。どのように違うのでしょうか、またなぜそのような違いが生まれたのでしょうか。
4. 借地上の建物が滅失、朽廃したとき、借地関係はどうなるのでしょうか。

第 1 節　借地権の意義

1　建物所有の目的

建物の所有

　借地借家法は建物の所有を目的とする地上権および土地の賃貸借契約に適用されます（法1条）。地上権は他人の土地において工作物または竹木を所有するため、その土地を使用する物権です（民265条）。賃貸借は当事者の一方（賃貸人）が他方（賃借人）にある物の使用収益をさせ、これに対して後者が使用収益の対価を支払い、契約終了後に目的物を返還する契約です（民601条）。実際の社会では、建物所有のための地上権の設定は少なく、ほとんどは賃貸借契約です。借地借家法はこの両者を区別せずに、併せて借地権と呼びます（法2条1号）。

　借地借家法が適用される借地権を普通借地権と呼び、借地借家法の施行より前、旧借地法に基づいて設定された借地権を旧借地権と呼びます。旧借地権については、借地法により生じた効力はそのまま維持されます（附則4条）。以下では、必要がある場合には、普通借地権と旧借地権とを区別して説明します。

　借地借家法、旧借地法は、ともに建物の所有を目的とする地上権および賃借権に適用されます。建物とは、土地に定着する建築物のうち、住居・営業・貯蔵またはこれに準ずる目的に利用されるもので、独立性のあるものを広く含み、一般社会通念により判断されます（最判昭28・12・24民集7-13-1633）。建物の定義は法律により異なり、不動産登記規則111条は「建物は、屋根及び周壁又はこれらに類するものを有し、土地に定着した建造物であって、その目的と

する用途に供し得る状態にあるものでなければならない」と定義していますが、借地借家法に関してもこれが基準となるでしょう。

> 建物所有の目的

借地借家法は建物の所有を目的とする借地に適用されます。建物所有以外の目的で借地をした場合は、たとえ建物を建てたときでも、借地借家法の適用はありません。野球の打撃練習場として使用する目的で土地を賃借し、管理人事務所として小規模の仮設建物を建築した場合（最判昭50・10・2判時797-103）、ゴルフ練習場として使用する目的でされた土地の賃貸借において、ゴルフ練習場の経営に必要な事務所用等の建物の建築が予想されていても、特段の事情のない限り、建物所有を目的とする賃貸借とはいえないとした事例（最判昭42・12・5民集21-10-2545）、幼稚園の園舎敷地に隣接する土地を運動場として使用するためにされた土地の賃貸借であり、現実にもそれ以外の目的に使用されたことがない事例（最判平7・6・29判時1541-92）がそうです。借地法の適用を認めた事例として、自動車教習所経営のために土地を賃貸した場合、自動車運転教習コースのみならず自動車学校経営に必要な建物所有をも主たる目的として賃貸借をしたと解釈した判決（最判昭58・9・9判時1092-59）があります。建物所有を主たる目的として契約を締結したかという当事者の意思により決定されますが、契約の文言のみならず、現実の使用状況を考慮して客観的に判断することになります。

ゴルフ場として利用されている土地の賃貸借契約には借地借家法は適用されませんが、解約申入れ、地代の増減額請求などにつき、借地借家法の類推適用が認められるか、明渡請求が権利の濫用に当たるかが問題となった事例につき、最高裁は、ゴルフ場経営を目的

とする地上権設定および土地賃貸借契約には、法11条を類推適用する余地はないとしました（最判平25・1・22判時2184-38）。

また、鉄道高架橋下の土地の賃貸借については、利用できる土地の範囲が限られ、鉄道事業に支障の生じないように使用すべき制約があり、一般的な土地の賃貸借とは異なった特殊な契約であり、借地法は適用されません（東京地判平19・9・28判タ1266-239、東京地判平7・7・26判時1552-71）。

2　地上権または賃貸借であること

土地の利用権限は地上権または賃借権でなければなりません。地上権は無償の場合にも認められますので、無償の使用関係が設定された場合、無償の地上権であると主張されることがあります。しかし、当事者間に地上権のような強固な権利を設定する特別の事情・合意の存在が必要であり、通常はそのような意思がないと解されています。

賃貸借は土地利用の対価として賃料、地代を支払う有償契約です。無償の利用関係である使用貸借契約については借地借家法の適用はなく、民法の規定が適用されます。使用貸借は当事者間の個人的な信頼関係を基礎としているので、借主が死亡すれば、貸主と借主との間に存在した個人的な信頼関係が失われ、使用貸借関係は終了します（民599条・改正案597条3項）。しかし、借主と貸主との間に特別の人的関係があるときには、同条は適用されず、使用借権の相続が認められることがあります。

親族・知人間において低額の地代が支払われる好意に基づく借地関係は、当事者間の意思の合理的な解釈により法的性質が決まりますが、特別の事情がない限り、使用貸借と推定されます。賃貸借か

使用貸借かの判断基準は実質的な対価関係があるかです。マンションおよびその敷地一切に関する権利の売買において、建物価格より著しく高額で売買された場合であって、その敷地利用契約では、敷地利用権は無償で、建物の存続期間中存続する権利であり、かつその敷地が第三者に譲渡されたときも第三者は無償の敷地利用権を取得する旨の定めがある事例について、売買代金は建物の売買代金および敷地の賃料を合計したものと認定し、この敷地利用権は建物所有に付帯する敷地の無償の権利ではなく、借地権が設定されたものとした事例があります（東京高判平20・7・10金判1299-16）。

3 一時使用の借地

　臨時設備の設置その他一時使用のために借地権を設定したことが明らかな場合を、一時使用目的の借地権といいます（法25条、旧借地9条）。借地借家法施行の前に設定されたのか、後に設定されたのかを問わず、一時使用の借地権には、法3条から8条までの借地権の存続期間等に関する規定、法13条の建物買取請求権、法17条の借地条件の変更および増改築の許可に関する規定、法18条の借地契約の更新後の建物の再築許可に関する規定、および法22条から法24条までの定期借地権等に関する規定は適用されません。

　一時使用の目的かどうかは契約書の字句、内容だけでなく契約締結に至る経緯、地上建物の使用目的、その規模・構造、契約内容の変更の有無等の諸事情を考慮して判断すべきであり、賃貸借を短期間内に限って存続させる趣旨であることが客観的に明らかな場合をいう（最判昭32・7・30民集11-7-1386、最判昭36・10・10民集15-9-2294、東京高判昭61・10・30判時1214-70）とされています。臨時設備とは、建設工事現場の飯場、住宅展示場、一時的興業施設など、

第1節　借地権の意義

建物所有の意図・目的が一時的なもので、その目的が終了すれば建物を所有する理由がなくなるものをいいます。

　一時使用の借地権とされた事例には、土地賃貸借契約締結時に特別の事情がある場合が多く、以下の事例があります。区画整理敷地内にあり道路敷地となることが決定していた土地につき、区画整理実施の時まで一時賃貸する意思で契約し、契約書にも期間1年、臨時借受けとの文言がある事例（最判昭32・2・7民集11-2-240）、地上建物の罹災焼失後、病院建設計画が実現するまでの5年間、取壊し容易なバラック建てと限定して賃貸した事例（最判昭32・7・30民集11-7-1386）、土地賃貸借契約成立の際、賃借人等からの一時しのぎのわずかな土地でもよくいつでも取り払える仮小屋程度の建物でよいと執拗に懇請され、バラック建物に限るとして6坪の土地を期間5年で賃貸した事例（最判昭47・2・10判時662-42）等がそうです。土地所有者が仮設建築物を所有して土地を不法占有する者を相手方として土地明渡しの申立てをしたところ、その建物の居住者が利用関係者として期日に出頭し、なお居住者が多数あることが判明したので、事態の解決を図るため調停外において居住者の中の有力者1名と期間を10年とする土地賃貸借契約を結び、10年後には必ず返地することを確約した場合は、たとい契約に際し権利金を授受し、その後賃料を増額したことがあっても一時使用の賃貸借に当たる（最判昭36・10・10民集15-9-2294）としています。裁判上の和解により成立した土地賃貸借について、土地の利用目的、地上建物の種類、設備、構造、賃貸期間等諸般の事情から、賃貸借当事者間に短期間に限り賃貸借を存続させる合意が成立したとした事例（最判昭43・3・28民集22-3-692）があります。他方、裁判上の和解により期間20年と定められた事例につき、一時使用とされるのはそ

の期間が借地法の定める借地権よりも相当短いものに限られるものであるとし、一時使用には当たらないとした事例(最判昭45・7・21民集24-7-1091)があります。

第2節 借地権の成立

1 借地契約の締結

借地権は当事者間の建物所有を目的とする地上権設定契約または土地賃貸借契約の締結により成立する諾成契約です。書面の作成は契約の成立要件ではありませんが、経済的価値の高い土地の利用に関する法律関係ですから、後日の紛争を予防するためもあり、契約成立の証拠として、書面を作成するのが通常です。

定期借地権は、存続期間の更新、建物買取請求権の不成立など、特別な内容がありますので、当事者の理解を明確に示すため、書面の作成が要件とされています(法22条)。公正証書の作成が必要な場合もあります(法23条)。

借地契約においては、当事者、目的たる土地、借地契約の目的、借地期間、建築される建物、地代など、当事者は、借地借家法の規定に反しない限り、借地契約の条件を自由に定めることができます。

契約関係は、ある時点を境にして、法律関係のなかった状態から、すべての法律関係が発生する段階に至るのではなく、契約の準備・交渉段階から徐々に両当事者の意思が具体化し熟していくものです。契約の成熟する度合いに応じて法律効果が強まり責任が固まっていきます。契約の交渉から生まれる信頼の破棄、契約が締結されるという誤信を引き起こした責任、説明義務違反等に基づいて責任が認

められています（最判昭 59・9・18 判時 1137-51、最判平 23・4・22 民集 65-3-1405 等多数の判決があります）。建物賃貸借契約締結の過程で問題となることがあります。

2 契約以外の事由による借地権の発生

法定地上権の発生

　法律により土地の賃貸借関係が成立する場合があります。民法 388 条の定める法定地上権がその典型です。土地、建物の一方に設定した抵当権が実行され、競落された場合、その建物を所有するためには土地利用権が必要です。しかし、自己の所有する土地の上に自己のための借地権を設定すること（自己借地権）も、また抵当権設定時に将来の不特定の建物競落人のためにあらかじめ条件付きの借地権を設定することも認められていません。そこで、民法 388 条は土地と建物が同一の所有者に属する場合において、そのいずれか一方に抵当権が設定され、競売により土地所有者と建物所有者とが異なるに至ったときには、建物のために地上権が設定されたものとみなすと規定しました。土地と建物を別個の不動産とし、自己借地権の設定を認めない日本法に特有の制度です。法定地上権と同様な制度として、民事執行法 81 条、国税徴収法 127 条 1 項、仮登記担保法 10 条、立木法 5 条の規定する自己賃借権があります。これらの制度は強行規定であって、当事者の特約により排除することはできません。

土地賃借権の時効による取得

　不動産賃借権は、長年賃借の意思で土地を占有した場合に、①土地の継続的利用という外形的事実が存在し、②賃借の意思に基づくことが客観的に表現されているとき（契約の

存在、賃料の支払・供託、占有開始の原因となる事由、当事者の意思などにより判断されます）には、時効取得が認められます。賃借地の範囲について争いがある場合（最判昭43・10・8民集22-10-2145）、無効な賃貸借契約に基づいて利用を継続してきた場合（最判昭45・12・15民集24-13-2051）、賃貸人の承諾のない賃借地の無断譲渡・転借の場合（最判昭44・7・8民集23-8-1374）、無権限者から他人の土地を賃借した場合（最判昭52・9・29判時866-127、最判昭62・6・5判タ654-124）などの事例で土地賃借権の取得時効が認められています。ただし、抵当権設定登記後に土地賃借権を時効取得しても公売による土地買受人には対抗することはできません（最判平23・1・21判時2105-9）、

　民法145条は時効による利益を享受したい当事者は時効の利益を援用する必要があるとしています。土地の賃借人は賃貸人による土地所有権の取得時効の援用をすることができます。土地賃借人による賃貸人の土地所有権の時効取得の援用と土地賃借権の時効取得を認めた事例（東京高判平21・5・14判タ1305-161）もあります。ただし、建物の賃借人は、土地の時効完成によって直接利益を受ける者ではないとされ、土地所有権の時効援用権者には含まれません（最判昭44・7・15民集23-8-1520）。

罹災都市借地借家臨時処理法の廃止と大規模な災害の被災地における借地借家に関する特別措置法の制定

　戦時中の米軍の空襲により借家が罹災した場合、借家人は賃借建物の存在した場所に建物を建てることができ、敷地については借地権が発生するとされました（罹災都市借地借家臨時処理法・昭和21年法律13号）。その後、大規模の災害にも適用されることとなり、災害が生じたときに、政令により、対象地域が定められ、適用されてきました。阪神淡路

大震災のときにも、罹災建物の借家人に敷地優先賃借権が認められました（同法2条、大阪高決平9・1・29判時1599-88）、しかし、東日本大震災の時には同法は適用されず、2013年（平成25年）に同法は廃止されました。これに代わり、大規模な災害の被災地における借地借家に関する特別措置法（平成25年法律61号）が制定され、借地契約の解約、対抗力、土地賃借権の譲渡・転貸についての特例が定められていますが、敷地優先賃借権の規定はありません。

第3節　借地権の種類と存続期間

1　旧借地権

旧借地権と借地借家法、旧借地法との関係

借地借家法施行後に設定された借地契約（普通借地）は少なく、現在効力を有する借地関係のほとんどは旧借地法に基づいて設定された旧借地権です。旧借地権について発生した効力は、借地借家法施行後も妨げられず（附則4条）、旧借地権については、「なお従前の例による」とされ、旧借地法の規定が適用される場合（附則5条、6条、7条1項、10条）があり、また、借地借家法の規定が適用されない場合（附則7条2項、8条、9条、11条）もあります。このように、旧借地法と借地借家法とでは、借地権の存続期間に関する規定は大きく異なります。

旧借地権の存続期間

民法は借地契約の最長期間を20年と規定しています（民604条）。建物所有のための借地契約にとっては短かすぎますし、また最短期間の制限はされていないので2年等とい

う極めて短い期間の定めがされることがありました。当時の裁判所はそのような規定は例文であって効力はないと判断しました。このような状況のなかで、建物所有に適する土地の利用期間を定めるために旧借地法が制定されました。

旧借地法2条は、建物が堅固なものかどうか、当事者が存続期間を定めたかどうかを基準として、借地権の存続期間を定めました。当事者で存続期間を定めていない場合は、堅固の建物は60年、非堅固な建物は30年の期間としていました（旧借地2条1項）。当事者が期間の定めをする場合の最低存続期間は、堅固の建物では30年、非堅固な建物では20年でした（旧借地2条2項）。

建物の堅固・非堅固の区別が重要とされ、建物の耐久性を中心に、堅牢性、解体の難易性を加味して判断されます。鉄筋コンクリート造りの建物は堅固な建物に該当し、木造建物は非堅固建物に該当します。プレハブ建物は非堅固な建物と解され、判例は重量鉄骨造りであってもボルトナットで組み立てられた解体の容易な建物は非堅固建物としています（最判昭48・10・5民集27-9-1081）。契約によって借地権を設定する場合、建物の種類・構造を定めなかったときは、非堅固な建物の所有を目的とする借地権とみなされました（旧借地3条）。

また、非堅固な建物につき20年未満の存続期間の定めが当事者によりなされた場合、その存続期間の約定は旧借地法2条に反する契約条件であり、借地権者に不利なものに該当し、旧借地法11条によりこれを定めなかったものとみなされ、当該借地権の存続期間は旧借地法2条1項本文所定の法定期間（30年）によって律せられるとしました（最判昭44・11・26民集23-11-2221）。それ故、堅固な建物につき30年未満の期間を定めた場合には、法定存続期間であ

る60年となります。

旧借地権においては、当事者が借地権の存続期間を定めていない場合、法定期間満了前でも建物が朽廃すれば借地権は消滅するとしました（旧借地2条1項但書）。借地の目的は建物所有であり、建物が朽廃したときには借地権を存続させる必要はないと考えられたからです。朽廃とは建物が時の経過により自然に社会経済的効用を失うことであり、地震・火災・風水害を原因とする滅失と対立する概念とされ、朽廃したかどうかの判断は建物の利用価値が失われたかどうかの総合的・全体的判断によります（最判昭35・3・22民集14-4-491）。現在でも旧借地法2条の適用が問題となる可能性はあります（附則5条）が、存続期間の定めをしている場合が多いので、現実には問題となることはないでしょう。

2　普通借地権

借地借家法施行後に設定された借地契約を普通借地権と呼びます。旧借地法2条による堅固な建物と非堅固の建物との区別は困難で、あまり意味はなく、当事者が存続期間を定めないことは考えられないので、普通借地権の当初の存続期間は一律に30年とされ、当事者が契約でこれより長い期間を定めたときはその期間となります（法3条）。なお、当事者が借地契約を更新する場合、存続期間は最初は20年、その後は10年と定められています（法4条）。

3　定期借地権

借地借家法施行後に設定された借地関係のほとんどは定期借地権のようです。定期借地権には、一般的定期借地権（法22条）、事業用定期借地権等（法23条）、建物譲渡特約付き借地権があります。

その内容は第6章で解説します。

4 短期賃貸借

民法上、財産処分能力を制限されている者（被保佐人）、および管理能力はあるが処分の権限のない者（不在者の財産管理人）が賃貸借契約を結ぶ場合、期間について特別な制限があり、土地の賃貸借契約を結ぶ場合、期間は5年とされています（民602条）。期間を更新することは可能ですが、期間満了前1年以内にしなければならない（民603条）とされています。

5 被災地短期借地権

2013年（平成25年）に制定された「大規模な災害の被災地における借地借家に関する特別措置法」（平成25年法律61号）は、存続期間を5年以下とし、契約の更新および建物の築造による存続期間の延長がないとする被災地短期借地権を書面により設定することができるとしました（同法7条）。

第2章

当事者間の使用収益関係

【Learning Goals】

　本章では借地関係の当事者間に発生する使用収益関係に関する論点を検討します。
1　借地権設定者はどのような義務を負っているのでしょうか。使用収益させる義務、修繕義務、費用償還義務の内容について説明して下さい。
2　借地権者はどのような義務を負っていますか。賃料支払義務のほか、使用収益に際しての義務、原状回復義務とはどのようなものでしょうか。
3　使用収益に関しては様々な特約が定められますが、その効力はどうなのでしょうか。有効な特約と無効な特約とはどのようにして見分ければよいでしょうか。特約に違反した場合、どのような責任が生じますか。特約に違反した場合でも、当事者間の信頼関係を破壊しない特別の事情があるときには、賃貸借契約を解除できないとする「信頼関係理論」とはどのような内容でしょうか。
4　借地の利用条件変更に関しては非訟事件という特別の訴訟手続が認められています。その内容を説明してください。

第 1 節　借地権設定者の義務

1　使用収益させる義務

　賃貸人の基本的な義務は、目的物を賃借人の使用に適した状態におくことです。賃借人に対して目的物を引き渡す義務、賃借人の使用収益に対して他人から妨害があればそれを排除する義務があります（民601条）。借地権設定者は、借地権者の生活に必要な下水道・排水管敷設につき、承諾義務があるとされています（東京高判平9・9・30判タ981-134）。

2　修繕義務

　賃貸人は賃借物を使用収益に適した状態に置く義務があり、必要な修繕をする義務を負います（民606条1項）。借地契約の目的である土地が崩壊すればそれを修復する義務を負います。修繕の必要性が賃貸人の帰責事由によって生じたことは不要であり、不可抗力によって生じた場合も賃貸人が修繕義務を負います。賃貸人が必要な修繕をしないときは、賃借人はそれにより使用・収益ができなかった範囲で賃料の支払を拒絶することができます。ただし、賃借人の帰責事由によって修繕が必要になったときは、修繕義務はありません（改正案606条1項但書）。

　修繕のための借地への立入行為等、賃貸人が賃貸物の保存に必要な行為をしようとするときは、賃借人は拒むことができません（民606条2項）。貸主が借主の意思に反して保存行為をしようとする場合、これにより借主が賃借した目的を達成できないときは、借主は契約を解除することができます（民607条）。

なお、民法改正案607条の2は、賃借物の修繕が必要である場合において、①賃借人が賃貸人に修繕が必要である旨を通知し、または賃貸人がその旨を知ったにもかかわらず、賃貸人が相当の期間内に必要な修繕をしないとき、②急迫の事情があるとき、賃借人はその修繕をすることができるとしています。この場合、賃借人は支出した修繕費用の償還を賃貸人に請求できます。

3　費用償還義務

必要費償還請求権　　目的物の現状維持・原状回復のために借地権者が必要費を支出したときは、借地権設定者に対して、直ちに償還を請求できます（民608条1項）。必要費は貸主の使用収益させる義務の一部だからです。必要費には目的物の現状維持、原状回復費用のみでなく、目的物を通常の用途に適する状態において保存するために支出した費用、借地契約の目的に従った使用収益に必要な費用も含まれます。例えば、道路の改修・隣地の盛り土のため、借地が低地になり雨水が停滞するようになった場合の土盛り費用です。

有益費償還請求権　　借地権者が有益費を支出した場合には、賃貸借終了時に民法196条2項の規定に従って、償還を請求できます（民608条2項）。有益費とは目的物の客観的な価値を増加させる費用であり、有益費償還請求権は貸主に生じる不当利得の返還請求権という性質を持ちます。償還請求できる金額は、借主が実際に支出した費用か、目的物の現実の価値の増加額かのいずれかであり、貸主の選択によって決まります（民196条2項）。なお、裁判所は賃貸人の請求があれば、支払につき相当の期限を許与できます（民608

条2項但書)。

これら費用償還請求権は貸主が目的物の返還を受けたときから1年以内に行使しなければならず、借地権者は目的物につき留置権を取得します。なお、民法608条は任意規定ですから賃貸人の費用償還義務を軽減ないし免除する特約も有効です。

建物買取請求権　借地権に更新がなく消滅する場合、および土地賃借権の譲渡・転貸につき賃貸人の承諾がない場合に、借地権者には建物買取請求権が発生します。それぞれの箇所で解説します。第3章第4節2、および第5章第3節4を参照して下さい。

4　他人の物の賃貸借

賃貸借契約の目的である土地が賃貸人の所有物ではなかったとしても、当事者間では賃貸借契約は有効です。しかし、賃借人は、真の所有者との関係では、目的物の使用収益権限はなく、明渡義務を負います。賃借人が未だ賃料を支払っていない場合には、所有者の物を権限なく使用したという利得を有し、所有者はその間目的物を利用できなかったという損失を被っていますので、真の所有者は賃借人に対して賃料相当額の不当利得返還請求権を取得します(大判昭13・8・17民集17-1627)。賃借人がすでに賃料を支払って目的物を使用していた場合は、賃借権限に基づいて利用していたと解され、所有者との関係では不当利得とはなりませんが、真の所有者は賃貸人に対して不当利得の返還を請求することができます(大判大15・3・3新聞2598-14)。

目的物を占有している賃借人は、真の所有者に対して、不法行為に基づく損害賠償責任を負います。ただし、賃借人に故意・過失が

あることが不法行為責任の要件なので、所有者から明渡しを請求されるまでは、一般的には不法行為責任の要件を欠きます。明渡請求後は、賃貸人に賃貸権限があると信じていても過失がありますので、不法行為責任を負い、賃料相当額が損害金となります（大判昭10・12・20民集14-2064）。

賃借人が目的物を使用収益していた場合に、賃貸＝所有権限のある第三者から明渡しを求められたときは、賃借人は、使用収益できなくなるおそれが生じたとして、民法576条の準用によって、賃貸人に対する関係では賃料支払拒絶権を有します（最判昭50・4・25民集29-4-556）。賃借人が目的物の使用収益ができなかった場合、賃貸借契約は履行不能となり（最判昭45・12・24民集24-13-2271）、賃貸人に対して、使用収益債務の履行不能を理由として損害賠償責任を追及できます。

5 担保責任

借地契約の目的である土地について瑕疵がある場合には、売買における瑕疵担保の規定（民570条）が準用され、瑕疵の大きさに応じて、地代の減額、契約の解除を請求することができます。民法改正案では、瑕疵担保責任の規定が大きく変わり、瑕疵についての修補などの追完請求権（改正案562条）、代金減額請求権（改正案563条）、契約解除権・損害賠償請求権（改正案564条）を有することになります。これらの規定は有償契約である賃貸借契約に準用されます（民559条・民法改正案も同様です）。

第2節 借地権者の義務

1 賃料支払義務

借地関係の成立により、借地権者は目的土地を建物敷地として利用する対価として賃料を支払う義務を負います（民601条）。賃料額は当事者の合意により決まります。賃料の増額あるいは減額請求権、賃料に関する特約、賃料不払いによる借地権解除特約の効力等の問題については、借地借家法が特別の規制をしています。これらについては、第1部第4章第1節で説明します。

2 使用収益に際しての義務

借地権者は契約またはその目的物の性質によって定まった用法に従い、その物の使用および収益をする義務（用法遵守義務・民616条、594条1項）を負います。したがって、当事者間において、非堅固建物の所有を目的とする、平屋建てとする、建物は住居用にする、増改築をしない等の用法を制限する特約は有効です。借地権者が用法義務に違反すると、契約解除の理由となります。

また、賃借人は、目的物の返還をなすまで善良なる管理者としての注意をもって目的物を保管しなければなりません（民400条）。善管注意義務とは、借主の地位や職業において一般に要求される客観的義務です。自己の能力に応じた注意義務（民659条）と対比されます。借地権者が地上建物を第三者に賃貸して、借地権設定者への地代の支払を委ね、その旨を賃貸人に通知することなく転居し、以後自ら土地を管理せず、所在を明らかにしないまま8年以上を経過するなどの事実関係がある場合、賃借人の行為は賃貸借当事者の

信頼関係を著しく破壊するものであり、賃貸人は契約上の義務違反を理由として賃貸借契約を無催告で解除することができます（最判平3・9・17判時1402-47）。

賃借人は、賃貸借契約上の義務に違反する行為により生じた賃借目的物の毀損について、賃貸借契約終了時に原状回復義務を負います。

3 原状回復義務

借地関係が終了した場合、当事者間において権利関係の清算が問題となります。借地権が消滅する場合には借地権者は借地上建物を収去して土地を借地権設定者に返還するのが原則です（民616条、598条、改正案601条参照）。これを原状回復義務といいます。

土地の無断転貸をした賃借人は、転借人が不法に投棄した産業廃棄物を賃貸借契約終了時に撤去すべき義務を賃貸人に対して負い、また同賃貸借において賃借人の負担する債務につき連帯保証していた者も同様の義務を負います（最判平17・3・10判時1895-60）。

契約終了の際、借主は目的物を返還する義務があり、契約当時の原状に回復し、付属させたものを収去する権限（義務）があります（民269条、598条、改正案599条）。使用可能なものを収去するのは社会的に不利益ですので、一定の要件の下で、建物買取請求権が認められています。関連する箇所（第3章第4節2）で説明します。

4 賃借人が複数の場合

賃借人が複数の場合、各賃借人は目的物の全体について使用収益できる地位にあり、不可分債権債務関係（民428条以下）にあるとされます。共同賃借人の賃料支払債務に関しては、賃貸人は共同賃

借人の全員に対して賃料全額の請求をすることが必要であり（大判大 11・11・24 民集 1-670）、賃貸借契約解除の申入れは全員に対して行わなければ効力を生じません（民 544 条 1 項、東京高判昭 55・6・18 判時 971-51）、賃貸借終了時における目的物返還債務については、各賃借人は目的物返還義務を負います（大判大 7・3・19 民録 24-445）。

なお、賃貸人が複数の場合は、賃借人は共同賃貸人の 1 人に対して弁済を提供すればよいとされます。

第3節 使用収益に関する各種の特約

1 特約の効力

借主は契約や目的物の性質により定められた方法で使用収益すべき義務を負います。当事者は、目的物の使用収益方法に関して特約を定めることができ、借主に用法遵守義務違反があった場合には、貸主は賃貸借契約を解除できます。しかし、使用収益方法についての特約、とくに違反があった場合に無催告解除できるという特約の効力については問題があります。契約の自由に委ねると、借地借家法の規定に反する特約が社会経済的に劣位な地位にある賃借人に強制される可能性がありますので、旧借地法および借地借家法の一定の規定に反する特約で賃借人に不利な特約は無効とされます（旧借地 11 条、法 9 条・16 条・21 条）。賃借人保護のための片面的強行規定と呼ばれます。強行規定に触れない場合でも、その効力が問題となります。

賃借人に不利な特約かどうかの一般的な基準については、当該特

約自体につき個別的に判断されるべきという見解もありますが、当該特約自体に限定せず、その他の諸事情を総合して総合的に考慮すべきとするのが判例の見解です（最判昭31・6・19民集10-6-665）。なお、無効とされるのは当該特約だけであり、その他の契約条項は影響を受けません。

2　使用目的・建物の種類構造に関する特約

　旧借地法では建物の構造により存続期間が異なるなど法律効果に大きな違いがありました。旧借地権の場合、非堅固建物の建築を目的とする借地契約を締結したにもかかわらず、堅固な建物を建てたときは、当事者間の信頼関係が破壊されたとして契約の解除を認めるのが原則です（東京地判平元・12・27判時1361-64）。普通借地においても、同様の趣旨からして、非堅固な建物に限るという特約は有効であり、特約に違反して堅固な建物を建築した場合、契約の解除を認めるという特約は有効と解されています。

　建物を建てずに自己のために駐車場として使用している場合について、建物建築の特約または特段の事情がない限り、相当期間内に建物を建築すべき義務はなく、合意された目的以外の用途に使用しないという消極的負担を負っているが、信頼関係を破壊する特段の事情はなく契約解除は認められないとした下級審判決があります（東京地判平4・7・16判時1459-133）。信頼関係理論については第3章第1節参照。

3　使用方法違反

　賃貸借契約において信義則上の義務違反がある場合には、契約を解除することができます。建物所有を目的とした土地賃貸借の賃借

人が建物建築をした残りの空き地をトラック置き場として無免許で運送業を営んでいるとしても、信義則違反には当たらず、契約の解除はできないとされています（最判昭 47・11・16 民集 26-9-1603）。この判決は信義則上の義務違反を理由とする解除についての指導的判決と理解されています（第 3 章第 1 節参照）。

4　建物の増改築禁止特約

　借地権者は建物建築の目的で土地を賃借したのですから、自己の所有する建物について自由に増改築を加えることができるはずです。しかし、建物に増改築が加えられると借地契約の更新拒絶が困難となったり、建物買取価格が高額になる等、賃貸人に不利益な事態が生じる可能性があります。そこで、多くの場合、賃貸人の承諾を得ない無断増改築を禁じ、違反した場合には契約を解除できる旨の特約が付されます。

　学説は、増改築禁止特約は有効ではあるが、解除特約は全面的に有効ではなく、当事者間の信頼関係を破壊する場合にのみ解除できるとして、個別具体的な判断を重視します。判例も、一般論として増改築が賃借人の土地の通常の利用上相当であり、土地賃貸人に著しい影響を及ぼさないため、賃貸人に対する信頼関係を破壊するおそれがあると認めるに足りないときは、無断増改築禁止特約に基づき契約を解除することはできないとしており、解除を肯定する裁判例は少ないようです。一部 2 階建ての建物を総 2 階として 2 階の居室を独立の部屋とし外部から出入りできる階段を付したアパートとした事例につき信頼関係破壊はないとした例もあります（最判昭 41・4・21 民集 20-4-720）。

　建築基準法は、増築とは敷地内にある在来の建築物に建築面積を

増加させること、改築とは在来の建築物の一部もしくは全部を除去し、または災害等によって滅失したので引き続き従前の建物と用途、構造、規模の著しく異ならない建築物を造ることと規定しています。借地借家法にいう増改築とは以上の全てを含むものであり、増築と改築とを区別する必要はありません。建物の使用を妨げる物理的な障害を除去して従前の状況に修復する修繕は増改築ではありません。建物の維持保存を図るための通常の修繕は建物所有者である借地権者の権利であり、修繕を禁止する特約は無効と解されています（大判昭13・6・21民集17-1263）。

　増改築についての紛争を予防するため、旧借地法および借地借家法は増改築許可申立制度を設けました。後述します。

5　その他の特約

このほか、借地上にある工場の騒音振動を除去する旨の特約に違反したとして土地賃貸借契約の解除を認めた事例（横浜地判昭40・2・9判タ176-139）があります。なお、借地期間満了時に地上建物を賃貸人に贈与する特約は借地法11条に反し無効です（最判昭52・12・19判時877-41）。

　裁判上の和解・調停などで借地借家法の規定に反する特約が定められる場合の効力はどうでしょうか。法律が何ら特別の規定を設けていない以上、公的専門機関といえども強行規定に反する特約を定めることはできないという見解と、裁判所や調停委員会などの公的専門機関が関与し、実質的正義の観点から合理的裁量が加味されて成立するので有効であるという見解が対立しています。下級審裁判例も統一していません。最高裁は、訴訟外においてなされた期限付き合意解約の特約につき、合意に際して賃借人が真実解約の意思を

有していると認められるに足りる合理的な理由があり、かつ、右合意を不当とする他の事情が認められない限り、当該合意は有効であるとしています（最判昭 44・5・20 民集 23-6-974）。裁判上の和解・調停の場合には、この趣旨をふえんして判断することになるでしょう。

第4節 借地の利用条件変更に関する非訟事件訴訟

1 非訟事件手続

　借地非訟事件訴訟とは、1966 年（昭和 41 年）の借地法改正により導入された制度です。非訟事件とは、裁判所が、私人間の生活関係に関する事項を通常の訴訟手続によらず簡易な手続で処理するものです。旧借地法は、借地条件の変更（旧借地 8 条の 2 第 1 項、法 17 条）、増改築代諾許可（旧借地同条 2 項、法 17 条）借地権の譲渡・転貸の代諾許可（旧借地 9 条の 2、法 19 条）、競売・公売の場合の賃借権譲渡の代諾許可（旧借地 9 条の 3、法 20 条）、建物・賃借権の賃貸人への優先譲渡（旧借地 9 条の 2 第 3 項、9 条の 3 第 2 項、法 19 条 3 項）につき非訟事件として裁判することができるとしました。借地借家法はこれらを受け継ぎ、さらに借地契約の更新後の建物再築許可に関する規定を盛り込みました（法 18 条）。

　裁判所はこれらの場合、借地関係に直接介入し、合目的性、衡平の見地から強制的に当事者の権利義務を形成変更することができます。非訟事件手続の詳細については、借地借家法第 4 章「借地条件の変更等の裁判手続」（法 41 条～60 条）および最高裁判所規則である借地非訟事件手続規則が定めています。借地借家法 19 条の賃借

権の譲渡転貸の承諾に関わる非訟事件については譲渡転貸の箇所で触れ、ここではそれ以外の事例について解説しましょう。

2 借地条件の変更

旧借地法では、非堅固の建物所有を目的とする借地契約において、借地権者の承諾なく、堅固な建物を建築する場合は、信頼関係を破壊する契約不履行であり、借地権設定者は借地契約を解除することができるとされていました。しかし、近隣環境の変化、建物の不燃化・高層化の必要に伴い、借地権者が堅固建物への変更を希望することが多くなりましたので、非堅固建物所有とされている場合でも堅固建物建築の必要が生じたときには、裁判所に借地条件の変更を求める申立てができるようにしました（旧借地8条の2第1項）。

借地借家法は、旧借地法の規定を承継して、より一般的に、建物の種類、構造、規模または用途を制限する旨の借地条件がある場合において、法令による土地利用の規制の変更、付近の土地の利用状況の変化その他の事情の変更により現に借地権を設定するにおいては、その借地条件とは異なる建物の所有を目的とすることが相当であるにもかかわらず、借地条件の変更につき当事者間に協議が調わないときは、当事者の申立てにより、裁判所はその借地条件を変更できるとしました（法17条1項）。本条の規定は普通借地のみならず、旧借地権にも適用されます（附則4条但書）。

裁判所は、当事者間の利益の衡平を図るため必要があるときは、他の借地条件を変更し、財産上の給付を命じ、その他相当の処分をすることができます（法17条3項）。また、上記の裁判をするには、借地権の残存期間、土地の状況、借地に関する従前の経過その他一切の事情を考慮しなければならないとされています（法17条4項）。

第4節　借地の利用条件変更に関する非訟事件訴訟

なお、裁判所は特に必要がないと認める場合を除いて、裁判をする前に鑑定委員会の意見を聴かなければなりません（法17条6項）。鑑定委員会は裁判所の指定する3名以上の委員で構成されますが、実際上は弁護士1名、不動産鑑定士1名、建築士などの資格を有する者1名で構成されます。

　借地に関する条件には地代の額、支払方法等多様なものがありますが、本条に基づく申立てが認められるのは、建物の種類、構造、規模または用途を制限する旨の借地条件に限られます。また、裁判所が申立てを認めて借地条件を変更できるのは、都市計画法による防火地域指定、それに基づき建築基準法による建築規制が課せられるようになった等の「法令による土地利用の規制の変更」、木造平屋建ての住宅地が堅固の高層の建物が建築される地域になった等の「付近の土地の利用状況の変化」および「その他の事情の変更」があり、「現に借地権を設定するにおいては、その借地条件とは異なる建物の所有を目的とすることが相当である」場合です。

　裁判に際しては、「借地権の残存期間」の長短、土地の広さ・形状等の「土地の状況」、借地権設定の経緯、地代の額、更新の状況、土地の具体的な利用状況等の「借地に関する従前の経過」、「その他一切の事情」を考慮しなければなりません。

　裁判所は、他の借地条件を変更し、財産上の給付を命じ、その他相当の処分をする等の付随的裁判をすることができます。普通建物所有目的から堅固建物所有目的への条件変更に際しては、財産上の給付として目的土地の価格の10％相当額を申立人である借地権者が借地権設定者に支払うのが裁判実務の通例です。

3 増改築許可の裁判

　増改築を制限する特約が存在する場合、土地の通常の利用上相当とすべき増改築につき当事者間に協議が調わないときは、借地権者は借地権設定者の承諾に代わる許可を裁判所に申し立てることができます（法17条2項）。旧借地法8条の2第2項を承継したもので、裁判所は当事者の利益の衡平を図るため、必要なときは、他の借地条件を変更し、財産上の給付を命じ、その他相当な処分をすることができます（法17条3項）。また、上記の裁判をするには、借地権の残存期間、土地の状況、借地に関する従前の経過その他一切の事情を考慮しなければならないとされています（法17条4項）。なお、裁判所は特に必要がないと認める場合を除いて、裁判をする前に鑑定委員会の意見を聞かなければならないとされています（法17条6項）。

　無断増改築禁止特約がある場合でも、信頼関係を破壊するおそれがないと考えて、許可の裁判の申立てをしないで増改築をすることも可能です。借地非訟事件手続を経由しないことは、信頼関係破壊の判断において借地人に不利な要素とならないと解すべきですが、信頼関係破壊の方向に働くという学説や下級審判決もあります。

　裁判所は、他の借地条件を変更し、財産上の給付を命じ、その他相当の処分をする等の付随的裁判をすることができます。増改築許可の裁判をするに際して、実務上は、建替えの場合は更地価格の3％を基準とし、土地の利用効率が増大するときには5％程度までに上げることが多く、他方、建替えに至らない程度の増改築であれば、3％より低額の財産給付としたり、財産給付を命じない許可がなされるようです。

4 借地契約更新後の建物再築許可申立て

普通借地権において、契約期間更新後に建物が滅失した場合、借地権者には地上権消滅・賃貸借の解約申入れの権利が認められています（法8条1項）。他方、借地権者が借地権設定者の承諾を得ないで残存期間を超えて存続すべき建物を築造したときには、借地権設定者に地上権消滅請求、賃借権の解約申入れの権利が認められています（法8条2項）。そこで、借地借家法18条は借地契約更新後に建物を再築する必要があるが、借地権設定者が承諾しない場合、裁判所に対する許可を申し立てる手続を定めました。許可を与える際に考慮すべき事項、財産上の給付など相当の処分ができること、鑑定委員会の意見を聴くべきことなどは借地借家法17条による場合と同様です。本条は本法施行後に設定された普通借地権に適用されますので、本条が実際に適用されるのは2022年（平成34年）8月2日以降です。

第3章

借地権の終了

【Learning Goals】

本章では借地関係の終了に際して生じる様々な関する論点を検討します。

1 　借地関係はどのような理由がある場合に終了するのでしょうか。当事者間の合意により借地契約を終了させる場合はどうすればよいのでしょうか。借地権者に債務不履行があれば賃貸借の解除が認められますが、これに対する信頼関係理論による制限はどのようなときに認められるのでしょうか。借地上の建物が滅失あるいは朽廃したとき、借地関係はどうなるのでしょうか。賃貸借契約当事者が破産した場合、賃貸借関係はどうなるのでしょうか。

2 　借地権の期間が満了した場合の借地契約の更新に関する規定はどうなっているのでしょうか。借地権者の更新請求権、使用の継続による更新とはどのようなことでしょうか。借地権設定者の更新拒絶に関するルールはどうなっているのでしょうか。

3 　借地権設定者による更新拒絶には正当事由が必要とされていますが、それはどうしてでしょうか。またその具体的内容はどうなっているのでしょうか。土地の有効利用を図るため、地域の再開発を実現するためという理由は正当事由として認められるでしょうか。借地の正当事由判断において借地上建物賃借人の事情を考慮することはできるでしょうか。

4 　正当事由を補完するものとして立退料の提供や支払が認められています。では、補完するとはどのような意味でしょうか。その額はどのように算定すればよいでしょうか。

5 　借地の存続期間が満了し、借地契約が更新される場合に、東京などの都市においては更新料の授受がかなり行われていますが、更新料とはどのような法的性質の金員なのでしょうか。更新料支払の慣習はあるので

しょうか。借地権設定者に更新料支払請求権はあるのでしょうか。また、支払につき合意した更新料の不払いはどのような効果を生じるのでしょうか。
6 借地契約が更新された場合、どのような効果が認められるでしょうか。
7 借地権が終了した場合、借地権者は原状回復義務を負いますが、他方では建物買取請求権も認められています。その内容はどのようなものでしょうか。

第 1 節　期間満了以外の事由による借地関係の終了

1　合意による借地関係の終了

　当事者の合意により借地契約を終了させることは、旧借地権においても、かなりありました。借地の存在する地域の環境変化、借地権者・借地権設定者の生活上の変化があるときに、借地権を消滅させ、その土地で借地権設定者が新たな土地利用を始める。逆に借地権者が底地の所有権を取得することで借地関係を消滅させる。さらには、借地権者と借地権設定者が共同して当該土地を利用・開発するために借地権を終了させる等の場合がありました。合意による借地契約の終了は当然有効ですが、消滅する借地権価格の評価、消滅に伴う補償、借地権終了後の土地利用・開発計画等に関して、様々な取り決めをすることが必要になります。

2　債務不履行による賃貸借の解除と信頼関係理論

　賃料の支払は賃借物の使用収益と対価関係にある最も基本的な債務ですから、その不払いは原則として解除事由となります。その他、賃借物の使用収益方法の違反、賃貸借関係に関する特約違反、賃借物の無断譲渡・転貸の場合などでも賃貸借契約の解除が認められます。民法541条は契約解除の基本原則を定めており、解除の効果として原状回復義務が認められます（民545条）。しかし、従来継続してきた債務を遡及的に消滅させると当事者の法律関係が煩雑になるので、賃貸借契約は将来に向かって効力を失います（民620条）。

　継続的な契約関係を解消させるにはやむを得ない事由が必要とされています（民628条参照）ので、不履行が軽微であり、信義則上、

信頼関係を破壊する特段の事由がないことを賃借人が立証した場合には契約を解除できないとする判例理論が確立しています（最判昭39・7・28民集18-6-1220、最判昭43・6・21判時529-46等）。当事者の地位、職業、賃貸借の目的、その経緯等一切の事由を総合的に判断して背信性があるかが判断されます。賃料不払いに関しては、4月分の賃料不払いがあったが弁済供託がなされ、その後の賃料についても遅滞なく弁済供託されている事例（東京地判平22・12・28金法1930-112）などにおいて、信頼関係破壊はなく無催告解除は認められないとしています。

民法改正案の新541条も、当事者の一方がその債務を履行しない場合においては、相手方が相当の期間を定めてその履行の催告をし、その期限内に履行がないときは、相手方は契約の解除をすることができるとしています。ただし、その期限を徒過した時における債務の不履行がその契約および取引上の社会通念に照らして軽微であるときは、この限りではないとしています。

継続的な契約関係の継続を不可とするような事由、信頼関係の破壊があった場合には、催告をしても無意味であるともいえますが、判例は意を翻す機会を与えるという意味で借地権者に対する催告が必要としています（最判昭35・6・28民集14-8-1547）。ただし、信頼関係の重大な破壊という特別な事由があれば無催告解除も有効です（最判昭27・4・25民集6-4-451はその例です）。このほか、無催告で解除できるという特約自体は有効ですし（最判昭43・11・21民集22-12-2741）、当然に解除されるという条項も有効とされています（最判昭51・12・17民集30-11-1036）。民法改正案の新541条は相当な期間を定めて催告することを解除の原則としていますが、新542条は催告をすることなく直ちに契約を解除できる場合を列挙してい

ます。

　信頼関係理論の具体的な適用に関しては、借地、借家のそれぞれについて、賃料不払い、使用収益方法の違反、賃借権の無断譲渡・転貸の箇所で説明しています。

3　借地上建物の朽廃

　旧借地法の適用される旧借地権においては当事者がその期間を定めていないときは、借地上建物の朽廃により借地権は消滅するとされています（旧借地 2 条 1 項但書）。旧借地権の存続期間の箇所で解説しました（第 1 章第 3 節 1 参照）。

4　借地上建物の滅失─旧借地権の場合

　借地上の建物が火災などにより滅失した場合、借地契約の効力はどうなるでしょうか。旧借地権の場合、建物を再築できることには問題はありません。借地権の消滅前に建物が滅失した場合に、借地権者が残存期間を超えて存続すべき建物を築造したときは、借地権設定者が遅滞なく異議を述べない限り、建物滅失の日から起算して堅固な建物については 30 年、非堅固な建物については 20 年間、借地権が存続します（旧借地 7 条）。建物の滅失とは、本来は地震、火災、風水害などの原因による建物の滅失を意味しますが、借地権者が建物を任意に取り壊して再築した場合も含まれる（最判昭 38・5・21 民集 17-4-545）とされています。旧借地法 7 条は建物の滅失原因に何らの制限を加えていないこと、同条は滅失後再築された建物の利用をできるだけ全うさせようとする趣旨であることがその理由です。遅滞なく異議を述べたときには存続期間は延長されません。遅滞なく異議が述べられた場合でも、建物を新築することはでき、本

来の存続期間が満了した際に法定更新の規定が適用され、建物の再築に対して異議を述べたことが正当事由の一要素として判断されます。

5 借地上建物の滅失──普通借地権の場合

　普通借地権の場合、建物の滅失が最初の存続期間満了前か更新後かで区別されます。普通借地権の最初の存続期間中に建物が滅失した場合は、旧借地法7条と同様な規定が設けられ、借地権者が残存期間を超えて存続すべき建物を築造したとき、建物築造について借地権設定者の承諾があれば借地権の期間が延長されます。借地権は承諾があった日または建物が築造された日のいずれか早い日から20年間存続します。ただし、残存期間がこれより長いときまたは当事者がこれより長い期間を定めたときにはその期間によります（法7条1項）。建物の築造につき、借地権者による予めの通知が必要であり、借地権設定者が通知を受けてから2月以内に異議を述べなかったときに承諾があったものとみなされます（同条2項）。また、借地権者による建物の取壊しも滅失に当たることが明文で明らかになりました。

　借地権設定者による建物再築についての承諾拒絶には何等の制限がありません。借地権者は借地権設定者の承諾がないときにも残存期間を超えて存続する建物を築造することはできます。当初の存続期間が満了した場合において、借地権設定者から更新拒絶の異議がなされたとき、承諾を得ないで築造したこと、借地権設定者が承諾をしなかったことに相当な理由があったのかなどが正当事由判断の要素となります。

　更新が認められない場合、借地権者は建物買取請求権を有します

が、借地権設定者の請求があれば裁判所は代金の支払について相当の期限を付与することができます（法13条参照）。

6 普通借地契約更新後の建物滅失

普通借地契約の更新後に建物が滅失した場合について、借地借家法8条は特別の定めをしています。既に借地利用の目的を達成したと考える借地権者は地上権消滅・賃貸借の解約申入れの権利を有します（法8条1項）。

他方、借地権設定者は、借地権者が残存期間を超えて存続すべき建物を建築することにつき、承諾をするかしないかの自由があります。借地権者が借地権設定者の承諾を得て残存期間を超えて存続すべき建物を新たに築造する場合には、法7条が適用され、借地権は20年間存続します。借地権者が借地権設定者の承諾を得ないで残存期間を超えて存続すべき建物を築造した場合には、借地権設定者は地上権消滅請求、賃借権の解約申入れの権利を持ちます（法8条2項）。

8条1項、2項により借地関係が終了する場合、借地権は地上権の放棄もしくは消滅の請求または土地賃貸借解約の申入れがあった日から3月を経過することによって消滅します（同条3項）。

新たに築造するにつきやむを得ない事情があるにもかかわらず、借地権設定者が建物の築造を承諾しないときは、借地権者は借地権設定者の承諾に代わる許可を裁判所に申し立てることができます。法18条はこの場合の手続を定めています。裁判所は、この場合に、当事者間の衡平を図るために必要があるときは、法7条1項の規定とは異なる期間を定め、他の借地条件を変更し、財産上の給付を命じ、その他相当の処分をすることができます（法18条参照）。

第1部 借地関係／第3章 借地権の終了

7 賃貸借当事者の破産

 賃貸借契約の当事者が破産した場合の賃貸借関係はどうなるでしょうか。賃借人（借地権者）が破産宣告を受けた場合につき、かつて民法621条は賃貸人または破産管財人は賃貸借解約の申入れができるとし、この場合には解約によって生じた損害賠償を請求できないと定めていました。双方未履行双務契約に関する破産法の定めと異なり、不当な結果を生むと批判されました。2004年（平成16年）の破産法改正により、同条は廃止され、双方未履行双務契約に関する一般原則に従い、賃貸人には解除権は認められず、賃借人の破産管財人は賃貸借契約を履行するか解除するかの選択権を有することになりました（破53条、54条）。借地権者の破産を解除理由とする特約は無効とされています（東京地判平24・1・13判時2146-65）

 賃貸人（借地権設定者）が破産した場合において、賃貸人の破産管財人が賃貸借契約を履行または解除できるとすると、賃借人は賃貸人の破産という自己には無関係の事由により賃借権を失うことになると批判されていました。そこで、破産法は賃借権が対抗要件を備えている場合には、賃貸人の破産管財人は破産法53条の規定する履行または解除請求権を有しないこととしました（破56条）ので、従前の賃貸借関係が継続することになります。

第2節	借地権の期間満了と契約の更新

1 借地期間の満了と借地契約の更新の基本原則

 民法は、存続期間の定めのある賃貸借は、その期間の満了によって終了する（民616、597条1項）とし、期間が満了した後、賃借人

が賃借物の使用収益を継続しており、賃貸人がこれを知りながら異議を述べないときは、前の賃貸借と同一の条件をもってさらに賃貸借をしたものと推定します（黙示の更新、民619条）。これでは借地権の存続には不十分とされ旧借地法、借地借家法は借地権者の更新申入れにより法律上当然更新が認められる場合（法定更新）を定めています。期間満了後に当事者が合意により借地権を更新すること（合意更新）はもちろん可能です。

存続期間の定めのない賃貸借の場合、民法は各当事者はいつでも解約の申入れをすることができ、土地の賃貸借は解約申入れがあると1年経過後に終了するとします（民617条）。しかし、旧借地法、借地借家法の適用される土地賃貸借契約の場合は、当事者が存続期間を定めないときは、法の定める存続期間の規定に従いますので、民法617条の適用はありません。

では、借地権の存続期間が満了した場合、借地権の運命はどうなるでしょうか。規定が複雑ですから、全体の見取り図を、**図1**（旧借地権の場合）と**図2**（普通借地権の場合）とにまとめておきました。この2つの図を適宜参照しながら、以下の解説を理解してください。

まず、旧借地権、普通借地権のいずれでも当事者に更新の合意があれば、借地権は更新されます。

更新の合意がない場合には、建物があれば借地権者は更新の請求をすることができます（更新請求といいます。法5条1項、旧借地4条参照）。建物がないときには、借地権は一応消滅するものとされ、借地権者の土地使用継続による更新（法5条2項、旧借地6条参照）が認められるかが、次の論点になります。借地権者の更新請求に対して借地権設定者が遅滞なく異議を申し立てなければ、借地権は更新されます。異議を申し立てるには、いわゆる正当事由を備えてい

第1部 借地関係／第3章 借地権の終了

図1 旧借地権の場合

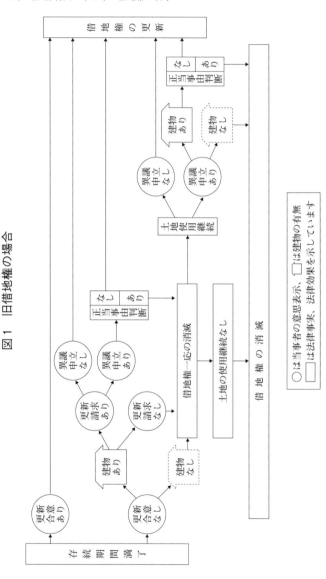

第2節 借地権の期間満了と契約の更新

図2 普通借地権の場合

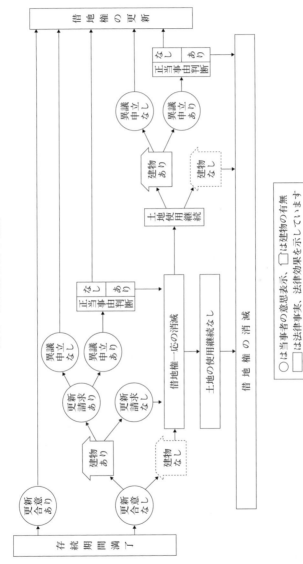

○は当事者の意思表示、□は建物の有無
□は法律事実、法律効果を示しています

ることが必要となります（法6条、旧借地4条1項）。正当事由の有無の判断基準に関してはきわめて多くの裁判例があります。借地借家法6条（旧借地4条1項、旧借地6条1項）の規定について、最近の裁判例をもとにして詳しく説明しておきました。正当事由があるとされたときには、借地権は一応消滅します。

　借地権が一応消滅すると解される場合でも、借地権者が土地の使用を継続しており、建物が存在しているときには、借地権設定者は異議を申し立てることが必要であり、再度正当事由の有無についての判断がされることになります（法5条2項、旧借地6条1項2項）。ただし、使用継続による更新の要件に関しては、旧借地権と普通借地権とで若干の違いがあります。

2　更新請求権

更新請求

　　　　　　　　　　借地契約終了後も引き続き土地の使用を希望する借地権者は、借地契約の更新を請求することができます。旧借地法4条は、借地権消滅の場合において、借地権者が契約の更新を請求したときは、土地所有者が遅滞なく正当事由を備えた異議を述べない限り更新されるとしていました。旧借地法では、借地権者の請求による更新は借地権消滅の場合に発生するとしていたので、借地権の消滅原因の解釈が問題となり、借地人の債務不履行による解除、借地契約の放棄、合意解除の場合には更新請求権は発生しないとされていました（大判大15・10・12民集5-726）。借地借家法は、この趣旨を明確にするため、借地人の更新請求による借地権の更新は、存続期間が満了する場合に生じるとしています（法5条1項）。法5条は、借地権の存続期間が満了する場合において、借地権者が

契約の更新を請求したときは、借地権設定者が期間満了時に遅滞なく異議を述べない限り、従前の契約と同一の条件で更新されるとしています。借地権設定者の異議は、両当事者が土地の使用を必要とする事情のほか、借地に関する従前の経過および土地の利用状況ならびに立退料の申出を考慮して、正当の事由があると認められる場合でなければ述べることができません（法6条）。

借地権者の請求による更新は、借地期間満了時に建物が存在していることが必要です。ただし、借地権設定者側の事情により建物再築ができなかった場合には、借地者設定者による建物不存在の主張は信義則違反とされることがあります。例えば、土地賃借人の建物が火災によって滅失した後、仮換地上に建物を再築しようとしたところ、借地権設定者による建築禁止通告およびこれに続く仮換地明渡調停の申立てによって建物の築造を妨げられ、その結果、賃貸借期間満了の際、仮換地上に建物を所有することができない状態になった場合、賃貸人が地上建物の不存在を理由として賃借人に借地法4条1項に基づく借地権の更新を請求する権利がないと主張して争うことは、信義則上許されないものと解されています（最判昭52・3・15判時852-60）。

更新請求権の放棄特約は無効です（旧借地11条、法9条）。期間が満了した際には直ちに土地を明け渡すという特約も無効です（最判昭28・12・24民集7-13-1633）。借地期間満了の際に借地権設定者に無償で建物を贈与するという特約も更新請求権・建物買取請求権を実質的に否定する結果となるので無効です（最判昭52・12・19判時877-41）。

ある契約条件が借地人に不利な特約であるかについては、当該特約それ自体が借地法の規定に反しているかどうかで判断すべきであ

って、借地契約におけるその他の事情を考慮すべきではないという学説もあります。しかし、最高裁は、法定更新を排除して期間満了後に借地上建物を無償譲渡する旨の特約について、賃貸人所有の建物を取り壊す代償として借地権が設定されたことを理由に、必ずしも借地人に不利益な条件を定めたものとは認められず、有効としました（最判昭 31・6・19 民集 10-6-665）。その後、借地人がその借地上に所有する建物（居宅および店舗）を約定の存続期間満了時に地主に贈与する旨の約定は、それ自体として借地人に不利な特約であり、その不利益を補償するに足りる特段の事情のない限り、借地法 11 条により無効であるとして、総合的判断説に立つことを確認しています（最判昭 52・12・19 判時 877-41）。

使用継続による法定更新

建物所有を目的とする土地賃貸借契約は、期間満了によって終了し、借地権は消滅します。しかし、借地権者が引き続き土地の使用を継続しており、借地上に建物がある場合、借地権設定者が遅滞なく異議を唱えない限り、それまでの契約関係が継続されます。借地権設定者の土地使用継続に対する異議には、正当事由が必要です。

旧借地法 6 条 1 項は、借地権者が借地権消滅後も引き続き土地の使用を継続する場合には、土地所有者が遅滞なく異議を述べないと、従前の契約と同一の条件をもって借地契約が更新されたものとみなします。なお、旧借地法 6 条 2 項は建物のない場合には、土地所有者は正当事由がなくとも異議を述べることができるとしています。旧借地法 4 条の場合と同様、借地権の消滅原因について問題となりましたが、判例は借地人の債務不履行により解除された場合には本条の適用を認めません（最判昭 49・7・12 民集 28-5-700）。

普通借地権についての法5条2項はほぼ同内容を定めています。建物の存在を使用継続による法定更新の要件とした点が異なります。

> **遅滞のない異議**

借地権設定者は、借地の返還を求めるには契約期間満了後、「遅滞なく」異議を述べなければなりません。直ちに異議を述べるという意味ですが、具体的な事情によっては柔軟に解釈されています。

賃貸借契約の締結が40年以上前であり、関係者も死亡しており、書類も残されていないため、当事者双方とも成立時期がわからなくなっていた事案につき、期間満了の際直ちに異議を述べることが賃貸人には容易に期待できず、賃借人もこれを予期していない特段の事情があるとして、期間満了後1年半を経過した後に述べられた異議を認めた事例があります（最判昭39・10・16民集18-8-1705）。速やかに異議を述べることが当事者に期待できない場合等につき、裁判所は期間満了後ある程度期間を経過した後になされた異議も、遅滞なく述べられたものとします。なお、誤解により借地権期間満了の10年前に借地権設定者により異議が述べられ明渡請求事件が係属していた事例につき、異議が今日まで黙示的に継続して述べられていたと解しました（最判昭56・3・13民集35-2-145）。

借地権設定者の異議には正当事由が必要であり、正当事由がない場合には異議は認められず借地契約は法定更新されます（法6条、旧借地6条2項）。正当事由があれば借地契約は期間満了により消滅します。その場合、借地権者は借地権設定者に、借地上建物の買取りを請求できます（法13条、旧借地4条2項）。

3 更新拒絶の正当事由

> 正当事由の意義と歴史

　更新を拒絶する正当な事由という言葉は、1941年（昭和16年）の借地法、借家法の改正に際して、戦時の住宅難に対処するため、賃貸人の解約申入れ、更新拒絶を制限する要件として導入されました（旧借地4条2項、6条2項、旧借家1条の2）。現在では農地法にも入れられ（農地20条2項）、継続的な利用関係を保障する法制度の基本的な要素となっています（法6、28条）。

　昭和16年改正当時、自己使用の必要性は当然に正当事由に該当すると考えられ、判例も当初はその見解を採っていました（大判昭18・2・12民集22-57）。しかし、戦時住宅難の深刻化に伴い、判例は両当事者の利害を比較すべきという見解を採り（大判昭19・9・18法学新報717-14）、さらに戦後の判例は両当事者の比較衡量原則を確立しました。最判昭25・6・16民集4-6-227は、「正当事由」とは賃貸借の当事者双方の利害関係その他諸般の事情を考慮し社会通念に照し妥当と認むべき理由をいうと述べ、同様の趣旨を述べる多くの判決により、判例法理が形成されました。

　借地借家法の制定に際しては、正当事由の内容をどのように規定するのかが、改正論議の中心でした。国会審議においても従来の判例を整理して法文化したものであって、これまでの正当事由の内容とは変わらないことが繰り返し強調されました。借地借家法は旧借地法、旧借家法における正当事由の内容を具体化したこと、および正当事由判断に際して立退料を考慮できると定めたことが従前とは異なるところです。

　旧借地権の正当事由判断に関しては、旧借地法の規定が適用されます。しかし、実質的には借地借家法の規定と相違はありません。

以下では、借地借家法の規定に従って解説しますが、その内容は旧借地権、普通借地権のいずれにもあてはまります。

> 正当事由の内容と構造

正当事由判断の基本は当事者双方の土地使用の必要性の衡量です。法6条1項は最初に「借地権設定者及び借地権者が土地の使用を必要とする事情」を挙げています。旧借地法では「自己使用の必要性」という文言が入っていましたが、自己使用の必要性があってもそれだけで直ちに正当事由に該当するわけではないので、自己使用という言葉を残すとそれだけで正当事由が満たされるという誤解を引き起こしかねないので自己使用の必要性という文言は落ちました。

土地使用の必要性以外の事由は正当事由を補完するものであり、参議院の付帯決議は「更新拒絶の正当事由につき参酌するに当たっては、貸主及び借主の使用の必要性が主たる要素で他の要素は補完的に考慮される点において従来と変わらない」としています。補完事由の第1が、「借地に関する従前の経過及び土地の利用状況」です。従前の経過とは借地契約成立後から存続期間が満了した時点までの間で当事者間に生じた事情をいいます。借地契約成立当時の事情、権利金支払の有無、地代額の多寡、滞納状況、信頼関係破壊の有無等です。土地の利用状況には、借地上の建物の有無、建物の種類・構造・面積、借地権者による建物利用状況等が含まれます。なお、当該借地周辺の土地利用状況について、「要綱試案」は「土地の存する地域の状況」を正当事由判断の要素としましたが、本条はこれを独立の要素としては認めないことにしました。

さらに、補完的に立退料の提供や支払が考慮されます。本条はこの点について「借地権設定者が土地の明渡しの条件として又は土地

の明渡しと引換えに借地権者に対して財産上の給付をする旨の申出をした場合におけるその申出を考慮」できるとしています。賃貸人の土地利用の必要性が乏しい場合でも高額の立退料を提供すれば正当事由が肯定されるのではないかという点について、参議院の付帯決議は「特に財産上の給付の申し出が明文化されたことによりその提供が義務化されたわけではなく、他方その提供のみによって正当事由が具備されるものではないことを周知徹底させるように努めること」とし、立退料は正当事由の補強事由であることが明確にしています。

立退料の支払と借地権者の土地明渡しとの関係については、「明渡しの条件として又は土地の明渡しと引換えに」と規定しており、立退料の支払が先履行の場合と明渡しと立退料とが同時履行の場合とが認められています。

> 正当事由の判断要素と判断基準—土地使用の必要性

正当事由判断の基本は借地権設定者の当該土地使用の必要性と借地権者の土地使用の必要性、借地上建物における居住・事業の必要性との比較です。近時の裁判例をもとにして解説しましょう。

一般的には、借地権設定者側の居住の必要性は営業の必要性よりも正当事由が認められやすいようです。借地権設定者の自己使用の必要性が切実なものは少なくなりました。借地権設定者の必要性と借地権者の自己使用の必要性、近隣に転居することの不利益、建物の老朽化の程度等と比較の上、立退料支払により正当事由を肯定する例があります。例えば、東京浅草橋での明治年間から続く借地関係につき、関東大震災後に建築した建物で印刷業を営んでいる借地権者に対して、借地権設定者である新聞販売店経営者が従業員の寄

宿舎を建築するため、建物収去土地明渡しを求めた事例につき、自己使用の必要性は借地権者の必要性に優るとはいえないが、借地権者には近隣に転居することの経営上、生活上の不利は少ないとし、近隣の適当な代替物件を取得するために必要な資金（6450万円）の支払と引換えに請求を認めました（東京地判平7・2・24判タ902-101）。東京都港区の海岸沿いの土地賃貸借の事例につき、借地権設定者は釣船や屋形船を出す船宿を経営し、本件土地の隣接地上建物に居住しており、公認会計士である借地権者は借地上建物を計算センターとして利用しているが、築後45年経過し、老朽化しており、使用の必要性は他の場所でも満たされるとして、借地権価格によらない立退料（1000万円）の支払によって正当事由が認められるとしました（東京高判平11・12・2判タ1035-250）。

　借地権者の使用の必要性が高い場合には正当事由は否定されます。例えば、銀座所在の土地（土地評価額は97億円・借地権価格は85億円程度）賃貸借契約であり、借地権者は1階で店舗を営み2階に居住しており、高層ビルを建築して有効利用を図ることを希望しており、その実現も可能ですが、賃貸人が承諾せず、借地権の更新を拒絶した事例について、借地権者の土地有効利用計画が借地権者に有利な事情とされ、立退料30億円を提供しても正当事由を補完し得ないとされました（東京地判平2・4・25判時1367-62）。借地権者と借地権設定者がともに再開発の計画を有しており、再開発の主体をめぐる争いということができます。

　借地権者の使用の必要性が乏しい場合には正当事由が肯定されやすいようです。賃借した土地が更地のままであった事例について、賃貸借契約満了時に賃借土地上に建物が存在しないことについて、賃貸人に責めに帰すべき事情が認められないとして、立退料の提供

なしに正当事由を肯定した判決がその典型です（東京地判平13・5・30判タ1101-170）。借地権者の土地利用の必要性が乏しく、居住用建物所有のための賃貸借の目的を一応達成している事例の場合には、立退料の支払を条件として正当事由を認めています。例えば、土地の返還を受けて共同賃貸住宅を建てたいという借地権設定者の意図は必要性として必ずしも十分ではないが、借地権者は他所に居住し、借地上建物を賃貸しており、賃貸借契約の経過、賃貸借契約をめぐる従前からの紛争の経緯、その紛争における借地権者の責任等から、3000万円の立退料の支払により正当事由を認めています（東京地判平7・9・26判タ914-177）。

借地に関する従前の経緯

借地に関する従前の経過に関しては、借地権者の存在することを知りつつ購入した新土地所有者による明渡請求の事例があります。この場合には正当事由は認められません。借地権の存在を前提として、更地の2割程度の価格で土地を購入し、更地にして転売する目的で更新を拒絶した事例では、正当事由は否定されました（最判平6・6・7判時1503-72）。借地権および敷地上の建物の存在を知り購入した新土地所有者の土地利用計画は確たるものではなく、他方、借地権者の利用継続性が強い場合には、かなり高額の立退料によっても正当事由は認められません（東京高判平4・6・24判タ807-239・4億5千万円の立退料、東京地判平8・7・29判タ941-203・3億円の立退料）。

土地の利用状況

土地の利用状況との関係では、建物の老朽化、土地の有効利用の必要性が主張される事例が極めて多いようです。借地上建物が老朽化しほとんど使用していない事例では、立退

料の提供を条件として正当事由が肯定されます。従業員5000名ほどの大企業である借地権者は、昭和33年に本件土地を賃借し、建物を建築し、従業員寮として利用してきましたが、建物は老朽化しほとんど使用しておらず、長期間にわたり公租公課に満たない賃料の供託を続けています。借地権設定者は本件土地の裏側の自社ビルに居住しており、本件土地の明渡しを受けて、一体的に有効利用を図りたいとの希望を持っています。判決は借地権者に相当な補償がされれば、看過できない不利益が生じるわけではないとして、借地権価格の45％程度の2850万円の立退料により正当事由を肯定しました（東京地判平17・7・12 LLI 06032951）。

　土地の有効利用の必要性が合理的であり、借地権者が事業者である場合は立退料提供により正当事由が肯定されています。東京都中央区京橋所在の土地において、借地権者は木造2階建ておよび平屋建ての建物で60年の長きにわたって皮革製造販売業を営んできており、借地権設定者は土地の有効利用を図るためのビル建築計画を有し更新拒絶の異議を申し立てた事例につき、4億円の立退料（借地権価格6億5900万円）の提供による正当事由具備を認めました（東京高判平3・1・28判時1375-71）。東京西新宿所在の土地につき、江戸時代からの地主である借地権設定者は35階建ての業務棟と23階建ての居住棟等の高層ビルの建築計画を有し、近隣にかなりの土地を所有する借地権者のみが街づくり協議会に不参加という事例につき、立退料10億3800万円の提供により正当事由を認めました（東京地判平6・8・25判時1539-93）。借地権者の土地使用の必要性が乏しい場合も同様です。借地権者は昭和51年に港区三田所在の本件土地を期間20年で賃借し木造2階建ての本件建物を建築しました。借地権設定者は不動産業者と共同して本件土地を含む賃貸人所

有土地9000㎡に高層ビル（地上35階）を建てることを計画し、所有地上の借地人・借家人約60名と交渉をはじめ、中心部に位置する本件賃借人のみが交渉に応じなかったので、設計変更をして本件土地を除いた部分において高層ビルの建築を開始しました。借地期間満了後に、借地権設定者は異議を述べ、建物収去土地明渡しを求めました。本件土地周辺は商業地域・近隣商業地域に指定されていること、本件土地を除いた部分について高層ビルを建築した場合、居住者や原告に不都合があり、明渡しが認められればすぐにでも設計変更が可能なこと、賃借人は本件土地から数分のところに別の建物を所有しており、本訴提起後もそこを住所としていること等から、賃貸人の本件土地使用の必要性が高く、借地権者の必要性はそれほど高度なものではなく、借地権設定者の必要性を下回るとし、立退料6500万円の提供により正当事由を認めました（東京地判平10・8・21判タ1020-212）。

借地権設定者の使用の必要性が高くなく、開発による経済的な利益の獲得を目的とする場合でも、相当な立退料を支払えば正当事由が認められるとする判決もあります。1961年（昭和36年）に居住用建物所有を目的とする借地契約が設定され、1974年（昭和49年）から賃料供託が続いており、隣地に自宅を保有し居住する借地権設定者は、借地上でスーパーマーケットを建設する必要性があるとして、2011年（平成23年）に更新拒絶の通知をした事例では、経済的利益のために土地を使用する必要性があり、借地権価格および移転費用等を基準として算定される立退料を支払うことにより更新拒絶の正当事由が補完され土地の明渡しを求めることができると解することが当事者間の公平の見地から相当であるとして、更地価格の7割である5500万円を借地権価格とし、5000万円の立退料支払で

正当事由を満たすとしました（東京地判平25・3・14判時2204-47）。

再開発計画が具体的・合理的でない場合は、正当事由は否定されます。東京大森駅近隣の土地につき、賃貸人は本件土地の周辺とあわせた大商業ビルを建設する予定があり、会計事務所を経営している賃借人は本件土地にビルを建てることを意図しており、土地の有効利用を目的として3億円の立退料を提供し更新拒絶をした事例において、賃貸人は本件土地がなくても再開発ビルを建築できるとして正当事由が否定されました（東京地判平元・9・14判タ731-171）。大阪の一等地である土地につき、1957年（昭和32年）に堅固建物所有を目的とする期間30年の借地契約がされ、大手映画会社である借地権者は建物を建築し映画館を経営し、建物の一部には店舗を所有し、多数の賃借人がいます。借地権設定者は土地高度利用を理由とし、50億円を立退料として提供する旨の更新拒絶をしましたが、正当事由がないとされました（大阪地判平5・9・13判時1505-116）。この事例では、本件土地の借地権価格は鑑定評価によると267億円であり、借地権者は映画館の営業により年10億円の収益を上げていました。

借地上建物の賃貸人の事情　借地の正当事由判断において借地上建物賃借人の事情を考慮することができるかにつき、判例は特段の事情のない場合には借地人側の事情として建物賃借人の事情を参酌することは許されないとしています（最判昭58・1・20民集37-1-1）。正当事由判断は、土地所有者側の事情と借地人側の事情を比較衡量して決すべきであり、この判断に際し、借地人側の事情として借地上にある建物賃借人の事情をも斟酌することが許されることがあるのは、借地契約が当初から建物賃借人の存在を容認したものである（例え

ば、アパートを建設し、賃貸することを目的とする借地契約）とか、または実質上建物賃借人を借地人と同一視することができるなどの特段の事情の存する場合（借地権者が自己の経営する企業に建物を賃貸する場合）であり、そのような事情の存しない場合には、借地人側の事情として建物賃借人の事情を斟酌することは許されないとしています。

> 総合的判断が不透明な事例

正当事由の有無は借地権設定者の事情と借地権者側の事情とを総合的に参酌して判断すべきとされていますが、どのようにして総合的に判断したのかが必ずしも明らかでない事例があります。最判平6・6・7判時1503-72はその典型です。借地権者の先代は東京都港区麻布十番所在の本件土地を賃借し、その上に本件建物を建築し、これを賃貸しその賃料収入により生活していました。本件土地を建物賃借人が所有者から買い受け、所有権を取得しました。その際、借地権の存在を前提として更地価格の2割程度の価格で買い受けました。借地期間満了を理由として更新拒絶の意思表示をしましたが、同じ頃、借地権者に相続が発生し、本件土地の借地権価格は2億円近くとされ、1800万ほどの相続税が課されることになりました。そこで借地権者は本件土地の借地権を譲渡して相続税の支払に充てることを意図し、本件土地の賃借権の譲渡許可を求める借地非訟事件の申立てをし、他方、土地所有者は本件建物の収去と本件土地の明渡しとを求める本訴を提起しました。借地非訟事件の申立てを認容する決定がなされ、約8000万円を支払うことを条件として本件土地の賃借権譲渡が許可されました。正当事由に関しては、土地所有者（＝建物賃借人）は、本件建物は1950年（昭和25年）に建築された木造建物でかなり老朽化しており、本件

土地付近は商業地域で防火地域であり、建物の高層化が進みつつあるので、本件土地上に隣接地主らと共同で高層建物を建築する計画を有しているとの主張しました。最高裁は、このような当事者双方の事情を総合的に考慮した上で更新拒絶に正当事由があるとはいうことはできないとした原審の判断は正当として是認できるとしています。しかし、これでは判断の際どのような要素がどの程度考慮されたのかはわかりません。正当事由判断は裁判所の裁量の余地が広く、その基準は十分に具体的ということはできません。

正当事由の存在時期

正当事由の存否は当事者間に存在する一切の事情の比較衡量によりますが、正当事由判断の対象となる各事情の存在は流動的で、相対的ですので、どの時期に正当事由が備わっているべきなのかが問題となります。この点について、学説には、①更新拒絶時に正当事由が存在すればよい、②更新拒絶時から6月間継続することを要する、③更新拒絶時から口頭弁論終結時まで継続することを要する、④口頭弁論終結時に存在していればよい、⑤更新拒絶時から明渡執行時まで継続すべきであるという考え方があります。学説上は③の考え方が有力です。判例は、最判昭28・4・9民集7-4-295により、正当事由は解約申入れ時より6月存在することが必要という説を採りました。さらに最判昭41・11・10民集20-9-1712は、建物の賃貸借契約の解約申入れに基づく建物明渡請求訴訟において、解約申入れをした当時には正当事由が存在しなくても、賃貸人において訴訟を継続している間に事情が変更して正当事由が具備した場合には、解約申入れの意思表示が黙示的・継続的になされているとし、訴訟継続中正当事由が具備するに至った時から6月の経過により賃貸借契約は終了すると判断しました。したが

って、正当事由が更新拒絶時になくとも、訴訟中に正当事由が生じればよく、しかも、正当事由は、その具備の時より6月存在すればよく、その後消滅しても解約の効力が生じることになります。

立退料の提供・支払　　かつては、賃貸人が賃借人の利用している土地・建物の代わりとなるべき移転先、代替家屋を提供することがあり、これは正当事由判断の重要な要素とされ、代替家屋の賃借人への賃貸・引渡しを条件として家屋明渡しの引換給付判決をした判決もありました（最判昭32・3・28民集11-3-551）。しかし、今日では、代替土地・家屋の提供は見られず、賃借人の不利益を金銭的に補償することを目的とする立退料支払の慣行が生じており、正当事由の補完事由となることが明文化されています。

　賃貸人側に存在する事由だけでは正当事由を満たすことのできない場合に、正当事由を補強する事由として立退料を提供することができます。これは賃借人の経済的損失を補償する意味において正当事由の一要素となり、その補強事由となるとしました（最判昭38・3・1民集17-2-290）。経済的補償としての立退料という考えを押し進めれば、利用の必要性がなくても経済的補償が充たされれば正当事由があるという結果になりかねませんので、判例・学説ともに賃貸人側に正当事由の存在を裏付ける一定程度の事由があるが、未だ十分ではない場合に立退料の提供で正当事由を補完できるとしています。

　当事者が申し出た立退料の額につき、裁判所は立退料提供の意思はその主張する額に固執せず、これと格段の相違のない一定の範囲内で裁判所の決定する金額を支払う意思を表明していると当事者の意思を疑制し、増額を認め（最判昭46・11・25民集25-8-1343）、こ

第2節　借地権の期間満了と契約の更新

れが確立した判例となっています。

　借地権設定者が遅滞なく異議を述べた際には立退料の提供を申し入れていなかったが、その後に立退料の提供を申し出た場合に、裁判所は正当事由判断の中で考慮することができるかが問題となります。判例は、土地所有者が意図的にその申出の時期を遅らせるなど信義に反するような事情のない限り、事実審の口頭弁論終結時までになされたものについては原則としてこれを考慮することができるとしています（最判平6・10・25民集48-7-1303）。

　立退料の性質に関しては、借家の箇所で論じることにします。

4　更新料

更新料の意義

　借地の存続期間が満了し、借地契約が更新される場合に、東京などの都市においては更新料の授受がかなり広く行われています。そこで、更新料とはいかなる性質の金員なのか、更新料支払の慣習は存在するか、更新料支払請求権はあるのか、支払につき合意した更新料の不払いは賃貸借契約の解除事由になるかなどが問題となります。

　更新料とは、賃貸借期間が満了した場合、合意によって賃貸借契約を更新するときに、契約更新の対価として賃借人から賃貸人に支払われる金銭をいいます。借地契約における更新料の法的な性質について、最判昭59・4・20民集38-6-610は、当該事例における更新料は、①将来の賃料たる性質、②更新に関する異議権放棄の対価、③紛争予防目的での解決金、という3つの性質を有するとした原審の判断を是認し、更新料の性質を一義的に決することは困難であり、諸般の事情を考慮した上、具体的事案に応じた判断をするほかない

との一般論を述べています。学説には、賃料の補充としての意味を持つという説（従前の賃料額の補充とする説と、将来の賃料の前払いとする説とがあります）、更新承諾料または異議権放棄の対価とする説、訴訟を回避して円満に合意更新する利益の対価とする説などがあります。借地権者は、更新料支払契約の有効性に疑問を持ちつつも、借地関係が今後も長期間継続することが確実になるという実益があるので、更新料を支払うようです。

更新料支払契約の有効性

賃貸借契約の期間が満了する際、当事者が自由な合意によって賃貸借を更新することとし、更新料を支払う約束をしたときは、正当事由が具備しないことが客観的に明白であるのに、賃借人の無知・窮迫に乗じて高額な更新料の支払を約束させたことにより反社会性を帯び暴利行為となるような例外的な事例を除けば、その金額が相当である限り、更新料支払の合意は有効と解されています。更新料を支払い、借地契約を合意更新することは、借地権者にとっても更新拒絶の危険性を消滅させ、借地権の財産権としての価値を強固にするという実益を持つ有効な紛争回避手段であるとされています。東京周辺の都市部では、更新料額は更地価格の3％が相場といわれています。

法定更新と更新料請求

当事者間で更新料支払の合意がない場合に、賃貸人は更新料の支払を求めることができるでしょうか。借地人には慣習に基づく更新料の支払義務があるという学説や下級審判決もありますが、最判昭51・10・1判時835-63は賃貸借契約の法定更新に際し賃貸人の請求があれば賃借人が当然更新料を支払うべき義務が生ずる旨の商慣習、または事実たる慣習は存在しないとしてお

り、その後の下級審判決も同様の趣旨を繰り返しており、実務の上では否定説が定着しています。これを肯定すれば、更新拒絶の正当事由が賃貸人に何等存在しない場合であっても、賃借人は賃貸人の請求により常に更新料を支払うべきこととなり、借地法の予定している法定更新の規定に比べ、借地人に著しく不公平な負担を生じさせること、全国的にみて更新料の支払慣行が熟成しているとはいえないこと、更新料を支払う場合も借地人は法的根拠はないが、紛争回避のために支払うのであり、支払義務について法的な確信があるとはいえないことなどからです。なお、更新料支払契約がある場合、法定更新に際しても更新料支払請求ができるかという問題があります。この判決の趣旨からすると、法定更新の場合には適用されないということになります。

更新料支払契約の不履行と賃貸借契約の解除

更新料支払契約を結んだが借地権者が更新料を支払わないとき、更新料不払を理由にして賃貸借契約を解除できるかでしょうか。最判昭59・4・20民集38-6-610は、この問題について、単にその更新料の支払がなくても法定更新がされたかどうかという事情のみならず、当該賃貸借成立後の当事者双方の事情、当該更新料の支払の合意が成立するに至った経緯その他諸般の事情を総合考量した上、具体的事実関係に即して判断されるべきものと解するのが相当であるという一般論を述べ、本件更新料の支払は、賃料の支払と同様、更新後の賃貸借契約の重要な要素として組み込まれ、賃貸借契約の当事者の信頼関係を維持する基盤であり、不払いはその基盤を失わせる著しい背信行為であり、賃貸借契約の解除事由となると述べています。

更新料支払の合意があれば、それに基づき賃貸人は賃借人に対し

て更新料の支払請求権を持ち、その不払いがあれば、履行の強制ができるのみでなく、合意更新契約それ自体の解除もできます。賃貸借契約それ自体を解除できるかについて、上記最高裁判決は、付随的債務の著しい義務違反により賃貸借契約の基礎たる信頼関係を破壊する場合には、賃貸借契約それ自体を解除できるとしていますので、当事者間に信頼関係を破壊する事由があったかどうかが問題となります。

なお、借地借家法は更新料について何等の立法的手当をしませんでした。当事者の合意に委ねられています。

第3節　更新の効果

旧借地権の場合は、更新により前契約と同一の条件でさらに借地権を設定したとみなされます。更新後の期間につき、旧借地法は堅固の建物は30年、非堅固の建物は20年としていました。更新された借地権の存続期間の起算点は更新の時点です。前借地権に付されていた特約等が更新後の借地権に承継されるかが問題となります。個々の特約につき判断する必要はありますが、更新前後の借地権には同一性があるとして、承継を認めるのが原則です。

普通借地権の場合につき、法4条は当事者が借地契約を更新する場合（合意更新と法定更新とを含む）、更新後の借地権の存続期間は更新の日から10年となりますが、最初の更新に限り20年としました。ただし、当事者はこれより長い期間を定めることができます。借地借家法制定の際には更新後の存続期間の性質・長短が問題となりました。当初は更新後は期間の定めのない賃貸借になるとしまし

たが、借地権者の安定性に欠けると批判され、法案では更新後の期間を10年としました。これに対しても借地の安定的利用を阻害し、更新料請求の可能性を増加させるという批判がされ、最初の更新時に限り20年とされました。

第4節 終了の効果

1　借地権の消滅・原状回復義務

借地契約の更新が認められなかった場合には、借地契約関係は終了し、借地権は消滅し、当事者間には原状回復義務が発生します。したがって、借地権者は借地上建物を収去して土地を借地権設定者に返還すべき原状回復義務が発生します（民616条、598条）。

2　建物買取請求権

民法の原則によると、民法の原則によると、借地契約終了の際、土地を使用する権利が地上権であれば土地所有者の地上物件買取請求権（民269条）、賃貸借であれば費用償還請求権が認められます（民608条）。しかし、地上物件買取請求権は土地所有者の権利であり義務ではなく、費用償還請求権は土地とは別個の不動産である建物には及びません。そこで、借地権者の投下資本の回収と残存価値を有する建物を取り壊すことにより生じる社会経済的損失を防止する目的から、建物買取請求権が認められました。

建物買取請求権は借地権が消滅した場合に発生しますが、賃料不払い等の債務不履行により借地権が消滅したときにも建物買取請求権が認められるか問題になりました。判例は、旧借地法4条2項の

建物買取請求権につき、誠実な借地人保護の規定であり、債務不履行により借地権が消滅する場合は建物買取請求権は発生しない（最判昭35・2・9民集14-1-108）としました。借地借家法は明文により存続期間満了の場合にのみ建物買取請求権が発生するとしています（法13条1項）。

建物買取請求の目的物は建物その他借地権者が権原によって土地に付属せしめたものです。借地権者が自ら設置したものである必要はなく、すでに設置されていたものを譲り受けた場合でもよく、建物に附合した建物以外のものも買取請求の対象となりますが、土地に附合してその構成部分となった場合は費用償還請求権の問題となります。

なお、目的物は借地およびその建物使用について一般的便益を与える性質のものでなければならず、借地人の個人的趣味や特殊な用途にのみ適するものは含まれないとされています。

建物買取請求権は借地契約消滅時の借地権者がその当時の土地所有者（＝借地権設定者）に対して行います。借地上建物の借家人が自己の賃借権を保全するために建物賃貸人＝借地権者に代位して建物買取請求権を行使できるかにつき、判例は建物買取請求権の行使により建物賃貸人の受ける利益は建物の代金であり、建物賃借人の保全せんとする建物賃借権は代位権行使により保全される関係にはないとして否定します（最判昭38・4・23民集17-3-536）。借地権者が建物買取請求権を行使すれば借家人は新家主となった借地権設定者に対抗できるのに、建物買取請求権が行使されなかったために明け渡さざるを得ないのは妥当ではないとして、肯定する学説もあります。

建物買取請求権の行使時期に制限はなく、裁判上においても裁判

外においても行使できます。控訴審ではじめて買取請求権を行使しても時機に遅れた攻撃防御方法とはなりませんし（民訴157条1項）。また、明渡判決確定後でも買取請求権を行使できます（最判平7・12・15民集49-10-3051）。ただし、立退料支払を条件とする明渡判決が認められた場合は、建物買取請求権の行使は権利濫用になるという下級審判決もあります（東京地判平13・11・26判タ1123-165）。

　借地権者の一方的な意思表示により、借地権設定者の承諾を要せず、建物についての売買契約が成立し、所有権移転と代金債権の発生という効果が生じると解釈されています（最判昭30・4・5民集9-4-439）。建物の価格は時価によります。時価とは、建物を取り壊したときの材木の価格ではなく、現存する建物としての価格です。時価の算定に際して、いわゆる借地権価格を含まないが、当該建物の存在する場所的環境を参酌すべきであるとされています（最判昭35・12・20民集14-14-3130）。建物の価格はその存在する場所的環境の影響を受けるからです。したがって、建物自体の価格のほか、建物・敷地の所在場所、周辺土地の環境など諸般の事情を総合的に考慮して価格を定めることになります。価格は当事者の協議により定まりますが、協議が整わないときは裁判所が定めます。また、買取請求権行使当時を基準として算定されます。

　買取請求権行使により発生する土地・建物の明渡請求権と代金請求権とは同時履行の関係にあり（最判昭35・9・20民集14-11-2227）、借地権存続中になされた建物買取請求権を否定する特約は無効です。

　なお、借地権の存続期間満了前に建物が滅失した場合において、借地権者が借地権設定者の承諾を得ずに、残存期間を超えて存続すべき建物を築造し、当初の存続期間が満了し更新拒絶の異議がなされたときには、承諾を得ないにもかかわらず築造したこと、承諾を

しなかったことに相当な理由があったのか等が正当事由判断の要素となります。更新が認められない場合には、借地権者は建物買取請求権を持っていますが、この場合に限り借地権設定者の請求があれば裁判所は代金の支払について相当の期限を付与することができます（法13条2項）。

第4章

当事者間の経済的関係

【Learning Goals】

　本章では借地関係の当事者間の経済的関係についての論点を検討します。
1　借地の使用収益の対価として支払われる賃料・地代はどのように定めるのでしょうか。またその支払に関する民法上のルールはどうなっているでしょうか。借地権設定者が地代を受け取らないとき認められる弁済供託とはどのような制度でしょうか。借地権者が地代を不払いしているとき、借地契約の解除はどのようにすればよいでしょうか。
2　借地関係において契約締結時に前提とされていた諸事情に変更が生じ、従前の地代では不相当となる場合には地代の増減請求権が認められます。これはどのような内容の制度でしょうか。それが認められる要件、相当な地代の算定方法、地代増減請求権の効果はどのようなものでしょうか。賃料に関しては様々な特約が付されることがありますが、その効力はどうでしょうか。
3　不動産の賃貸借契約関係を設定する際に権利金が支払われることがありますが、その法律的な性質はどのようなものでしょうか。

| 第 1 節 | 賃料 |

1 賃料

賃料の意義

　目的物の使用収益の対価として支払われる金銭その他のものを賃料といいます。借地の場合は地代、借家の場合は家賃・借賃と呼ばれます。賃料は金銭以外のもの、たとえば、対価としての一定の仕事をするという労務の供給でもかまいません。

　賃料額は当事者の合意により自由に定めることができます。賃貸借が効力を生じたにもかかわらず賃料が確定しない場合には当事者の請求により裁判所が定めることができます。賃料の支払方法、支払時期等も当事者の合意によりますが、特段の定めがないときは賃料は賃貸人の住所にて支払うこととされ（民484条、持参債務の原則）、賃料の支払時期は毎月末（民614条）としています。実際には借地権設定者の指定する金融機関の口座に、毎月の地代をその前月までに振り込むのが一般的です。賃貸人が賃借人に賃貸物件を使用させない期間については、賃借人は賃料支払義務を負いません（最判昭36・7・21民集15-7-1952）。借地上建物の賃借人は建物敷地の地代の弁済につき法律上の利益があり、借地権者の意思に反しても弁済することができます（最判昭63・7・1判時1287-63）。

弁済の提供と弁済供託

　賃料債務の弁済は現実の提供が必要です（民493条）。債権者である借地権設定者の住所地に持参し、現実に提供することとされています。ただし、債権者（借地権設定者）が受領を拒絶しているときには、弁済の準備をした旨を通知し、その

受領を催告する口頭の提供で足ります（民493条但書）。債権者があらかじめ受領拒絶の意思を極めて明確にしている場合には、口頭の提供をしなくとも債務不履行にはなりません（最判昭32・6・5民集11-6-915）。

判例は、建物賃貸借の事例において、賃貸人が受領拒絶をしたときには、特別の事情がない限り、その後においても、提供されるべき賃料について受領拒絶の意思を明確にしたものと解するのが相当とし、賃貸人が賃料不払いを理由として契約を解除するためには、単に賃料の支払いを催告するだけでは足りず、受領拒絶の態度を改め、以後賃料を提供されれば確実にこれを受領すべき旨を表示するなど、自己の受領拒絶を解消させるための措置を講じなければならないとしています（最判昭45・8・20民集24-9-1243）。

また、賃貸人の受領拒絶、受領不能の場合には、賃借人（＝借地権者）は賃料を賃貸人のために供託して債務を免れることができます（民494条）。判例は債権者があらかじめ受領拒絶をした場合でも、債務者は口頭の提供をし債権者を受領遅滞に陥らせてはじめて供託できるといいます。例外として、受領拒絶の意思が強くたとえ債務者が弁済の提供をしても受領しないことが明瞭な場合には、弁済の提供をせずに供託できるとしています。前記昭和45年最高裁判決によれば、提供した賃料が受領拒絶されると、その後の賃料についても賃貸人はあらかじめ受領拒絶したことになり、しかもその意思は明確とされるので、賃借人はその後は直ちに供託できると解されています。

供託すべき場所は原則として賃料支払債務の履行地である借地権設定者の住所地を管轄する供託所（法務局等）です（民495条1項、供託1条）。供託所に現金を持参し、供託書に供託者である借地権

者の住所、氏名、被供託者である借地権設定者の住所、氏名、供託金額等を記載して行います。供託書と同一内容の供託通知書が被供託者である借地権設定者に送付されます。

供託によって、弁済がなされたと同様、賃料債権は消滅します。債権者である借地権設定者は、供託額に満足するときは、供託物の引渡しを請求（供託物引渡請求権・還付請求権）できます（改正案498条1項）。

供託は弁済者の保護を目的とする制度ですから、債権者である借地権設定者が供託を受諾せず、または供託を有効と宣告した判決が確定しない間は、供託をした借地権者は供託物の取戻しを請求できます。取戻しにより供託はしなかったものとみなされます（民496条1項）ので、これが行使されるのは賃料に関する紛争が解決したときになるでしょう。供託物の取戻請求権は、供託者が免責を受ける必要が消滅したときから起算され、10年で消滅します（最判昭45・7・15民集24-7-771）。

| 賃料不払いと借地契約の解除 |

賃料債務は賃貸借契約の基本的債務ですから、その不払いがあれば賃貸借契約は解除できます。しかし、軽微な債務不履行により継続的な借地契約を解除させるのは不適切な場合もありますので、判例は債務不履行があっても当事者間の信頼関係を破壊しない特段の事由がある場合には、解除を制限する信頼関係破壊の法理を発展させてきました。信頼関係の破壊があったかどうかは、地代不払いの額、期間、不払いに至った事情、契約期間、賃借人の支払い能力、支払の意思、生活状況、催告の有無や方法、解除の意思表示後の状況等あらゆる事情を総合的に判断することになります。

債務不履行があっても債務の履行を促すための催告をすることが必要とされます（最判昭 35・6・28 民集 14-8-1547）が、賃借人が信頼関係を裏切り賃貸借の継続を著しく困難にしたときは無催告で解除できるという特約は有効とされます。2、3月程度の軽微な不払いの場合（東京地判平 24・1・13 判時 2146-65）、催告期間が十分でない場合には、解除権が制限されます。信頼関係理論については第1部第3章第1節で解説しています。

2 地代の増減請求権

地代増減請求権の要件

長期間継続する借地関係においては、契約締結時に前提とされていた諸事情に変更が生じ、従前の地代では不相当となることがありますので、公平の観点から、将来に向かって、地代の増額、減額を請求できるとしました（法 11 条、旧借地 12 条）。いわゆる事情変更の原則の適用例です。旧借地権も地代の増減請求に関しては、借地借家法の規定に従います。

法 11 条は、一定の期間地代等を増額しない特約がある場合を除き、契約の条件にかかわらず、地代等増減請求権を行使できるとしているので、本条は強行法規であり、特約によって適用を排除することはできません（最判昭 31・5・15 民集 10-5-496、最判昭 56・4・20 民集 35-3-656 参照）。

地代増減請求権の発生要件について、法 11 条は土地に対する租税その他の公課の増減（固定資産税や都市計画税の変動）、土地の価格の上昇もしくは低下その他の経済事情の変動（物価の変動、国民所得の動向等）、近傍類似の土地の地代等との比較（地形・主要道路・鉄道の駅からの距離などで類似している土地）をその例としてあげて

います。事情の変更があったかの判断に際しては、一切の事情が考慮され、従前の地代では不相当になったことが必要とされます。判例は従前賃料の確定時から改定時までに相当期間を経過していることは事情変更の原則を適用し増額を認めるための一つの判断事情に過ぎないとしています（最判平3・11・29判時1443-52、借家の事例）が、従前の地代額決定時と増額減額請求時との間に相当の期間が経過していることが実質的には必要です。

賃料の算定

当事者の合意により相当な賃料は算定されます。地代・家賃の増減に関する紛争については調停前置主義が採られており、賃料額につき当事者の協議が整わない場合は、調停手続に付され、調停委員会による解決ができないときに裁判所が決定します。相当な賃料の算定に際して考慮される要素としては、賃貸借の目的、建物の使用目的、敷地の地形、建物の位置・構造・耐用年数、付近の環境等の建物の使用価値に関する事柄、当事者間の人的関係、権利金・敷金の有無、賃貸期間の長短、従前の賃料額、従前額決定時よりの期間等があげられています。

算定の方式については、裁判所は当初は諸要素を列挙し、諸般の事情を総合的に判断するとしていましたが、その後は、現賃料額に土地建物価格の上昇率を乗じるスライド方式や、当該土地建物を元本として評価し適切な利潤率を乗じた額を基準とする利回り算定方式（積算方式）が多く用いられていますが、スライド方式のみで算出しなければならないものではない（最判昭40・11・30判時430-27）とか、利回り方式が他の合理的方式に比して本則であるとまで解すべきではない（最判昭43・7・5判時529-49）としています。

地代増額請求と算定方法については多くの判決がありますが、実

際には、不動産鑑定評価基準に定める継続賃料の鑑定手法（差額配分法、利回り法、スライド法、賃貸事例比較法）に基づいて不動産鑑定士が求めた賃料を一応の基準とし、諸事情を総合評価し、具体的な事案に応じて相当な額を定めています。地価の上昇による利益を借地権者と借地権設定者が衡平に受益すべきと考え、上記スライド方式における土地建物価格の上昇率利廻り算定方式における適正利潤率に適切な係数をかけることにより妥当な結果を導こうとしています。

賃料増額請求と相当な賃料の供託

賃料増減請求権は講学上形成権と呼ばれ、増減請求する旨の意思表示が相手方に到達した時点で、増減の効力が生じ、増減についての相手方の承諾は不要とされています（例えば最判昭 32・9・3 民集 11-9-1467）。賃料増額請求の意思表示が到達した後は、客観的に定まった相当賃料の全額について、賃料支払期限到来の時から賃借人に履行遅滞が生じることになります。そこで、増額につき協議が整わないときには、賃借人（借地権者）は相当額の裁判が確定するまで、自己が相当と思う賃料額を弁済供託すれば履行遅滞の責任を免れるとしました。ただし、賃貸人の利益との調整を図るために裁判により確定した額との差額につき 1 割の利息を付して支払わなければなりません。

賃料増額請求に対して相当額の賃料を供託すれば債務不履行にはなりませんが、裁判所の認定した相当額の賃料と賃借人の供託した賃料額とに差がある場合、とくに、賃借人の供託した賃料額が適正賃料に比べて著しく低額であるとき、相当賃料といえるかが問題となります。判例は、賃借人の供託した賃料額が後日裁判で確認された額の約 5・3 分の 1 ないし約 3・6 分の 1 であり、同人において隣

地の賃料に比べてはるかに低額であることを知っていた場合であっても、供託した賃料額が従前賃料額を下回らず、かつ、同人が主観的に相当と認める額であるときは、当該供託賃料額は、賃借人が賃借土地に係る公租公課の額を下回ることを知っていたなどの事情がない限り、借地法12条2項の相当賃料と認められる（最判平5・2・18判時1456-96）としています。ただし、従前賃料以上の賃料の支払をした場合でも、賃借人がその額を主観的には相当と認めていなかったときは債務不履行になるとされます。賃借人が自らの支払額が公租公課の額以下であることを知っているときは、賃借人が支払額を主観的に相当と認めていたとしても、特段の事情がない限り、債務の本旨に従った履行をしたとはいえないとされます（最判平8・7・12民集50-7-1876）。

地代の減額請求が借地権者からなされた場合、当事者間の協議が整わないときは、減額請求を受けた借地権設定者は、相当と認める額の地代の支払を請求することができます。ただし、賃借人の利益との調整を図るために、借地権者の支払った額が裁判により確定した額を超える場合には、その超過額につき1割の利息を付して返還しなければなりません（法11条3項）。

| 賃料に関する |
| 特約の効力 |

賃料額の決定、支払方法等賃料に関しては当事者は合意により自由に内容を決めることができます。借地借家法の規定との関係で、その効力が問題となる事例がいくつかあります。

まず、将来の賃料は当事者が協議して定める旨の約定の効力については、賃貸借当事者間の協議に基づきできる限り訴訟によらずに当事者双方の意向を反映した結論に達することを目的としたものに

とどまり、当事者間に協議が成立しない限り賃料の増減を許さないとする趣旨のものではない（最判昭56・4・20民集35-3-656）とされています。

　将来の賃料を一定の規準に基づいて自動的に決定する賃料の自動改訂特約は、賃料の改定をめぐる協議の煩わしさを避け、紛争の発生を未然に防止する役割を果たします。賃料改定基準が法11条1項の規定する経済事情の変動などを示す指標に基づく相当なものである場合には有効とされます。特約の内容が法11条1項の趣旨に反し、経済事情の変更がなくても賃料の増額をするとか、増額した額が経済的事情の変更の程度と著しくかけ離れた不合理なときは、無効と解されています。バブル崩壊後の地価下落の時期に、賃料自動改定特約があるにもかかわらず、旧借地法12条の適用を求める紛争が多発しました。最高裁は、当初は効力が認められるべきであった地代等自動改定特約であっても、地代などの改定基準を定めるにあたって基礎となっていた事情が失われたことにより、賃料自動改訂特約によって賃料額を定めることが法11条1項の規定に照らして不相当なものになった場合には、その特約の効力を争う当事者はもはやその特約に拘束されず、これを適用して賃料改定の効力が生じるとすることはできず、当事者は11条に基づく地代等増減請求権の行使を特約によって妨げられないとしました（最判平15・6・12民集57-6-595）。この事例では、当該賃貸借契約が締結された1987年（昭和62年）7月当時は本件土地を含む東京都23区内の土地の価格は急激な上昇を続けていましたので、当事者双方は、賃貸借契約とともに増額特約を締結し、これによって、その後の地代の上昇を一定の割合に固定して、地代をめぐる紛争の発生を防止しようとしました。しかし、バブル崩壊により地価は急激に下落したの

で、借地権設定者は自動改定特約の効力を否定ないし制限すべきとして、法11条1項の地代増減請求権を行使したのです。

この後も、消費者物価指数の変動等に従って賃料を改定する賃料自動改定特約および消費者物価指数が下降しても賃料を減額しない旨の特約が付されていた事例につき、判例は法11条1項は強行法規であるから、特約によって法の規定する賃料増減請求権の行使を妨げることはできない（最判平16・6・29判時1868-52）としています。

賃料増減請求の裁判手続

借地借家法の制定と同時に、民事調停法が改正され、地代・家賃の増減に関する紛争について調停前置主義を採用しました。賃料増減請求に関して当事者間に協議が整わないときには、原則として、調停の申立てをしなければなりません（民調24条の2第1項）。当事者が調停の申立てをすることなく訴えを提起したときは、受訴裁判所は、調停に付すことが適当でないと認める場合を除いて、その事件を調停に付します（同条2項）。

調停手続において、当事者に合意ができ、調停が成立すれば、その内容は調書に記載され、裁判上の和解と同一の効力を有します（民調16条）。調停手続において合意が成立する見込みがない場合、または成立した合意が適当でないと認めた場合において、当事者間に調停委員会の定める調停条項に服する旨の合意が書面によりなされたときには、調停委員会は適当な調停条項を定めることができ、調停が成立したものとされ、裁判上の和解と同一の効力を有します（民調24条の3）。

調停委員会による調停成立の見込みがない場合には、裁判所は、相当と認めるときにはその調停委員会を構成する調停委員の意見を

聴いた上で、当事者双方の申立ての趣旨に反しない限度で、事件の解決のために必要な決定をすることができます（民調17条）。当事者はこの決定に対して異議を申し立てることができます（民調18条）。

調停委員会による調停が成立する見込みがない場合で、上記の方法をとることができないときには、調停手続は打ち切られ、当事者は訴えを提起することが必要になります。

第2節　権利金・敷金

1　権利金

権利金の意義　　権利金とは、不動産の賃貸借契約関係を設定する際に支払われる一時金であり、借地契約や事業用建物賃貸借の場合に交付されます。借地権者は法定更新制度により長期間土地を利用できるので、権利金の額が地価の5割から9割に達する例もありました。権利金が高額になり、所有権取得と実質的には変わらなくなりましたので、普通借地権の設定は稀になりました。現在では、土地所有者に土地利用計画がなく他人に利用させる場合には、将来の取戻しが可能な定期借地権を利用するか、利用希望者のために適切な建物を建築して建物を賃貸する手法（建貸しと呼ばれます）がとられています。高額の権利金の交付を伴う普通借地権の設定はみられません。

借地権利金の法的な性質は当事者の契約内容により決まりますが、場所的利益に対する対価、賃料の一括前払い、賃借権に譲渡性を付す対価、広く賃借権設定の対価等の例があります。

権利金の返還請求

借地権者が権利金の返還を請求できるかは権利金の性質に応じて異なります。通常は準所有権化した借地権設定の対価であり、借地権という財産権の譲渡の対価と考えられますので、借地権者は借地権を譲渡することによって支出した価額の回収を図るのが原則であり、借地権設定者に対する権利金の返還請求は否定されています（事業用建物賃貸借の事例ですが、最判昭29・3・11民集8-3-672、最判昭43・6・27民集22-6-1427）。もっとも、賃料の一括前払いとして権利金が交付された場合、一定の期間を予定して賃借権設定の対価として権利金が支払われた場合において、予定より短期間で終了したときにはその返還請求をすることができます。

2 敷金

敷金とは、賃貸借関係から生じる一切の債務を担保するため借主から貸主に対して交付する金銭であり、賃貸借終了の際賃借人に債務不履行があればその損害賠償額が控除され、なければそのまま返還される金銭です（改正案622条の2参照）。保証金という名称が用いられることもあります。法律的には、停止条件付返還債務を伴う金銭の移転と構成されます。敷金の被担保債権の範囲、敷金返還請求権の発生時期、借地の明渡しと敷金返還請求権との同時履行の関係が認められるか、借地契約の目的物である土地の所有権が移転された場合に新所有者は賃貸人の地位を承継するか、敷金返還債務を承継するか、借地権の譲渡があった場合に敷金返還請求権は譲受人に承継されるか等の論点があります。借家の場合に問題となることが多いので、借家の箇所で触れましょう（第2部第4章第2節参照）。

第5章

借地関係と第三者

【Learning Goals】

本章では借地関係の当事者に変更があった場合の法律関係についての論点を検討します。

1 借地権が設定された土地が譲渡された場合、新しい土地所有者は賃貸人の地位を承継するのでしょうか。賃貸人の地位の承継について賃借人の同意は必要なのでしょうか。
2 借地権の設定されている土地が譲渡された場合に、借地権者は新土地所有者に対して借地権を主張できるのでしょうか。賃貸人の地位の継承について借地権を対抗するためには借地上の建物の登記が必要とされていますが、建物登記に過誤があった場合にも、借地権に対抗力が認められるのでしょうか。借地上建物について担保のために所有権移転登記をした場合はどうでしょうか。建物が滅失した場合はどうなるでしょうか。
3 借地権者の建物敷地利用を第三者が妨害する場合に、借地権者は妨害者に対しどのような主張をすることができるでしょうか。
4 借地権者が借地および借地上建物の利用を第三者に委ねることがありますが、借地権の譲渡、転貸借には賃貸人の承諾必要とされ、これに違反して、第三者に賃借目的物の使用収益をさせると、賃貸人は賃貸借契約を解除できます。なぜ、このような法的規律がされているのでしょうか。承諾のない譲渡・転貸の効果はどうなっているでしょうか。建物取得者の建物買取請求権とはどのような権利ですか。譲渡・転貸借について承諾があるとどのような関係になるのでしょうか。
5 借地権の譲渡転貸に関しても判例によって信頼関係理論が形成されてきましたが、その内容について説明しなさい。
6 借地権設定者と借地権者との基本賃貸借関係が終了した場合、借地権

者と転借地権者との間の転貸借関係はどうなるのでしょうか。これと類似する法律関係として借地上建物の賃貸借がありますが、どのような違いがあるのでしょうか。
7 借地権の譲渡転貸について借地権設定者による承諾がない場合に借地権者は裁判所に対して承諾に代わる許可を求めることができる借地非訟事件制度があります。これはどのような制度でしょうか。競売等により借地上建物を買い受けた者の賃借権の譲渡転貸についての承諾に代わる許可とはどのようなものでしょうか。また、借地権設定者の介入権とは何ですか。
8 借地権者が借地上建物に抵当権を設定した場合、どのような法律関係になるでしょうか。これとは逆に、借地権設定者によって土地所有権に抵当権が設定された場合、借地権にどのような効果が及ぶのでしょうか。
9 借地権設定者に対する債権者、借地権者に対する債権者はどのような権利を有するのでしょうか。
10 借地権設定者、借地権者が死亡した場合、どのような法律関係が生じるのでしょうか。

第 1 節　借地権が設定された土地の譲渡と借地権の対抗

1　借地権が設定されている土地の所有権譲渡

**借地権が設定されて
いる土地の所有権譲渡**　借地権が設定され借地権者が使用している土地であっても、土地の所有者と買受人との合意により土地の売買契約を結ぶことはでき、土地の所有権は移転します。売買目的物である土地の物理的・客観的状態、土地利用規制、建築規制等の法律上の規制のみならず、借地権者の経済状態、賃料滞納の有無、賃料改定の経緯等の賃貸不動産の経済的収益に関わる状況等は、当該不動産の購入価格、購入条件を決定する重要な判断材料です。売主はこれらの情報を提供する義務を負い、情報の不提供が著しく信義則に違反する場合には情報提供義務違反として損害賠償責任を負います（東京地判平 24・11・26 判時 2182-99）。

**賃貸土地所有権の移転と
賃貸人の地位の承継**　賃貸借契約の存続中に、賃貸人が賃貸借の目的物である土地の所有権を第三者に移転した場合は、特段の事情のない限り賃貸人の地位は新所有者に移転します（最判昭和 39・8・28 民集 18-7-1354、最判昭 44・7・17 民集 23-8-1610、改正案 605 条の 2 第 1 項）。ただし、不動産の譲渡人および譲受人が賃貸人たる地位を譲渡人に留保する旨およびその不動産を譲受人が譲渡人に賃貸する旨の合意をしたときは、賃貸人たる地位は譲受人に移転しません（改正案 605 条の 2 第 2 項）。

所有権の移転に伴い賃貸人の地位が承継された場合、承継について賃借人の同意は必要かが問題になります。判例は土地の賃貸借契

約における賃貸人の地位の譲渡は賃貸人の義務の移転を伴うものではあるが、賃貸人の義務は賃貸人が何人であるかによって履行方法が異なるものではなく、また、土地所有権の移転があったときに新所有者にその義務の承継を認めることがむしろ賃借人にとって有利であり、一般の債務引受の場合とは異なり、特段の事情のある場合を除き、新所有者が旧所有者の賃貸人としての義務を承継するには賃借人の承諾を必要とせず、旧所有者と新所有者との契約をもってこれをなすことができる（最判昭和46・4・23民集25-3-388）としています。民法改正案もこれと同趣旨の定めをしています（改正案605条の3）。

賃貸中の不動産の譲渡に伴い賃貸人の地位も移転するとした場合、賃借人に対して、賃料請求、契約の解除などを主張するには、債権譲渡の通知では足りず、所有権移転についての対抗要件である登記の具備が必要とされています（大判昭8・5・9民集12-1123）。民法改正案もこれと同趣旨の定めをしています（改正案605条の2第3項）。登記不要説を採用すると、所有者が二重譲渡した場合、未登記譲受人のいずれも賃貸借を主張できることになり不都合ですので、必要説の実質的な意義は二重譲渡がされた場合の法律関係の不明確さから賃借人を保護する点にあります。

かつては、賃貸借契約関係は目的物の所有権と結合した一種の状態債権債務関係にあり、所有権の移転に伴って賃貸借関係も移転すると説明されていました。近時の学説は、賃貸借目的物の所有権移転に伴う賃貸人の地位の移転等の特定の財産の譲渡に伴う契約当事者の地位の移転の場合には、目的である特定の財産の譲渡について当事者の合意があれば契約当事者の地位は移転し、相手方の個別的な承諾は不要であり、契約に基づく債権の行使には目的物の所有権

の帰属が明確になる公示手段を備える必要があるとします。

2 借地権の対抗力

賃借権の対抗

借地権の設定されている土地が譲渡された場合に、借地権者は新土地所有者に対して借地権を主張できるかという問題を借地権の「対抗」と呼びます。借地権が地上権の場合には、地上権者は土地所有者に対して地上権設定登記の請求権がありますので、登記をすることは容易で問題は生じません。

しかし、借地権のほとんどは賃借権です。賃借権に登記がある場合には新所有者に対抗できます（民605）。登記は両当事者が共同して申請するのが原則です。賃貸人（＝土地所有者・借地権設定者）が登記に協力しない場合には、賃借人には登記請求権がないとされますので、実際に、賃借権の登記がされるのは極めて稀です。賃借権登記のない借地権者は新土地所有者に借地権を対抗できず、建物収去・土地明渡しの要求に応じなければなりません。日露戦争後、都市の発展が進んだ時代に、地代の値上げを実現するために、土地の所有権を移転することが行われました。これは、地震売買と呼ばれ、借地関係の転覆を抑制するため、1909年（明治42年）に建物保護法が制定され、借地上の建物につき登記があれば、宅地につき対抗力があるとされました。借地上の建物は借地権者の所有物ですので、自ら登記できます。同法は借地借家法制定時に廃止されましたが、法10条はこれを受けた規定を設けました。同条は借地権の対抗に関しては旧借地権を含めて適用されます（ただし法10条2項は本法施行前の建物滅失の場合には適用されません）。

建物保存登記は土地賃借人のみで行うことができ、借地権者の保

護に役立っていますが、建物登記簿は土地登記簿と別であり、土地を購入しようとする者は土地登記簿をみても、その土地の上に借地権が存在しているかはわかりません。そこで、土地登記簿の地番から建物登記簿をみいだして借地権の存在を調べ、現地を実際にみてその土地の上に建物が存在しているかを調査することが必要となります。もっとも、建物登記簿からは建物の種類、構造等はわかっても借地権の内容は分かりません。そこで、建物登記簿の記載が実際の借地権の内容と異なっている場合に、借地権に対抗力が認められるかが問題となります。

> 建物登記に表示された建物所在の地番に誤りのある場合

79番宅地にある借地人の所有建物が隣接地である80番宅地にあるものと登記されていた事例について、最高裁は「錯誤または遺漏により、建物所在の地番の表示において実際と多少相違していても、建物の種類、構造、床面積等の記載と相まち、その登記の表示全体において、当該建物の同一性を認識しうる程度の軽微な誤りであり、殊にたやすく更正登記ができるような場合には、当該借地権は対抗力を有する」とし、「もともと土地を買い受けようとする第三者は現地を検分して建物の所在を知り、ひいて賃借権等の土地使用権原の存在を推知することができるのが通例であるから、右のように解しても、借地権者と敷地の第三取得者との利益の調整において、必ずしも後者の利益を不当に害するものとはいえず、また、取引の安全を不当にそこなうものとも認められないからである」としています（最判昭40・3・17民集19-2-453）。

二筆以上の土地を賃借し一体として利用しているが、建物はその一筆の上にあって、その建物所在地番について登記がある場合にお

第1節　借地権が設定された土地の譲渡と借地権の対抗

いて、建物の存在しない他方の筆についても対抗力があるかにつき、判例は当該建物の敷地として表示されている地番についてのみ対抗力が生じるとします（最判昭44・10・28民集23-10-1854、最判昭44・12・23民集23-12-2577）。多くの学説は、他方の筆の上に建物を建てそれにつき登記をしなければならないとするのは、現実を余りに無視していると批判しています。一体的に利用している二筆の借地の一方は対抗要件を備えているが、他方は対抗要件を欠いている事例につき、借地権者と土地の買主との土地の利用の必要性、土地を利用できないことによる損失の程度、土地の利用状況に関する買主の認識の有無や買主が明渡請求に至った経緯、借地権者が借地権につき対抗要件を具備していなかったことにやむを得ない事情があるか等を考慮すべきで、買主による明渡請求は権利濫用になるとした最高裁判決もあります（最判平9・7・1民集51-6-2251）。

> 建物所有者登記
> 名義の違い

これに対して、建物所有者名義に誤りがある場合について、判例は極めて厳格な態度を採っています。最判昭41・4・27民集20-4-870が先例です。死期が間近いと思った借地権者が自分の長男名義で建物保存登記をした事案です。最高裁は、建物保護法1条が土地賃借人の登記のある建物の所有をもって土地賃借権の登記に代わる対抗事由としたのは、土地の取引をする者が、建物の登記名義により、その名義人が地上に建物を所有し得る土地賃借権を有することを推知し得るためであり、長男名義の登記によっては、真の借地人を推知する理由がなく、このような場合にまで、対抗力を認めることは、取引上の第三者の利益を害すること、他人名義の登記は、現在の実質上の権利状態にも符合しない無効のものであって、これによっては、建物の所有権についても第三者に対抗

し得ないのであるから、建物の所有権を対抗しうる登記のあることを前提として、これをもって賃借権の登記に変えようとする同法条の法意に照らし、このような場合には保護に値しない、と判決しました。その実質的な理由は、租税回避のために真実とは異なる虚偽の登記名義を作り出したのですから、それによって生じる不利益、危険を引き受けるべきということです。建物所有権の存在を公示する有効な登記があることを前提にしているのだから、他人名義の登記では建物所有権を公示できず、従って借地権をも公示できないとする論理です。

この大法廷判決には6名の裁判官の反対意見があり、建物登記の借地権公示の機能は建物所有権の公示機能とは区別されるべきである。現地を検分するのが取引の実際であり、建物の存在を知れば、建物登記簿をみることによって、借地権の存在を推知し得るので、登記ある建物の存在する土地であることを知って取得した者は借地権を対抗されても不測の損害を被るものではない。わが国では、家族間において妻や子供の名義とすることは日常しばしば存在することであって、これを無効とすることは、社会一般の通念にあわない。この事例の場合に対抗力を否定することは登記の正確度について緩やかな態度をとっている判例理論と合致しない、と述べます。学説は一般にこの反対意見を支持します。

しかし、この後、最判昭47・6・22民集26-5-1051（妻名義）、最判昭50・11・28判時803-63（子供名義）、最判昭和58・4・14金法1047-42（養母名義）の場合にも、同じ考えかたが採られており、判例理論は確定しています。

表示の登記

旧建物保護法・借地借家法10条にいう登

記は表示の登記でもよいとされています（最判昭50・2・13民集29-2-83）。表示の登記は、課税目的のために存在していた土地・家屋台帳を承継したもので、職権で登記されますから、新築の建物については通常、表示の登記がされています。

登記後の増改築により建物の構造・面積に変動を生じた場合にも借地権の対抗力は存続するかについて、判例は、借地権者が借地上の建物について表示登記を経由した後に、増改築により当該建物の構造・床面積に大きな変動が生じた場合でも、建物の同一性が失われず、旧表示登記をもって増改築後の建物にかかる登記といい得る限り、対抗力を有するとしています（最判昭39・10・13民集18-8-1559）。建物所在地番は実際の所在地番と当初は一致していましたが、町名と地番が変更されるとき、登記官が職権で表示の変更の登記をする際に地番の表示を誤った結果、建物登記の所在地番が実際の地番と相違し、建物に増築が重ねられたにもかかわらず、登記の表示は建築当初の床面積のままで変更されず、実勢の床面積との間に相違が生じましたが、建物の構造には変更がないという事例について対抗力があるとしました（最判平18・1・19判時1925-96）。

全くの未登記の場合と権利濫用

土地賃借権の登記も建物の登記もない場合であっても、新所有者が背信的な悪意者であるときには、その者からの明渡請求は権利の濫用とされます（最判昭和38・5・24民集17-5-639）。この判決では、賃貸人が建物保存登記を妨げたこと、新地主は実質的には従前の賃貸人と同一であることが重要な判断要素でした。判例と同じく権利濫用説をとり、新土地所有者と借地権者との土地利用の必要性の比較考慮に重点を置く学説のほか、民法177条の問題と同様に考えて背信的悪意者を排除する説、借地権の対抗

の場合には悪意の第三者に対しても対抗できるとする学説も有力です。なお、明渡請求が権利濫用とされても地代相当の損害賠償の請求はできます（最判昭43・9・3民集22-9-1767）。

> 借地上建物についての担保のための
> 所有権移転と対抗問題

借地権者が借地上建物を譲渡担保に供し、建物所有権を担保目的で移転した後、土地所有権が移転した場合に、借地権者は新土地所有者に借地権を対抗できるかが問題となります。借地上建物が譲渡担保に供せられた場合、建物の譲渡担保により借地権も譲渡されたとして、土地所有者は借地権の無断譲渡・転貸を理由として賃貸借を解除できるかが前提問題となります。学説・判例（最判昭40・12・17民集19-9-2159）ともに、借地上建物の譲渡担保があっても借地権の譲渡はないとし、賃貸借の解除を認めません。譲渡担保の実質は担保権であり、債務者（＝借地権者）が受戻権を喪失し建物所有権が確定的に譲渡担保権者に移転するまでは、建物の所有権および敷地の賃借権は移転していないと考えるべきであること、譲渡担保は譲渡担保権者に担保の目的という限りで所有権が信託的に譲渡され、登記名義も移転されるが、実質的には譲渡担保権設定者に所有権は留保されており、実質は担保権の設定だからです。ただし、譲渡担保権者が建物の引渡しを受けて使用または収益をするときは、未だ譲渡担保権が実行されておらず、譲渡担保権設定者による受戻権の行使が可能であるとしても、建物の敷地について民法612条にいう譲渡または転貸がなされたと解するのが相当であり、他に賃貸人に対する信頼関係を破壊すると認めるに足りない特別の事情のない限り、賃貸人は土地賃貸借契約を解除することができるとします（最判平9・7・17民集51-6-2882）。

借地上建物につき譲渡担保が設定されても賃借権の譲渡はないと

しても、借地上の建物の登記名義は譲渡担保権者に移転しているので、その後に土地所有権が移転された場合に、新土地所有者による所有権に基づく建物収去土地明渡請求に対して、借地権者は賃借権を対抗できるかが問題となります。最判平元・2・7判時1319-102は、新土地所有者が土地につき所有権移転登記を経由した当時、借地権者＝建物所有者はすでに譲渡担保権者に対し建物についての所有権移転登記手続を了し、土地上に自己所有名義で登記した建物を有していなかったのだから、建物保護法1条の趣旨にかんがみ、土地賃借権を第三者である新土地所有者に対抗できないとします。真実の権利者名義の登記をすることができるのにもかかわらず、あえて自己以外の名義を利用した借地人はその不利益を甘受すべきだからであるというのがその根拠です（最判昭52・9・27金判537-41）。

しかし、学説は一般に借地権の対抗力を肯定します。その理由としては、譲渡担保の場合には譲渡担保権者に建物所有権名義を移転する以外に対抗方法がなく、借地権者以外の者の名義で登記することには税金を回避する等の意図はなく、不利益を受けるべき根拠はないこと。借地人が借地上建物を譲渡担保に供することは自由であり、対抗力を否定すれば賃借人が建物を譲渡担保に供することは実際上不可能となる。譲渡担保権者名義の建物登記によって借地人ないし譲渡担保権者の借地権の対抗を受けることになっても、新土地所有者は不利益を受けない。譲渡担保の場合は所有権の所在を一義的に決めることはできないし、どこに所有権があるかを論じる意味もない、という理由を挙げます。本判決も新土地所有者が背信的悪意者に当たれば明渡請求が権利濫用となるとしていますので、対抗力がないとしても直ちに明渡請求が認められるわけではありません。

> 建物が滅失した場合の掲示

借地上建物が火災などにより滅失した場合、建物登記が残存していても建物は滅失しており、登記は実体を有していませんから、対抗力は失われます。そこで、法10条2項は建物の滅失があっても借地権者が建物の種類・構造・床面積等その建物を特定するために必要な事項、その滅失があった日および建物を新たに築造する旨を土地の上の見やすい場所に掲示するときは、なお2年間は対抗力を有すると定めました。旧罹災都市借地借家臨時処理法の規定を一般化したものです。この掲示をする前に現れた第三者や、掲示が撤去された後に現れた第三者に対しては掲示による借地権の対抗はできません（東京地判平12・4・14金判1107-51）。ただし、第三者が借地権の存在を知っていた等背信的悪意者に該当する場合には対抗力の欠缺を主張できないと解すべきでしょう。

建物滅失から2年が経過した場合には、その前に建物を新たに築造しかつその建物につき登記をしなければ対抗力は失われます。しかし、建物滅失後再築について当事者間で紛争が生じ、2年間に建物を建て登記をも済ませるのが困難な場合には、対抗力がないという主張は権利濫用などの一般法理によって制約されるでしょう。

> 被災地特別措置法が適用される場合

大規模災害の結果、被災地特別措置法が適用される場合、登記された借地上建物が災害により滅失した後も、同法施行後6月間は借地権の対抗力を失わない（同法4条1項）とされ、また、その場合、借地権者が建物を再築する旨を土地の見やすい場所に掲示するときには、同法適用時から3年間は対抗力が維持される（同法4条2項）としています。

第2節　借地権に基づく妨害排除

1　不法占拠者に対する妨害排除

占有の訴えと債権者代位権の転用

借地権者の建物敷地利用を第三者が妨害する場合には、それが不法行為の要件を満たしているときは、妨害者に対し損害の賠償請求ができます（民709条）。

借地権が地上権である場合は、地上権は物権ですから、借地権者は物権的請求権により妨害者の排除を求めることができます。借地権が賃借権である場合には、賃借人が土地を占有していれば占有の訴え（民197条以下）を行使して妨害者を排除できます。簡便な方法ですが、占有の訴えを行使するには、賃借権者による目的物の占有が要件ですので、借地上建物が滅失しているようなときには占有の訴えを用いることはできません。この場合、賃借人は、賃貸人（＝所有者・借地権設定者）の所有権に基づく妨害排除請求権を債権者代位権（民423条）によって代位行使することもできます。判例は、この方法により、不法占拠者に明渡しを請求でき、賃借人に対して引き渡すべきことを認めています（最判昭28・12・18民集7-12-1515）。これは債権者代位権の転用と呼ばれています。

賃借権に基づく明渡請求

賃借権それ自体に基づいて明渡しを請求できるかについては、理論的な問題がありました。賃借権は債権であって、物権とは異なり排他的な性質はないので、妨害排除請求権がないと解されたからです。これでは、賃借権者の保護に欠けるので、戦前の判例は権利の不可侵性を理由として賃借権者が占有を取得し

ていた場合には、妨害排除を肯定しました。(大判大10・10・15民録27-1788等)。戦後の判決は賃借人が占有を取得した場合および対抗要件を具備した場合には妨害排除を肯定し(最判昭30・4・5民集9-4-431)、占有を取得していない場合には妨害排除を否定しています(最判昭29・7・20民集8-7-1408)。対抗力を有していない所有権・地上権でも不法占拠者に対しては妨害排除請求が認められるように、正当な権限を有しない不法占拠者に対しては対抗要件を有していない賃借権でも妨害排除請求を認めるべきとする学説も有力です。

民法改正案は、不動産賃借人は賃貸借の対抗要件を備えた場合は、その不動産の占有を第三者が妨害しているときには妨害の停止を請求でき、第三者がその不動産を占有しているときは返還を請求することができると規定しています(改正案605条の4)。

2 二重賃貸借の場合

1つの土地につき複数の賃貸借契約が結ばれている場合、いずれが優先するかが問題となります。判例は、対抗力を備えた賃借権はいわゆる物権的効力を有し、その土地につき物権を取得した第三者のみならず賃借権を取得した者にも対抗できる。第三者に対抗できる借地権を有する者は、その土地について後から賃借権を取得し建物を建てて土地を使用する者に対し、直接その建物の収去、土地の明渡しを請求することができるとします(最判昭28・12・18民集7-12-1515、最判昭29・2・5民集8-2-390等多数)。学説は二重賃貸借における対抗問題は物権の二重譲渡と同様の両立し得ない賃借権間の優先劣後の問題であり、対抗要件を具備しているかどうかで判断するのが適当であり、対抗力を有することの効果として明渡しを請

求できると説明します。

第3節　借地権の譲渡・転貸

1　譲渡・転貸の意義

譲渡・転貸の意義　借地権者が借地および借地上建物の利用を第三者に委ねることがあります。借地権の譲渡とは、借地権の移転をいい、借地権者の地位が承継されます。転貸借とは、借地権者による目的物の賃貸借をいい、同一目的物に重畳的な二重の賃貸借が成立します。譲渡も転貸借も目的物の使用収益を第三者に委ねることであり、譲渡・転貸と一括して呼ばれることがあります。譲渡・転貸借の契約を結んだことではなく、借地権の譲受人・転借地権者が現実に目的物の利用を開始することが借地権設定者＝土地所有者との関係で問題になります。

借地権が地上権に基づく場合は、地上権の譲渡も地上権の目的となっている借地の転貸借も自由にできます。これを制限する特約は、物権の本質に反するとされ、その効力は認められません。

賃借権の無断譲渡・転貸の禁止　借地権が賃貸借にもとづく場合は、賃借人は賃貸人の承諾がなければ、賃借権を譲渡したり、賃貸目的物を転貸借することはできません（民612条1項）。これに違反して、第三者に賃借目的物の使用収益をさせると、賃貸人は賃貸借契約を解除できます（民612条2項）。賃貸借契約では、当該賃借人を信頼して賃貸借関係を発生させ使用収益を認めたのですから、他の者に使

用収益をさせるには賃貸人の承諾が必要であり、賃貸人の承諾なしに他の者に使用・収益させることは賃貸人の賃借人に対する信頼に背くことであり、そのような不誠実な者に対する制裁として契約を解除できると考えるからです。この背景には民法典制定当時の農村における地主・小作関係という社会的実態がありました。

2 借地権の譲渡・転貸と信頼関係理論

信頼関係理論による解除権の制度

民法上は、賃借権の譲渡・転貸に賃貸人の承諾がない場合は、賃貸人は賃貸借契約を解除できます。しかも、合理的な理由がなくても賃貸人は承諾を拒絶することができます。短期間の賃借人の交替、譲渡・転貸があっても賃貸人の経済的な利益を害するおそれがない場合など、この原則を厳格に貫徹すると不都合が生じ、解除を認めるのは適切ではない場合もあるので、契約解除権の制限が必要になりました。

判例は、当初は、当該行為は民法612条にいう譲渡・転貸に当たらないとか、信義則・権利濫用等の一般条項により解除権に制限を加えるとか、さらには黙示の承諾を擬制する等の手法を用いました。その後、賃貸人に対する背信的行為と認めるに足りない特段の事情がある場合には解除権は制限されるという信頼関係理論が確立しました（最判昭28・9・25民集7-9-979）。この判決の原審は当該行為は612条にいう譲渡・転貸に該当しないといい、本判決の少数意見は権利濫用により解除を制限すべきとしており、当時の過渡的な理論状況がよく分かります。

賃借権の譲渡とは賃借人から第三者への賃借権の譲渡をいうのであり、法人格に変更がない場合には譲渡には当たりません。ですか

ら、土地賃借人が小規模で閉鎖的な有限会社であり、持分の譲渡および役員の交替により実質的な経営者が交替しても民法612条にいう賃借権の譲渡には当たりません（最判平8・10・14民集50-9-2431）。

現在では、判例・学説により信頼関係理論が確立しており、以下のような場合には信頼関係の破壊はないとされています。賃借人名義に変更はあるが実際の利用状況が同一の場合や賃借人と譲受人との間に特殊な人的関係がある場合です。例えば、宅地の賃借人が借地上の所有建物を同居の孫に贈与したのに伴い借地権を譲渡した場合、賃貸人が賃借人の娘婿であり、賃借人の孫に借地上建物を譲渡した場合（最判昭40・9・21民集19-6-1550）、夫は宅地を賃借し、妻は借地上に建物を所有して同居していた夫婦が離婚し、夫が妻へ借地権を譲渡した事例で、賃貸人は右同居生活および妻の建物所有を知って夫に宅地を賃貸したものであるとき（最判昭44・4・24民集23-4-855）などです。

離婚に伴う財産分与を原因として借地上建物の所有名義を変更した場合、敷地の借地権・賃借権の譲渡・転貸が生じたと解され、賃貸人の承諾が必要となります。しかし、通常は信頼関係破壊はないとされ、賃貸人の承諾を得ない場合でも解除は認められません。近時の事例を紹介しておきましょう。賃借人は借地上の建物で畳製造販売業を営み、家業をともにする長男らと居住し、同建物を本店所在地として会社を設立し、代表取締役として事業を継続してきました。同建物の建替えをする際、家族との建物持分を変更することとし、承諾料を支払って建替えを行い、本件建物を建築しましたが、建物所有権保存登記の際、承諾を求めたものと異なる持分で登記をしたこと、また、長男が破産し、離婚転出するにあたり孫達とともに同居を続ける嫁への財産分与として建物持分の一部を譲渡し、借

地権も転貸したことにされた事例（最判平 21・11・27 判時 2066-45）では、背信行為と認められない特段の事情があるとして、解除は認められませんでした。

借地契約の目的たる土地の一部の転貸がある場合には、全部の解除を認めた事例、譲渡部分だけの解除を認めた事例があります。例えば、借地人が借地上建物と隣接地にある建物の中間をつなぎ隔壁の除去により 1 棟の建物とした場合、借地上の建物部分を含んだ新建物を借地人以外の者と共有することになります。借地権の一部の無断転貸ですが、全部を解除できるとした事例があります（東京地判平 21・2・25 判時 2049-33）。

なお、無断譲渡を理由とする解除が認められない場合、譲受人は賃借権の取得を賃貸人に対抗することができます（最判昭 39・6・30 民集 18-5-991）。無断転貸を理由とする土地賃貸借契約の解除権の消滅時効の期間は 10 年であり、時効は転借人が使用収益を開始した時から進行します（最判昭 62・10・8 民集 41-7-1445）。

| 承諾のない譲渡・転貸の効果 |

賃借権を無断譲渡した場合であっても、譲渡人・譲受人の間では賃借権の譲渡契約それ自体は有効です。しかし、無断譲渡を理由として賃貸人との間の賃貸借契約が解除されると、賃借人は目的物を使用収益させる権利を失います。この場合、賃借権の譲受人は、賃借人に対して、担保責任・債務不履行責任を追及でき、譲渡契約の解除、損害賠償請求ができます。賃貸人は、賃貸借契約を解除しなくても、無断譲受人に対して目的物の明渡しを求めることができます（最判昭 55・12・11 判時 990-188）。また、賃料相当額の損害賠償請求もできます（最判昭 41・10・21 民集 20-8-1640）。承諾を得ていない賃借権の譲受人は、賃貸借の目的たる

土地を明け渡す場合には、賃借権の譲渡人に対して担保責任を追及できます。

賃借権の無断転貸の場合も、転貸借当事者間での契約は有効ですが、基本である賃貸借契約が解除され、転貸人の使用収益させる債務が履行不能となると、転借人は転貸人＝賃借人に債務不履行責任を追及できます。賃貸人は転借人に対しては賃貸借の解除に関わりなく、所有権に基づいて明渡請求をすることもできます。土地の無断転貸をした賃借人は、転借人が不法に投棄した産業廃棄物を賃貸借契約終了時に撤去すべき義務を賃貸人に対して負います（最判平17・3・10判時1895-60）。無断転貸禁止に違反して行った転貸借ですので、転借人のすべての行為について責任を負うからです。

3 有効な譲渡・転貸

譲渡の承諾　　　　借地権設定者は賃借権の譲渡についての承諾の意思表示を、譲渡人に対しても、譲受人に対してもすることができます（最判昭31・10・5民集10-10-1239、借家の事例）。いったん与えた承諾は撤回できません（最判昭30・5・13民集9-6-698）。借地権が有効に譲渡された場合は、従来の借地権者と借地権設定者との借地関係は終了し、借地権者の地位は借地権の譲受人に移転します。借地上建物の売買契約締結と同時に、建物所有権移転の効果が発生し、土地賃借権譲渡の効力も発生します（最判昭63・9・8判時1291-60）。なお、借地上建物の譲渡人は敷地の賃借権譲渡について賃貸人の承諾を得る義務を負います（最判昭47・3・9民集26-2-213）。

> 有効な転貸借の効果

借地権設定者による借地権の転貸についての承諾の意思表示は、賃借人に対しても、転借人に対してもすることができ、また黙示の承諾も認められます。

賃借目的物の転貸借が有効になされた場合、賃貸人と賃借人との間の賃貸借関係は従前のまま存続し、賃借人と転借人との転貸借関係が重畳的に成立します。

借地権者は転借地権者の行為につきどのような責任を負うでしょうか。判例は、債務者が債務履行のために他人を使用する場合、債務者はその履行に付き被用者の不注意から生じた結果に対し債務の履行に関する一切の責任を回避することはできない（大判昭4・3・30民集8-363、船舶賃貸借の事例）としています。転借人は賃借目的物の使用収益についての履行補助者と解されますので、承諾を得た適法な転借人が目的物の毀損・損壊・破壊等の行為をした場合でも、賃借人は選任監督義務違反の有無に関わりなく、転借人の故意過失につき責任を負います（大判昭4・6・19民集8-675、転借人の失火により建物が焼失した事例）。賃貸人の承諾があっても転借人との関係では何等の法律的関係は生じないこと、転貸借があっても従前からの賃貸借関係には何等の影響はなく賃借人の目的物保管義務は従前のまま継続するというのがその理由です。これに対して、選任・監督について過失がある場合に限られるべきという学説もあります。賃貸人の承諾は転借人の行為により生じる損害についての危険を負担する意思を含み、転借人は目的物について独立した利用権を有し賃借人とは別個独立の保管義務を負担していることが理由とされています。

第3節　借地権の譲渡・転貸

転借人の賃貸人に対する義務　借地権設定者と転借地権者との間には直接の法律関係はありませんが、転借人は賃貸人の所有物を使用収益するので、賃貸人を保護するため、民法613条は転借人は賃貸人に対して直接義務を負うと規定しています。一種の直接訴権を認めたものとされています。転借人は賃貸人に対して賃料支払義務、目的物返還義務を負い、賃貸人は直接転借人に対して権利を行使できます。

基本賃貸借の終了と転貸借　借地権設定者と借地権者との基本賃貸借関係が終了した場合、借地権者と転借地権者との間の関係はどうなるのでしょうか。判例は基本賃貸借が合意解除された場合は、転貸借関係は原則として消滅せずに存続するとします（大判昭9・3・7民集13-278）。転貸借について賃貸人の承諾があったことを理由としています。民法改正案613条3項も合意解除は転借人に対抗できないと規定しています。ただし、借家の例ですが、賃借建物で工場を経営していた賃借人がその事業を自己が代表取締役となった会社組織とし建物を転貸した後に賃貸人と賃借人とが合意解除した事例（最判昭38・4・12民集17-3-460）、賃料不払い等による法定解除権の行使が許されるときに合意解除がされたなどの事情があれば、合意解除の効果を転借人に対抗することができます（最判昭62・3・24判タ653-85参照）。

　賃借人会社の代表者である賃貸人が転借権を消滅させるために、賃借人会社の自己破産を申し立て破産宣告を得て、これを理由として土地賃貸借契約を解除することは転借人に対して著しく信義則に反し、その解除により賃貸借契約が終了しても転借権は消滅しないとされています（最判昭48・10・12民集27-9-1192）。賃借権の放棄

に類似した場合だからです。

　賃借人の債務不履行により賃貸借が解除された場合は、転貸借は当然に消滅し、転借人は賃貸人の所有権に対抗できません（大判昭9・11・6民集13-2122、改正案613条3項但書）。ただし、転貸借は目的物の使用収益が不能となる時点で終了しますから、賃貸人が転借人に対して目的物の返還を請求した時点で終了します（最判平9・2・25民集51-2-398）。賃借人の債務不履行を理由として賃貸借契約を解除する際、賃貸人は賃借人に催告すれば足り、転借人の弁済の機会を与える必要もありません（最判平6・7・18判時1540-38）。ただし同判決の少数意見や学説は転借人への催告・弁済の機会を与えることが必要とします。

4　建物取得者の建物買取請求権

　借地権者が借地上建物を譲渡する際、賃貸人が土地賃借権の譲渡・転貸を承諾しない場合、建物新取得者は建物買取請求権を有します（旧借地10条、法14条）。建物取得者の被る損害を防止し、借地権の譲渡・転貸を間接的に強制すること、および残存価値を有する建物を取り壊すことにより生じる社会経済的損失を防止することが目的です。

　買取請求の目的となる建物の時価は、建物を取り壊した場合の動産としての価格でなく、建物が現存するままの状態における価格であって、敷地の借地権の価格は加算すべきではないが、この建物の存する場所的環境、場所的利益は斟酌して算定すべきとされています（最判昭35・12・20民集14-14-3130）。

　建物買取請求権は、建物取得当時、借地権が有効に成立していることが必要ですから、土地賃貸借が存続期間の満了により消滅した

後において借地上の建物を買い受けた者は買取請求権を有しません（大判昭 16・6・20 民集 20-937）。また、第三者が賃借地上の建物を取得した場合において、土地賃貸人が賃借権の譲渡を承諾しない間に賃貸借が賃料不払いのために解除されたときは、第三者の建物買取請求権は消滅します（大判昭 11・2・14 民集 15-193）。賃借土地上に数棟の建物があり、その一部の建物の譲渡に伴って借地の一部無断転貸を理由として土地賃貸借契約全体が解除された場合には、当該建物については建物買取請求権は発生しますが、その他の建物については建物買取請求権は発生しません（最判昭 54・5・29 判時 930-68）。

また、借地権者から建物とともに借地権を譲り受けた第三者が、当該借地権譲受けについて賃貸人の承諾の得られぬまま、当該建物に増築などの工事を施したときは、特別な事情のある場合を除き、譲受け当時の原状に回復した上でなければ買取請求権を行使できません（最判昭 42・9・29 民集 21-7-2010）。なお、建物買取請求権行使により発生した代金が支払われるまで、譲受人は建物を留置できます（最判昭 52・12・8 金判 850-38）。

5 借地上建物の賃貸借

土地賃貸借契約の終了と
建物賃貸借契約の効力

借地上建物の賃貸借は、土地賃借人の所有する建物の賃貸借ですから、建物賃貸借に関して土地賃貸人の承諾はいりません。土地賃貸借と建物賃貸借とは別個独立の法律関係ですが、建物は敷地利用権（借地権）の上に存立しているので、土地賃借権が消滅した場合、建物賃貸借の効力が問題となります。

土地賃貸借が合意解除された場合は、借地上建物の賃借権は原則として消滅せず存続します（最判昭 38・2・21 民集 17-1-219）。権利

の放棄は第三者に対抗できないこと、当事者の意思の推測、信義則を理由としています。理由付け、法律構成に差異はありますが、学説も判例理論の結論に賛成しています。敷地利用権が地上権設定契約の場合も同様です（最判昭59・10・8ジュリスト昭和59年重要判例解説）。ただし、賃料不払いを理由とする土地賃貸借契約解除に基づく訴訟係属中に裁判上の和解によって合意解除がされた事例（最判昭41・5・19民集20-5-989）では、土地賃貸借の消滅に伴い、建物賃借権も消滅します。また土地賃借人が行っていた事業を自からが代表者となって合資会社として行うことにして建物賃借人になった場合（最判昭49・4・26民集28-3-527）も同様です。建物賃借人と土地賃借人とは実質的には同一ですから。借地上建物の賃貸借も消滅させるには、借地契約当事者のほか建物賃借人をも加えて三者間での合意形成が必要となります。

　借地期間の満了により土地賃貸借が消滅する場合には、その上に存在していた借地上建物賃貸借は消滅します。実際にも基本的賃貸借の存続期間の範囲内で借地上建物賃貸借が行われています。借地権が期間満了によって消滅する場合には、借地人は建物買取請求権を持っていますが、借地上建物の賃借人は建物買取請求権を代位行使できません（最判昭38・4・23民集17-3-536）。代位行使により保全されるのは代金債権であり、それによって建物賃借人の賃借権が保全されるわけではないからです。

　土地賃借権が賃借人の債務不履行により解除された場合には、建物賃借人の建物の使用収益が妨げられるなど建物賃貸人の建物を使用収益させるべき債務がその責めに帰すべき事由によって履行不能となったときに、例えば土地賃貸借関係終了の確定判決により明渡しを求められるときに、建物賃貸借は終了します（最判昭45・12・

24民集24-13-2271)。土地の賃貸人は、賃料不払いなどの債務不履行を理由として解除する際、借地上建物賃借人への催告は不要とされています（最判昭51・12・14判時842-74)。建物賃借人と土地賃貸人との間には直接の契約関係はありませんが、土地賃借権が消滅するときは、建物賃借人は土地賃貸人に対して賃借建物から退去して土地を明け渡すべき義務を負う法律関係にあり、建物賃借人は、敷地の地代を弁済し、敷地の賃借権が消滅することを防止することに法律上の利益を有するので、借地上建物の賃借人はその敷地の地代の弁済について法律上の利害関係を有するとされています（最判昭63・7・1判時1287-63）ので、これを類推して催告・通知・代払請求をすべきという学説もあります。土地賃貸借が賃借人の債務不履行により解除された場合であっても、建物賃借人が、土地賃貸人との間で建物収去土地明渡しを猶予する旨の裁判上の和解をしたときは、建物賃貸借契約についての賃貸人の債務が履行不能になったとはいえず、建物賃貸借契約は終了しません（最判平12・12・19金法1607-39）。この場合、建物賃借人は建物賃貸借契約に基づく賃料支払義務を負います。

　法35条は定期借地権に基づいて建てられた建物に賃借人がいる場合に、借地権の存続期間の満了によって建物の賃借人が土地を明け渡すべきときは、建物の賃借人が借地権の存続期間が満了することをその1年前までに知らなかった場合に限り、裁判所は、建物賃借人の請求により、建物の賃借人がこれを知った日から1年を超えない範囲において土地の明渡しに付き相当の期限を許与することができます。期限が許与されたときは建物の賃貸借はその期限の到来によって終了します。

第1部　借地関係／第5章　借地関係と第三者

土地賃貸借契約の終了を建物賃借人に主張できない場合の効果　土地賃貸借契約の終了を建物賃借人に主張できない場合の法律効果はどうでしょうか。借地上建物の賃借人は、賃貸借の目的物が違うので、借地権者となることはあり得ません。土地賃貸人に対する関係では不法占拠となり、家賃相当額の損害賠償債務あるいは不当利得返還債務を負うとするよりも、建物賃借人の権利を存続させる範囲で借地関係が存続していると解するのが適切でしょう。借地権者が建物買取請求権を行使できる場合には、借地権設定者＝土地所有者が建物所有権を取得し、建物賃貸人の地位を承継することになります。

第4節　借地権の譲渡・転貸と借地非訟事件

1　賃借権の譲渡・転貸についての承諾に代わる許可

制度の趣旨と要件　1966年（昭和41年）の借地法改正は、借地権の譲渡・転貸に関する紛争を予防するため、裁判所による代諾許可制度を設け、借地借家法（19条、競売による賃借権譲渡については20条参照）に引き継がれています。借地上建物を第三者に譲渡しようとする場合、第三者への賃借権の譲渡・転貸が賃貸人に不利となるおそれがないのに、賃貸人が承諾しないときは、借地権者は賃貸人の承諾に代わる許可を裁判所に申し立てることができます。旧借地法に基づいて設定された借地権にも借地借家法の規定が適用されます。

許可の申立てができるのは賃借人（および転借人）であり、賃借

権譲渡の前に申し立てなければなりません。ただし、遺贈による場合には、賃借地上建物の所有権移転登記または引渡し前にすればよいとされています（東京高決昭55・2・13判時962-71）。賃借地上に建物が存在することが前提であり、譲受人または転借人を特定して申立てをする必要があります（法19条1項前段）。例えば建物を譲り受ける第三者が信用ある者であり地代支払能力がある場合等、賃貸人に不利となるおそれがないことが要件です。

> 裁判所による
> 譲渡・転貸の許可

　　　　裁判所は賃借権譲渡の許可をする際、賃借権の残存期間、借地に関する従前の経緯、賃借権の譲渡または転貸を必要とする事情、その他一切の事情を考慮しなければなりません（法19条2項）。また、裁判所は特に必要がないと認める場合を除き、裁判をする前に鑑定委員会の意見を聴かなければなりません（法19条6項）

　裁判所は、合目的性、公平性の見地から当事者の権利義務を形成変更できるとされ、当事者の利益の衡平を図るため、必要なときは賃借権の譲渡もしくは転貸を条件とする借地条件の変更を命じ、またはその許可を財産上の給付に係らしめることができます（法19条1項）。承諾に変わる許可が認められないことはほとんどなく、財産上の給付は権利金授受の有無を含め一切の事情を考慮して定められますが、通常は借地権価格の10％程度の財産上の給付を命じています（東京地決昭56・5・13 LEX/DB27481254参照）。

2 競売等による買受人の賃借権の譲渡・転貸についての承諾に代わる許可

借地上建物を競売等により買い受けた者の賃借権譲受許可の申立て

借地上建物を競売等により買い受けた者は、賃借権譲受け許可の申立てを裁判所にすることができます（法20条1項）。買受人は建物の代金を納付した後、2月以内にこの申立てをしなければなりません（法20条3項）。申立てができるのは競売等により譲り受けた者とされており、借地上建物を譲渡担保により取得した者は申し立てることはできません（大阪高決昭61・3・17判タ637-138）。

裁判所による譲渡・転貸の許可

裁判所は賃借権譲渡の許可をする際、賃借権の残存期間、借地に関する従前の経緯、賃借権の譲渡を必要とする事情、その他一切の事情を考慮して許可をするかどうかを決定します（法20条2項）。

裁判所はこの許可をする際、賃借人が賃貸人に対して一定の金員を支払うことを命じることができます。通常は借地権価格の10％程度の財産上の給付を命じています。

土地の賃借人が賃貸人に敷金を交付していた場合には、賃貸人の承諾により賃借権が旧賃借人から新賃貸人に移転しても、敷金に関する旧賃借人の権利義務関係は、特段の事情のない限り、新賃借人に承継されませんので、競売に伴う土地賃借権譲り受け許可に係る裁判において、裁判所は相当な額の敷金を差し入れるべき旨を定め、その交付を命ずることができます（最決平13・11・21民集55-6-1014）。土地の賃貸人は従前の賃借人が差し入れた敷金を失うことになるので、裁判所は、旧賃借人が交付していた敷金の額、第三者

の経済的信用、敷金に関する地域的相場等の一切の事情を考慮した上で、当該事案に応じた相当な額の敷金を差し入れるべき旨を定め、第三者に対してその交付を命ずることができるのです。

強制競売によって借地権付き建物を買い受けたが、賃貸人から賃借権譲渡についての承諾を得ず、法20条の土地賃借権譲渡許可の申立てもしなかった者に対しては、土地所有者は建物収去土地明渡しを請求できます（東京高判平17・4・27判タ1210-173）。

3 借地権設定者の介入権

賃借人からの土地賃借権譲渡もしくは転貸についての許可が申し立てられた場合、または競売等の買受人から土地賃借権譲受申立てがあった場合、賃貸人は、裁判所の定める期間内に自ら、建物の譲渡および賃借権の譲渡または転貸を受ける旨の申立てをすることができます（法19条3項、20条2項）。これを先買権・介入権といいます。これにより土地賃借権を消滅させることができる点に実益があります。この場合、裁判所は相当の対価を定めて譲渡を命じること、または転貸条件を定めて転貸を命じることができます。譲渡の対価は建物の価格と借地権の価格とを合算した価格から、借地権者が第三者への賃借権譲渡が許可された場合、裁判所により命じられる賃貸人に支払うであろう給付額を差し引いた価格が一応の目安になります。

賃貸借の目的である土地と他の土地とにまたがって建築されている建物を競売によって取得した第三者が、賃借権の譲渡の承諾に代わる許可を求める申立てをした場合、借地権設定者は、自ら当該建物および賃借権の譲渡を受ける旨の申立てをすることはできないとされています（最決平19・12・4民集61-9-3245）。裁判所には賃借権

の目的に含まれない土地上の建物部分やその敷地の利用権を譲渡する権限はないからです。

借地権設定者が譲渡許可申立ての棄却を求め、予備的に優先買受けの申立てをすることは許されません（大阪高決平 2・3・23 判時 1356-93）。

第 5 節　借地権と担保権設定

1　借地上建物への抵当権設定

借地権者による建物への抵当権設定　　借地権が地上権の場合には地上権に抵当権を設定できますが、賃借権の場合には抵当権を設定することはできません（民 369 条 2 項参照）。借地権者は自己の所有する建物に抵当権を設定することはできます。建物所有に必要な敷地の賃借権はその建物所有権の従物であり、建物に抵当権が設定されると、抵当権の効力は当該土地の賃借権に及びます（最判昭 40・5・4 民集 19-4-811）。また、建物について抵当権設定登記が経由されると、これによって抵当権の効力が土地賃借権に及び、対抗力を生じます（最判昭 44・3・28 民集 23-3-699）。借地上建物につき抵当権設定を禁止する特約は無効とする裁判例（浦和地判昭 60・9・30 判時 1179-103）と有効とする裁判例（東京地判昭 44・3・27 判時 568-57）とがありますが、禁止特約に違反しても、信頼関係破壊はないとされ、賃貸借契約の解除は認められないでしょう。

建物に対する抵当権が実行され、第三者が所有権を取得する場合は、敷地についての借地権をも承継取得します。賃貸人の承諾のな

第5節　借地権と担保権設定

い賃借権譲渡に対しては賃貸人は解除を請求できるはずです。しかし、誰が競落人となるかを事前に把握できませんし、競落後に賃借権譲渡について承諾をするかを決めるのであれば、抵当権の実行が制約されます。そこで、借地上建物の抵当権の実行による競落人は、借地権の譲渡について賃貸人の承諾に代わる許可を求めることができます。この許可申立ての要件、効果、手続は法19条の場合に準じます（法20条1項・2項）。申立ては建物代金支払後2月以内に限りすることができます（法20条3項）

借地権者からの抵当権者への念書の交付

借地上建物に抵当権が設定されたとき、借地権者に賃料不払いがあると、借地権設定者は借地契約を解除できます。借地契約が解除されると、借地権設定者は借地権の消滅を抵当権者に対して主張でき、建物の取壊しができるはずです。そこで、抵当権者である金融機関は、地代の不払いなど借地権の消滅をきたすおそれのある事実が発生した場合には、借地権設定者は抵当権者にその旨を通知するという念書を徴求することがあります。借地権設定者が事前通知義務に違反した場合の効力が問題となりますが、特約に違反しても賃貸人による解除は有効です。抵当権を取得した金融機関が抵当物を管理する義務を負うべきであり、借地権設定者に事前通知義務を課すのは行き過ぎであるという考えもあります。しかし、抵当権者が抵当権設定者である建物所有者＝借地権者の財産状況を監視することができるわけでもなく、合意により事前通知義務を負うという念書を差し出したのですから、抵当権者に対し、地代不払いについての事前通知義務違反を理由とする損害賠償責任を負う（最判平22・9・9判時2096-66）とされています。

賃料の滞納を理由とする賃貸借契約の解除に際して、借地上建物

の抵当権者が代払い許可を得て滞納賃料の全額を供託するに至った場合、解除の効力は生じません（名古屋高裁金沢支判平21・10・28判時2080-38）。

借地上建物への抵当権設定と
建物譲受および賃借権の譲受　　借地上建物への抵当権設定登記後に建物を譲り受けた者は、抵当権の実行により競落人が建物の所有権とともに当該土地の賃借権を取得したときに、建物所有権と敷地の賃借権を喪失することになります。

借地上建物への抵当権設定登記後、賃貸人の承諾を得て賃借人から土地の賃借権のみを譲り受けた者は、抵当権の実行により競落人が建物の所有権とともに土地の賃借権を取得したときに、競落人との関係において賃借権を失い、競落人がその借地権の取得につき賃貸人の承諾を得たときに賃貸人との関係においても賃借人の地位を失います（最判昭52・3・11民集31-2-171）。

2　借地上建物への譲渡担保設定

借地権者が借地上建物に譲渡担保権を設定した場合、譲渡担保権者によって担保権が実行されるまでの間は、譲渡担保権設定者（＝借地権者）は受戻権を行使して建物所有権を回復できるので、借地権者が引き続き建物を使用している限り、建物敷地につき民法612条にいう譲渡転貸があったと解されません（最判昭40・12・17民集19-9-2159）。譲渡担保権者が建物の引渡しを受けて使用収益するときは譲渡転貸がなされたと解され、他に賃貸人に対する信頼関係を破壊すると認めるに足りない特別の事情のない限り、賃貸人は土地賃貸借契約を解除することができます（最判平9・7・17民集51-6-2882）。譲渡担保権者は法20条による借地権譲渡の申立てもできま

せん（大阪高決昭 61・3・17 判タ 637-138）。

3　借地権設定者による土地所有権への抵当権設定

借地権を設定した土地
への抵当権設定　　　　借地権設定後であっても、土地の所有者はその土地に対して抵当権を設定することはできます。抵当権が実行され、土地が競落された場合、借地権者は対抗要件を具備していれば、土地の競落人に借地権を対抗することができ、土地の競落人が借地権設定者の地位を承継取得します。

抵当権設定後の借地権
設定　　　　　　　　土地所有者が土地に抵当権を設定し抵当権登記を経由した後でも、その土地に借地権を設定することは可能です。土地上の抵当権が実行された場合には、借地権者が借地権につき対抗要件を備えていても、抵当権登記には劣後し、競落人に対して借地権を主張できないのが原則です。しかし、平成 15 年改正前の民法 395 条は、抵当権設定後になされた土地賃貸借であっても期間 5 年以下の短期賃貸借については、抵当権者、土地の競落人に対抗できるとしていました。この規定は廃止されましたが、平成 15 年の民法一部改正では抵当権に遅れる賃借権であっても、抵当権者の同意によって、土地賃借権を抵当権者に対抗できるとする制度を設けました（民 387 条）。賃借権設定登記をした賃貸借につき、賃借権登記前に抵当権設定登記をしたすべての抵当権者が同意し、その旨の登記がなされたときには同意をした抵当権者に賃借権を対抗できるとするもので、抵当権実行の結果、土地の競落をした買受人に対しても土地の賃借権を対抗できます。

第6節 借地関係と一般債権者

1 借地権設定者と一般債権者

賃貸人・賃借人は社会の中で様々な法律関係を結んでおり、借地関係以外でも多くの債権を有し、債務を負担しています。それらの債務を履行できない場合、債権者から強制執行を受けることがあります。抵当権のような担保権を取得していない債権者を一般債権者と呼びます。

賃貸人に対する一般債権者は賃貸不動産からの回収と賃料債権からの回収という2つの債権回収手段を有します。賃貸不動産からの回収としては不動産の強制執行と不動産収益執行としての強制管理という手法とがあります。不動産が強制執行され、買受人が現れた場合、賃借人との関係が問題となります。この場合の法律関係は抵当権が実行され買受人が現れた場合と同様です。

賃貸不動産には抵当権などが付されていますので、賃貸人の一般債権者はほとんどの場合、賃貸人の有する賃料債権を差し押さえます。差押命令の効力が発生すると、その後になされた債務者（＝賃貸人）による賃料債権の取立て、その他の処分、および第三者（賃借人等）による債務の弁済は差押債権者との関係では無効となります（民執145条1項）。債権者は債務書の有する賃料債権を将来にわたって差し押さえることができ（民執151条）、差押え後に賃貸不動産が債務者から他の者に譲渡された場合も、差押債権者は差押えの効力を不動産譲受人に主張することができ、不動産譲受人は賃料債権の取得を差押債権者に対抗することはできません（最判平10・3・24民集52-2-399）。

2　借地権者と一般債権者

　賃借人に対する一般債権者も借地上建物と借地権とに対して強制執行をすることができます。強制執行により建物を買い受けた者は借地権の譲受人となるので、競売による譲受人として、借地借家法20条による許可の申立てをすることができます。

　賃借人の一般債権者は敷金返還請求権を差し押さえることがほとんどです。建物賃貸借の場合に問題となることが多いので、そこで解説します（第2部第4章第2節3参照）。

第7節　借地権と相続・借地権者の保証人

1　借地権と相続

借地権設定者の死亡　　　借地権設定者が死亡した場合、借地権の負担が付いている土地所有権は1つの財産権として相続財産に含まれます。複数の相続人がいる場合には、遺産分割がされるまでは、相続財産は全相続人の共有に属します（民898条）。この間の債権債務関係は不可分債権債務と解する学説もありましたが、最高裁は、「遺産は、相続人が数人あるときは、相続開始から遺産分割までの間、共同相続人の共有に属するものであるから、この間に遺産である賃貸不動産を使用管理した結果生ずる金銭債権たる賃料債権は、遺産とは別個の財産というべきであって、各共同相続人がその相続分に応じて分割単独債権として確定的に取得するものと解するのが相当である。遺産分割は、相続開始の時にさかのぼってその効力を生ずるものであるが、各共同相続人がその相続分に応じて分割単独

債権として確定的に取得した上記賃料債権の帰属は、後にされた遺産分割の影響を受けない」（最判平17・9・8民集59-7-1931）としています。借地権設定者は相続分に応じて借地権設定者としての権利を行使することができます。不可分債権債務関係であれば、借地権者は相続人のいずれに対しても地代の支払をすることができたのですが、この判決により賃借人は賃貸人の相続分に応じて地代を支払うことが必要となり、相続人の数や相続分を知ることができない借地権者が賃貸人間の紛争に巻き込まれる危険が生じてしまいます。この判決は共同相続人間の内部関係を規律するものであって、賃借人に対する関係では不可分債権と解する余地はありますが、借地権者としては、債権者の不確知を理由にして供託することが必要になる場合もあるでしょう。

　賃貸目的物についての修繕義務は共同賃貸人である相続人全員が負う保存義務（民252条但書）です。各相続人が単独で行えるものですので、借地権者は相続人のだれにでも、借地権設定者としての義務の履行を請求できます。共有者の1人が修繕義務を履行した場合には、それにかかった費用は共有財産の管理にかかった費用として相続分に応じて負担することとなり（民253条1項）、相続財産から清算することになります（民885条1項）。

　遺産分割によって土地の所有権者が確定すれば、今後はその者を借地権設定者として取り扱うことになります。相続は法的人格の承継であり、相続の前後を通じて同一の法人格者ですので、前主の権利義務は法律上当然に承継されます（民896条）。借地権の負担のある土地所有権の移転と借地権の対抗という問題にはなりません。なお、遺産分割の結果、複数の者が共有することになった場合は、持分に応じた分割債権関係と解することになります。地代支払いに

ついて単一の振込口座が指定されることも多く、その場合には不可分債権とする合意があったとして、借地権者に対する関係では不可分債権債務関係として取り扱うのが適切でしょう。

> 借地権者の死亡

借地権者が死亡した場合、借地権と借地上建物の所有権とが相続の対象になります。借地権の相続を認めない旨の特約は無効です。借地権の相続人が従前（被相続人）と同様に権利を行使し、義務を履行します。相続により借地権者の名義が変更されても、それは法律による当然の承継であり、借地権の譲渡・転貸ではありませんので、借地権設定者からの承諾は不要です。相続人が複数いる場合には、遺産分割の終了までは相続分に応じて使用収益できますが、共同借地権者が負担する地代支払債務は不可分債務とされています（大判大11・11・24民集1-670）。借地権設定者は共同相続人の1人に対して地代の全額の支払を請求できます。遺産分割の結果、借地権者が複数となったときには、共同相続人は持分に応じて全体を使用収益できます（民899条）。借地権設定者は共同借地権者のいずれに対しても地代全額の支払を請求できます。

2 賃借人の保証人

個人企業が借地権者である場合、その企業の代表者たる個人を保証人とすることはありますが、建物賃貸借の場合とは異なり、借地権者について別途に保証人が要求されることはほとんどありません。借地契約は長期に及び、保証人の財産状況、信用状況はその間に変化し、保証の実質がなくなるからです。賃借人の保証人の責任の詳細に関しては、建物賃貸借の箇所で触れることにしましょう（第2部第5章第4節参照）。

第6章

定期借地権制度

【Learning Goals】

本章では定期借地権制度について検討します。
1 定期借地権とはどのような内容のものでしょうか、なぜ、このような制度が認められたのでしょうか。
2 定期借地権等には、一般定期借地権、事業用定期借地権、事業用借地権、建物譲渡特約付き借地権がありますが、その特徴と内容はどのようなものでしょうか。
3 定期借地権等は実際の社会ではどのように、どの程度利用されているのでしょうか。

第 1 節　定期借地権制度

　1991 年（平成 3 年）借地借家法制定に際して、借地期間満了により消滅し、更新のない定期借地権制度が導入されました。

　正当事由制度による借地関係の長期化、借地権価格の発生、高額の権利金の徴求等の結果、借地権の設定が少なくなるという状況の中で、一定期間だけ土地の利用を希望する者に対する借地契約を認めるという趣旨で定期借地権制度が創設されました。借地制度のメニューを増やし、多様なニーズに応えるというのが理由です。

　借地借家法の制定当時は、存続期間を 50 年以上とする定期借地権、30 年以上の期間を定め期間満了後に土地上の建物を借地権設定者に相当な対価で譲渡する建物譲渡特約付き借地権、および専ら事業の目的に供する建物の所有を目的とする期間 10 年以上 20 年以下の事業用借地権の 3 種類が認められました。その後、平成 19 年の借地借家法の一部改正により、期間 30 年以上 50 年未満の事業用定期借地契約が創設され、事業用借地権は期間 10 年以上 30 年未満へと変更されました。

　法 22 条が規定する定期借地権は一般定期借地権と呼ばれ、法 23 条 1 項の規定する事業用定期借地契約と同条 2 項の規定する事業用借地契約とは、専ら事業の用に供するための建物建築を目的とする借地契約ですので、併せて事業用定期借地権等と呼ばれています。

第2節　一般定期借地権

1　一般定期借地権の意義

　一般定期借地権とは、50年以上の存続期間を有する借地権であって、公正証書等の書面によって、契約の更新および建物の築造による存続期間の延長がないこと、借地権者による建物買取請求権のないことの特約をしたものをいいます（法22条）。

2　一般定期借地権の設定

　一般定期借地権を設定するには建物所有を目的とする地上権設定契約または建物所有を目的とする期間50年以上の賃貸借契約を設定する必要があります。その際、契約の更新および建物の築造による存続期間の延長がなく、また借地権者による建物買取請求権がないという特約を公正証書等の書面に記載する必要があります。

3　一般定期借地権の対抗力

　一般定期借地権は、普通借地権と同様、土地についての地上権もしくは賃借権の設定登記、または建物の所有権登記によって、第三者に対抗することができ、また建物が滅失し、再築を予定しているときは、借地上の掲示により第三者に対抗することができます。

　地上権または賃借権の設定登記の際に、一般定期借地契約であることを公示することとされていますが、この登記がされているかどうかは、定期借地権の成立および効力とは無関係です。一般定期借地権の設定されている土地の譲渡や一般定期借地権の譲渡があった場合、一般定期借地契約である旨の登記がないことを理由として、

普通借地権であるという主張はできません。

4　一般定期借地権の相続と譲渡

　一般定期借地権も相続の対象になりますし、譲渡することもできます。また、一般定期借地権の設定された土地も、相続の対象となり、譲渡ができることに普通借地権との違いはありません。これらの場合の法律関係は普通借地権の場合と同様です。

5　一般定期借地契約と建物の滅失

　一般定期借地権の存続期間の途中に建物が火災等により滅失する場合、建物の再築は可能ですが、普通借地権とは異なり、残存期間を超えて存続できる建物を建築しても存続期間は延長されません。

6　一般定期借地の終了と建物の賃借人

　一般定期借地権は借地期間の終了により消滅し、借地権者は建物を収去して土地を明け渡さなければなりません。また借地上建物の賃借人は定期借地権設定者からの明渡請求に応じなければなりません。しかし、建物賃借人保護のため、借家人が借地権の存続期間が満了することをその1年前までに知らなかった場合に限り、裁判所は借家人の請求により存続期間が満了することを知った日から1年を超えない範囲で土地の明渡しにつき相当の期限を許与することができます（法35条1項）。その場合には、従前の建物賃貸借契約の効力が継続します（法35条2項）。この種の場合には、建物賃貸借契約の中に契約の対象である建物は定期借地権の上に成立しており、定期借地権の期間満了とともに借家契約が終了することを示す条項を入れ、借地権設定者は借地期間が終了する1年前までに建物賃借

人に期間満了の通知をするのが通常になるでしょう。

7 一般定期借地権の利用状況

　定期借地権は借地供給の拡大を目的として導入されました。借地借家法制定後における居住用建物の所有を目的とする借地関係のほとんどは一般定期借地権であり、普通借地権の設定は少なくなりました。

　一般定期借地権は、戸建て住宅を所有する場合と、集合住宅を建てる場合とに利用されています。戸建て住宅を所有する場合には、一般定期借地権者は土地の所有権を取得しないので、住宅建設にかかるコストが安く、土地価格の下落、相続税の上昇、不要な空き家や土地を保有する等の土地所有から生じるリスクを抱え込まないという利点があります。ただし、土地価格の20％程度の保証金を支払う例が多いようです。しかし、地価が下落した現在では、土地所有権取得と比較した際の有利さが薄れ、底地権が所有権ではないので、住宅ローン設定に困難があります。期間満了時には建物取壊費が必要となり、住宅の転売（2次譲渡）に際しては、譲渡価格が下落する、残存期間が短くなると売却は容易ではない等のデメリットもあります。なお、若干古い統計ですが、2009年（平成21年）の調査によると、同年の一般定期借地権の転売件数は255戸であり、それまでの累計は1625戸でした。一般定期借地権に基づき集合住宅を建る場合には各戸を分譲する事例もありますが、各戸を賃貸する例が多いようです。

第3節　事業用定期借地権および事業用借地権

1　事業用定期借地権の意義

　法23条1項の規定する事業用定期借地権とは、専ら事業の用に供する建物の所有を目的とする、期間30年以上50年未満の定期借地権であり、公正証書による必要があります。事業用定期借地権には、一般定期借地契約と同様、契約の更新および建物の築造による存続期間の延長がなく、借地権者による建物買取請求権がありません。事業用定期借地契約設定の際、この旨の特約が公正証書に記載されていることが必要です。事業とは法律的にはある行為を反復継続することを意味しますが、本条では居住用を含まないという意味です。

2　事業用借地権の意義

　法23条2項の規定する事業用借地権とは、専ら事業の用に供する建物の所有を目的として行う期間10年以上30年未満の借地契約であり、公正証書によることが必要です。事業用借地権は30年未満の期間で借地関係が終了する点で普通借地権制度の例外ですから、借地権の更新に関する3条から8条までの規定、建物買取請求権に関する13条、および借地契約更新後の建物の再築に関する18条は適用されません。それ故、借地期間が満了したときには、事業用借地権は当然に終了し、借地権が消滅したときには、借地上建物の買取請求権はありません。また、期間満了前に建物が滅失したときに、残存期間を超えるべき建物を築造しても借地期間は延長されません。

3　事業用定期借地権等の効力

　事業用定期借地権と事業用借地権とは、併せて事業用定期借地権等と呼ばれています。事業用定期借地権等の対抗力、譲渡および相続についての法律関係は、一般定期借地権の場合と同様です。

　事業用定期借地権等の存続期間の途中に建物が火災等により滅失する場合にも、建物の再築は可能ですが、普通借地権とは異なり、残存期間を超えて存続できる建物を建築しても存続期間は延長されません。

4　事業用定期借地権等の終了と建物の賃借人

　事業用定期借地権等の上にある建物の賃借人についての法律関係は、一般定期借地権の終了の場合と同様です。

5　事業用定期借地権等の利用状況

　事業用定期借地権および事業用借地権は、存続期間について差異はありますが、建物所有の目的が事業である点で共通しています。事業用建物を所有する場合には事業にふさわしい立地条件が大切です。立地条件は業種により異なり、時代により交通の便利さや立地条件も変化し、小売業の場合には顧客の嗜好も著しく変化します。ですから、事業者としては、環境の変化に対応して事業を行う場を柔軟に移動できるようにすることが必要で、事業用定期借地権等を用いて建物を建築し所有する実益があります。大規模な開発をする場合には、事業用定期借地権等が用いられていますが、短期間で立地を変更する可能性の高い業種では事業者が土地所有者に建物の建築を依頼しそれに必要な資金を融資し、建築された建物を賃借するという手法がより多く用いられています。

第4節　建物譲渡特約付き借地権

1　建物譲渡特約付き借地権の意義

　建物譲渡特約付き借地権とは、借地期間終了の際、借地上建物を借地権設定者に譲渡する特約つきの借地契約です（法24条）。特約は書面による必要はありませんが、通常は文書化されるでしょう。譲渡特約付き借地権を設定するためには、設定後30年以上を経過した日に借地上の建物を借地権設定者に相当な対価で譲渡する旨の特約を付すことが必要です。30年以上経過した後の確定した期日を定めることも、30年経過後に借地権設定者の請求する日と定めることも可能です。建物譲渡特約を第三者に対抗・公示するため、借地権設定者は建物所有権移転請求権を保全するための仮登記をすることが必要です。

　基礎となる借地権は、普通借地権、一般定期借地権、および事業用定期借地権のいずれでもかまいません。建物譲渡の方式は売買契約が通常であり、建物譲渡時の時価が相当な対価となるでしょう。

2　建物譲渡特約付き借地契約の終了

　借地権が消滅する場合には、借地上建物の譲渡特約の効力により、借地権設定者は相当な価格で建物を買い取ることができます。譲渡請求権を行使したときの時価によりますが、価格につき争いが生じたときには裁判所が定めます。

　借地権消滅後も従前の借地権者が建物の使用を継続しており、使用を継続する旨を請求すれば、その建物について借地権設定者（＝建物買受人）との間で期間の定めのない借家契約が設定されたもの

とみなされます（法24条2項前段）。期間の定めのない借家契約なので、正当事由があればいつでも解約の申入れをすることができます。なお、借地権者が請求した場合に、借地権に残存期間があるときはその期間を存続期間とする建物賃貸借となり、家賃額については、当事者の請求により、裁判所が定めます（法24条2項後段）。この場合、当事者は定期建物賃貸借契約を締結することもできます。

3 建物譲渡特約付き借地権の効力

　借地権設定者と借地権者との関係は、建物譲渡特約付き借地権であるという点を除けば、基礎となる借地関係の法律関係に服します。建物登記があれば新土地所有者にも対抗でき、借地上建物に居住する賃借人には借地借家法が適用されます。なお、期間満了前に建物が滅失した場合の効果は基礎となる借地権が普通借地権か定期借地権かによって異なります。

4 建物譲渡特約付き借地契約の終了と建物の賃借人

　借地上建物の賃借人は、借家の引渡しを受けていれば新建物所有者に借家権を対抗できます（法31条）。建物譲渡特約付き借地契約の付された借地上建物の賃借人は借地権設定者が本契約に基づいて建物所有権を取得した場合には、建物の使用を継続する旨の請求をすれば、期間の定めのない賃借人となります（法24条2項）。

5 建物譲渡特約付き借地権利用の実態

　建物譲渡特約付き借地権の前身は、借地借家法制定前に、信託銀行が行っていた土地信託です。土地信託とは土地所有者から信託銀行が土地を信託により譲り受け、土地上に建築した建物を賃貸し、

借家人からの家賃を信託配当として所有者に享受させ、信託期間終了後は建物所有権を土地所有者に返還するものです。土地が半永久的に返ってこないことを心配して借地に出すことができず、また自ら土地を開発する知識や能力がなく、危険を侵したくない土地所有者を対象とする土地開発方式として発達しました。借地法の厳格な規制を免れるために登場し、信託銀行以外の開発業者もほぼ同じ内容の制度を紳士協定として結びました。建物譲渡特約付きの借地権はこれらの方式を公認する役割を果たしました。現在どの程度利用されているかについての統計資料は見当たりませんが、あまり活用されていないといわれています。

第2部
借家関係

第1章

借家関係の成立

【Learning Goals】

　本章では借地借家法の適用される借家関係の意義と成立に関する論点を検討します。

1　借地借家法が適用される建物の賃貸借とはどのような法律関係でしょうか。居住用建物と事業用建物とでは違いはありますか。社宅、公務員宿舎、公営住宅、旧日本住宅公団・旧都市整備公団・現 UR 機構の供給する公団住宅、地方住宅供給公社の供給する公社住宅等の公共的性質を帯びている住宅についての法律関係はどのようになっていますか。また、一時使用の建物賃貸借契約の法律関係はどうでしょうか。

2　いわゆるサブリース契約とはどのような内容の法律関係ですか。また、借地借家法 32 条の賃料増減請求権の適用についてはどのような問題があったのでしょうか。

3　事業用建物の建貸契約・オーダーメイド賃貸借とはどのような内容の法律関係ですか。

4　建物賃貸借契約はどのようにして締結すればよいでしょうか。

5　借家契約締結の際、当事者はどのような事項について説明する義務があるのでしょうか。賃貸借契約の締結に関与する宅建業者の負っている重要事項説明義務とは違うのでしょうか。

6　人種、性別、国籍、年齢などを理由とする入居の拒絶は可能なのでしょうか、それとも違法なのでしょうか。

第1節　建物の賃貸借

1　借地借家法の適用される建物

　借地借家法は建物の賃貸借契約に適用されます。建物とは、居住・事業等の目的のために、独立して利用できる建物であればよく、種類、構造を問いません。障壁その他により他の部分と区別され、独立の排他的な支配が可能な構造・規模があればよい（最判昭42・6・2民集21-6-1433）とされています。

　賃貸借契約の目的物が区分所有建物の1室である場合は、利用上、構造上の独立性があれば、借地借家法が適用されます。アパートの1室の賃貸借の場合も同様です。日本式家屋の1室の賃貸借（間借り等）であっても、他の部分から独立して利用でき、排他性があれば、借地借家法が適用されます。

　事業用建物の賃貸借にも借地借家法が適用されます。居住用建物の賃貸借と事業用建物の賃貸借では適用される法律が異なる国もありますが、日本法では建物の種類による区別はありません。したがって、マーケット式建物、デパート、スーパーマーケット、ショッピングセンター、駅ビルなどの建物の一部を店舗として賃借している場合は、当該部分が、他の部分と客観的、明確に区別され、独立の排他的な支配を可能とする構造と規模を有するとき（利用・占有の独立性の強弱）には、借地借家法が適用されます。他方、経営に対する賃貸人の指揮監督の程度が強い場合には、借地借家法適用が否定されることがあります。駅構内の売店契約、デパートの「ケース貸し」（最判昭30・2・18民集9-2-179）、駅ビルの一区画においてレストランを営業している場合等では、借地借家法の適用を否定し

た判決があります。

　鉄道高架下施設物の一部を区切った店舗については、壁によって隣の部分と客観的に区別されており、独立的、排他的な支配が可能であるときは、建物とされます（最判平4・2・6判時1443-56）。他方、ビルの一部にある立体駐車場車庫・管理室・車路からなる建物部分とそこに存在する垂直循環式立体駐車場設備機械の賃貸借は、立体駐車場一式の賃貸借とされ、建物の賃貸借ではありません（東京地判昭61・1・30判時1222-83）。

　建物の賃借人は建物使用の目的の範囲内で敷地の利用権限があり、通常の範囲で庭や花壇を作ることができ、敷地上に簡易小規模の建造物を築造することもできます（最判昭47・3・30民集26-2-294）。

　建物の地下1階部分を賃借して店舗を営む者が建物の所有者の承諾を得て建物1階部分の外壁等に看板を設置していた場合に建物の譲受人が、賃借人に対して当該看板などの撤去を求めることは権利濫用に当たるとされています（最判平25・4・9判時2187-26、類似の例として最判平9・7・1民集51-6-2251）。この判決は看板等は店舗の営業の用に供されており、建物部分と社会通念上一体のものとして利用されており、看板等を利用する強い必要性があること、建物譲受人側に本件看板等の設置箇所を利用する必要性や看板等が存在することによる支障がないこと、建物譲受人側において本件看板等の設置が本件建物所有者の承諾を得たものであることを知り得たことを理由としています。

2　賃貸借契約

賃貸借契約・
使用貸借契約

　借地借家法は建物の賃貸借契約に適用され

ます。賃貸借は利用の対価として賃料、家賃を支払う有償契約ですので、無償の利用契約である使用貸借には適用されません。有償か無償かは、契約上の名義の如何にかかわらず、実質的に対価性があるかにより判断されます。判例によれば、事務を手伝う程度の労務の提供がある場合、若干の金銭を支払う場合、借主が公租公課を負担する場合（最判昭41・10・27民集20-8-1649）等は、使用貸借とされています。

建物の使用貸借には借地借家法は適用されず、民法が適用されます。使用貸借は当事者間の個人的な信頼関係を基礎としていますので、借主が死亡すれば、貸主と借主との間に存在した個人的な信頼関係が失われるので、使用貸借関係は終了します（民599条、改正案597条3項）。居住用建物の使用貸借に関しては、借主の生活の基盤に関わるので、借主と貸主との間と特別の人的関係があるときには、使用借権の相続が認められることがあります。

> 社宅の利用関係

工場内の工場長の住宅、山奥の発電所、孤島の灯台等特殊な施設であり、労務関係と住宅利用とが密接に結びつき、業務遂行のためには当該住宅に居住することが必要不可欠の業務住宅の場合は、労働契約に建物利用関係が従属しており、雇用関係の終了とともに建物利用関係は終了します。これに対して、従業員の福利厚生施設として使用される通常の社宅については、判例は社宅使用関係の性質は画一的に決めることはできず、各場合の契約の趣旨如何による（最判昭29・11・16民集8-11-2047）とし、使用料が社会通念上賃料とみられるかを基準としています。社宅の利用料が低廉であり、敷金や礼金の徴収もなく、貸室賃貸借契約書に当社を退職した場合には、直ちに退去しなければならないと定められ

ているときは、利用関係は雇用契約の終了と同時に終了すると解されています。世間並みの賃料を支払う場合には借地借家法が適用されます（最判昭31・11・16民集10-11-1453）が、明渡しについては容易に正当事由を認めています。学説は市場家賃よりも低額の賃料を支払っている場合にも、社宅は一種の現物給与という性質があるとして、借地借家法の適用を認めます。ただし、従業員たる地位の喪失は正当事由において重要な要素を占めるとしています。

なお、公務員宿舎の利用関係については、明文の規定で（国有財産法18条5項）、借地借家法の適用が排除されています。

公的住宅の利用関係

都道府県・市町村などの地方公共団体の供給する公営住宅、旧日本住宅公団・旧都市整備公団・現UR機構の供給する公団住宅、地方住宅供給公社の供給する公社住宅等の公共的性質を帯びている住宅の利用関係の法律的性格はどうでしょうか。

最判昭59・12・13民集38-12-1411は、「公営住宅の使用関係については、公営住宅法及びこれに基づく条例が特別法として民法及び借家法に優先して適用されるが、法及び条例に特別の定めがない限り、原則として一般法である民法及び借家法の適用があり、その契約関係を規律するについては、信頼関係の法理の適用があると解すべきである」とし、最判平2・6・22判時1357-75も、借家法が一般法として適用され、同法1条の2に規定する正当事由がある場合には、同条により解約の申入れをすることができ、その場合には、東京都営住宅条例20条1項6号は適用されないと述べています。また、公営住宅建替事業施行に伴い事業主体の長が入居者に対し明渡請求する場合、借家法1条の2の要件を具備することを要しない（最判昭62・2・13判時1238-76）としています。公営住宅の入居者

が死亡した場合、その相続人は当該公営住宅を使用する権利を当然に承継するものではありません（最判平成2・10・18民集44-7-1021）。公営住宅の家賃変更に関しては、公営住宅法およびそれに基づく条例の要件を満たすことが必要とされています（最判昭59・12・13民集38-12-1411）。

公団賃貸住宅の使用関係の法的性質は私法上の賃貸借関係である（最判昭55・5・30判時971-48）と解されています。なお、公団賃貸住宅の無断転貸を理由とする契約解除の場合には、公団住宅の公益性を考慮して信頼関係破壊の有無、背信性が判断されています（東京地判昭53・1・24判時902-77）。

地方住宅供給公社法に基づき設立された東京都住宅供給公社と公社住宅居住者との賃貸借契約についても、私法上の契約であり、旧借家法7条1項の適用があるとされています。

このほか、公的な補助を受けて建設管理される賃貸住宅としては、特定優良賃貸住宅供給促進法に基づき建設される特定優良賃貸住宅があります。地方公共団体または地方住宅供給公社が建設賃貸する場合と国および地方公共団体の補助を受けて民間事業者が建設し住宅供給公社または管理者が管理する場合とがありますが、居住者との利用関係は私法上の賃貸借関係であり、借地借家法が適用されます。

事業用建物における経営委託契約

事業用建物に関して、経営（営業）委託契約という名称の契約が結ばれることがあります。有償の委任契約の場合には、委任者が受任者に対して事務処理の対価としての報酬を支払うことが契約の要素になります（民648条）。しかし、経営委託と称される契約の場合には、委託を受けた者が、事業経営に対す

る対価として賃料相当額を支払うという形態であり、委任・委託という概念からは外れます。名称にかかわらず、実質的に賃貸借契約である場合には借地借家法が適用されます。

3　一時使用の建物賃貸借契約

　特別の事情により賃貸借契約が短期間で終了し、建物の継続的利用の保障が不要な賃貸借を一時使用の賃貸借といい、これには借地借家法は適用されません（旧借家8条、法40条）。建物賃貸借契約の更新、引渡しによる建物賃貸借の対抗力、借賃増減請求権、造作買取請求権等の規定は適用されず、民法の賃貸借に関する規定により規律されます。

　一時使用の賃貸借とは、期間の長短だけを基準にするのではなく、賃貸借の目的・動機その他諸般の事情から、当該賃貸借契約を短期間内に限って存続させる趣旨であることが客観的に明らかなことをいいます（最判昭36・10・10民集15-9-2294）。判断要素には、賃貸借の目的・動機、建物の種類・構造、利用の目的・形態などの客観的要素と賃貸借の存続期間をとくに特定の短期間に限定した当事者の意思などの主観的要素とがあり、これらを総合的に判断して一時使用の賃貸借かどうかが決定されます（最判昭32・7・30民集11-7-1386）

　一時使用目的の借家契約の典型例は博覧会・避暑等の目的で建物を賃借するような建物の使用目的それ自体が臨時的な場合です。住居の建替期間中仮住まいの建物を賃借する場合もこれに含まれます。判例は、賃借建物自体が仮設の建築物である駅構内の売店の賃貸借の場合、敷地利用権が一時的だったり、区画整理が予定されそれまでとされている場合、賃貸人に賃貸建物の自己使用計画がありその

必要性と確実性が高く賃借人もその事情を十分了解していた場合、裁判上の和解・調停などにより短期間の約定がされた場合等を一時借家権と認めています。転勤した賃貸人が帰任してくるまでの期間賃貸する事例では、帰任の時期、確実性、賃借人の了解の有無などが判断基準とされています。期間の長短は一時借家契約認定の重要な要素ですが、1年未満である必要はないとされ、期間7年半のものが一時借家権とされた事例があります。

借地借家法は、契約の更新がない建物賃貸借として、定期建物賃貸借（法38条）、取壊し予定の建物賃貸借（法39条）を設けています。これらについては、高齢者用住宅賃貸借をも含めて、定期借家権の箇所で説明します。

4　短期賃貸借

民法は処分につき行為能力の制限を受けた者、または処分の権限を有しない者がなし得る賃貸借の期間を一定年月以下のものに限定しており、建物賃貸借契約に関しては3年を超えることができないとしています（民602条）。2003年（平成15年）の民法改正前は、抵当権設定後に設定された短期賃貸借で対抗力がある場合には、抵当権者にも対抗できるとしていました（民法旧395条）。建物に抵当権が設定された後に、期間3年以下の建物賃貸借契約を設定し、建物引渡しを受けて利用を開始している場合には、抵当権による建物の競落人にも賃借権を対抗できました。しかし、規制緩和を推進する立場からの抵当権実行の妨害目的で用いられる弊害があるという主張により廃止されました（詳細は第5章第4節建物賃貸借と担保権を参照して下さい）。

5 罹災都市借地借家臨時処理法の廃止と大規模な災害の被災地における借地借家に関する特別措置法

　借地の箇所(第1部第1章第2節2)で説明しましたように、かつては罹災都市借地借家臨時処理法(昭和21年法律13号)により、罹災建物の借家人に敷地優先賃借権が認められていました(同法2条)。しかし、借地権という過大な利益を与えるという批判もあり、2013年(平成25年)に同法は廃止され、これに代わり、大規模な災害の被災地における借地借家に関する特別措置法(平成25年法律61号)が制定されました。同法には、借家人の敷地優先賃借権の規定はなく、旧建物の滅失当時における旧建物の賃貸人が旧建物の敷地であった土地の上に当該滅失の直前の用途と同一の用途に供される建物を新たに築造し、または築造しようとする場合であって、当該災害を特定大規模災害として政令で指定、施行の日から起算して3年を経過する日までの間にその建物について賃貸借契約の締結の勧誘をしようとするときは、従前の賃貸人は、当該滅失の当時旧建物を自ら使用していた賃借人のうち知れている者に対して、遅滞なくその旨を通知しなければならないとされています(同法8条)。

6 サブリース契約

　借地借家法の適用、とくに法32条の賃料増減請求権の適用が問題となった事例としてサブリース契約があります。不動産開発業者が開発用地の所有者との間で行う契約です。開発業者の系列金融機関が土地所有者に対して融資をし、土地所有者が商業業務用ビルを建築し、開発業者にビルを一括して賃貸します。開発業者はテナントに転貸借し、転貸賃料を取得し、それによって賃貸人に賃料を支払います。開発業者は、土地所有者＝建物建設者＝建物賃貸人に対

して一定額の賃料を保証することが通常でした。サブリースには多様な形がありますが、共同事業方式が典型とされ、典型的なサブリース契約には、最低賃料保証特約、賃料自動改定特約、長期間の賃貸借期間の設定、中途解約禁止特約が含まれていました。

ところで、バブル崩壊後の不動産不況の中で、最低賃料保証特約、賃料自動改定特約があるにもかかわらず、賃借人による法32条の賃料増減請求権の行使、賃料の値下請求が多発しました。その結果、賃借人からの賃料減額請求訴訟、賃貸人からの賃料保証特約に基づく賃料確認訴訟がなされ、サブリース契約における賃料保証・賃料自動改訂特約の効力、法32条の適用の有無が争点となりました。

当初の下級審判決は、借地借家法32条を単純に適用し減額請求を肯定していました。その後、サブリース契約の特殊性・共同事業性、契約締結に至る事情などを考慮して法32条を修正適用する判決が主流となり、法32条の適用を否定する判決も登場しました。学説上も、同条の適用肯定説と否定説とが対立していました。このような中で、最高裁の判決（最判平15・10・21民集57-9-1213、最判平15・10・21判時1844-50、最判平15・10・23判時1844-54）が下され、実務的には一応の決着がつきました。

最高裁判決は、「本件契約における合意の内容は、……本件賃貸部分を使用収益させ、……その対価として賃料を支払うというものであり、本件契約は、建物の賃貸借契約であることが明らかであるから、本件契約には、借地借家法が適用され、同法32条の規定も適用される」。「本件契約には本件賃料自動増額特約が存するが、借地借家法32条1項の規定は、強行法規であって、本件賃料自動増額特約によってもその適用を排除することができないものであるから……、本件契約の当事者は、本件賃料自動増額特約が存するとし

ても、そのことにより直ちに上記規定に基づく賃料増減額請求権の行使が妨げられるものではない」。「この減額請求の当否及び相当賃料額を判断するに当たっては、賃貸借契約の当事者が賃料額決定の要素とした事情その他諸般の事情を総合的に考慮すべきであり、本件契約において賃料額が決定されるに至った経緯や賃料自動増額特約が付されるに至った事情、とりわけ、当該約定賃料額と当時の近傍同種の建物の賃料相場との関係（賃料相場とのかい離の有無、程度等）、」賃借人「の転貸事業における収支予測にかかわる事情（賃料の転貸収入に占める割合の推移の見通しについての当事者の認識等）、」賃貸人「の敷金及び銀行借入金の返済の予定にかかわる事情等をも十分に考慮すべきである。」と述べています。

　最高裁の一般論は3判決に共通しており、サブリースの法的性質決定に関する実務的な議論は決着がつきました。サブリース契約という新種の契約類型を認めずに、賃貸借契約であることを前提として、契約書の文言に着目した契約の解釈という手法により契約の法的性質が決定されています。この問題が激しく論じられた背景には、ともに事業者である当事者が共同事業を営むため、詳細な組織型契約を締結した後に、その一方が契約の履行過程において、社会経済的状況の変化を理由にして契約内容の履行を拒絶し、内容の変更を求める主張をした場合、裁判所による衡平等を理由とする介入・規制がどこまで許されるのかという本質的な問題がありました。

　この後の判決（最判平16・11・8判時1883-52）も、法32条1項により、賃料の減額を求めることができるとした上で、「本件契約締結に至る経緯、取り分け本件業務委託協定及びこれに基づき締結された本件契約中の本件賃料自動増額特約に係る約定の存在は、本件契約の当事者が、前記の契約締結当初の賃料額を決定する際の重

要な要素となった事情と解されるから、衡平の見地に照らし、借地借家法32条1項の規定に基づく賃料減額請求の当否(同項所定の賃料増減額請求権行使の要件充足の有無)及び相当賃料額を判断する場合における重要な事情として十分に考慮されるべきである」としており、サブリース契約締結当時の特別の事情を個別具体的に考慮すべきとしています。

なお、ディズニー・シーにおけるサブリース・アグリーメントと題する契約は、共同運営を目的とする業務執行参加型非典型的匿名契約ではなく、賃貸借であるとされました(東京地判平 21・4・7 判タ 1311-173)。

7 事業用建物の建貸契約・オーダーメイド賃貸借

土地の所有者がその土地の上に賃借人が希望、設計をした建物を建設し、これを賃貸するという契約類型が登場しています。利用者のために土地所有者が建物を建て、その建物を賃貸する契約の対象となる土地という意味で、「建貸地」という表示が用いられることもあります。

とくに、土地所有者が賃借人のために汎用性のない建物を建築し賃貸借する事例をオーダーメイド賃貸借ということがあります。オーダーメイド賃貸借においては、商業施設を運営する賃借人が建物の仕様を指定し、土地の所有者が指定に基づく建物を建築して賃借人に建物を賃貸するという方法が用いられます(同一の設計仕様で各地に展開するチェーン店舗等がその典型です)。商業施設等の運営者が、保証金、建築協力金等を、土地所有者に融資して、建物を建築してもらい、それを賃借する形式です。借地形式にすると、借地権者の権利が強固となるので、土地所有者の意向に反しますし、施設

運営者にとっては経済状況の変化に柔軟に対応する必要があり、当該場所で永続して運営する必要はなく、利益を獲得できる期間、商業施設を運営できれば足りるからです。

　建築された建物が当該商業施設運営者の要望に即した特殊な建物であり、汎用性に欠ける場合には、他の用途に転用すること、賃貸借契約終了後他の賃借人を見いだすことが困難です。そこで、建物賃貸人（＝土地所有者）は将来にわたり安定した賃料収入を得ることを目的として、3年毎に賃料を増額する特約を付すことがあります。このような建物賃貸借契約は、建物の汎用性を犠牲にして、とくに賃借人の営業上の利益を図るものであるから、単なる賃貸借ではなく、一種の事業受託契約であるとして、その契約について借地借家法の適用を否定する裁判例もありました（東京高判平15・2・13判タ1117-292）。しかし、最高裁はオーダーメイド賃貸借契約の特性について深入りすることなく、通常の建物賃貸借契約と異なることがないとして法32条1項に基づく賃料増減額請求権の行使を認めています（最判平17・3・10金商1226-47）。この判決は、当初の合意賃料を維持することが衡平に失し信義に反するというような特段の事情の有無により賃料減額請求の当否を判断すべきものとして、専ら公租公課の上昇および賃借人の経営状態のみを参酌し、土地建物の価格等の変動、近傍同種の建物の賃料相場等借地借家法32条1項所定の他の重要な事情を参酌しないまま、賃借人のした賃料減額請求権の行使を否定した原審の判断に違法があるとしました。

　オーダメイド賃貸借に関しても、サブリース契約の場合と同様、建物賃貸借であり、借地借家法が適用されるという原則を維持しており、賃料増減請求権の行使についての基本的判断枠組の中に特別事情を組み入れて、判断するという方向が今後も維持されるでしょ

う。

また、賃貸借契約終了後に他の賃借人を見いだすことが困難ですから、賃貸人は中途解約禁止条項、違約金条項を盛り込みます。他方、建物賃借人は、賃貸人の修繕義務不履行などの義務違反、債務不履行をせんさくして契約解除を求める傾向があり、紛争が生じがちです。契約期間中であっても相当な理由がある場合には賃借人による一方的な解約が認められるとする判決もあります（福岡高判平19・7・24判時1994-50）。

なお、この言葉は全く異なる意味で用いられることもあります。例えば、居住用建物に関して、入居者＝賃借人が内装を自己の好みに応じてオーダーできる建物賃貸借をオーダーメイド賃貸借と呼ぶこともあります。

第2節　建物賃貸借関係の成立

1　契約による成立と法律に基づく成立

借地借家法の強行規定に反しない限り、当事者は建物賃貸借契約の内容を自由に定めることができます。契約当事者、賃貸借の目的である建物、賃貸借の期間、家賃、当事者の権利義務等を規定します。賃貸借は当事者の合意により成立する諾成契約ですが、書面を作成するのが通常ですし、宅建業者が媒介をするときは書面作成が要件です（宅建業法37条2項）。事業用建物賃貸借では詳細な取り決めがされるのが通常です。

賃貸借契約の当事者は建物の賃貸人と賃借人であり、賃貸人は通常は建物の所有者ですが、建物所有者から賃貸権限を与えられてい

る場合もあります。建物所有者として賃貸したが、実際には賃貸する権限がなかった場合でも、賃貸借契約自体は有効であり、賃貸人は賃借人に対して目的建物の使用収益をさせるために、建物所有権等賃貸権限を取得する義務を負います。

　法律により建物賃貸借関係が発生する場合があります。例えば、建物譲渡特約付き借地権が設定されている場合において、建物譲渡特約の履行により借地権が消滅した後に、その建物の使用を継続する借地権者または建物賃借人が、借地権設定者に請求をしたときには、借地権設定者との間で期間の定めのない建物賃貸借が設定されたものとみなされます（法24条2項）。

2　借家契約締結の際の説明義務

　契約締結過程において当事者間に生じる信頼の保護についてはすでに触れました（第1部第1章第2節1）が、借家契約の締結に際して、当事者が信義誠実義務に違反して、交渉を破棄した場合には、賃貸借契約は不成立であっても、契約交渉を不当に破棄した者につき損害賠償義務が認められます。損害賠償の範囲については、契約が有効に成立すると信じたことにより実際に支出した費用にとどまります。これは信頼利益の賠償と呼ばれます。賃貸人の責任が認められた事例（大阪高判平元・4・14判タ704-224）、賃借人の責任が認められた事例（東京高判平20・1・31金判1287-28）があります。建物賃貸人がその建物内で1年数ヶ月前に居住者が自殺したことを告げなかったのは不法行為に当たり、損害賠償責任を負うとされています（大阪高判平26・9・18判時2245-22）。また、賃貸借契約の締結に関与する宅建業者は宅建業法により重要事項説明義務を負います（宅建業法35条）。

3 人種、性別、国籍、年齢などを理由とする入居の拒絶

　居住用建物の賃貸借契約締結に際して、人種、性別、国籍、年齢などを理由として入居を拒否することが違法かが問題となります。賃借人の属性（人種・国籍・性別・年齢等）についての限定は賃貸人の契約自由の範囲に含まれるとしても、どこまで許容されるかは民法の公序良俗に関する規定（民90条）との関係で問題となります。下級審の判決の中には、国籍を理由とするマンション入居拒否が信義則違反であり違法とした事例（大阪地判平5・6・18判時1468-122）があります。

　欧米諸国では借家契約締結に際して人種などによる差別を禁止する法律があります。日本ではまだそのような特別法はありませんが、契約自由の原則の尊重は原則としても、人種差別撤廃条約の批准により国は住居に対する権利につき人種差別を撤廃すべき公的な責務を負っていること、住宅の入居に関する差別禁止が世界的な傾向であることからすると、人種、年齢、国籍、性別などによる入居の拒絶は公序良俗違反と考えるべきでしょう。

　賃貸借契約を結んだ後に、高齢者であることが判明したときに、賃借人の年齢に関する錯誤を理由として賃貸借契約の無効を認めた判決がありました（東京地判平2・4・24判時1368-79）。それまで60歳以上の高齢者に賃貸することを断っていた賃貸人は、賃借人が84歳になることを知っていれば本件貸室の賃貸を承諾しなかったであろうとして、借主となるべき者の同一性ないし年齢についての錯誤は要素の錯誤になるとして賃貸借契約は無効であるとしました。現在では、この判断を維持することはできないでしょう。なお、賃貸住宅入居に際しての人種差別禁止条例を定めなかったことを違法としてなされた国家賠償請求について、人種差別撤廃条約から具体

的立法義務を導くことはできないとした判決（大阪地判平 19・12・18 判時 2000-79）があります。

　建物の客観的状態からして単身女性用である賃貸物件において、男性との同居・同棲・結婚を禁じる特約は、同一建物内に男性がいることで他の単身女性が不安を感じるという状況があれば、有効と解されるでしょう。賃借人が独身者であることに限る特約も、その建物が客観的にみて専ら独身者を対象とする建物であれば、有効とされる場合もあるでしょう。

第2章
当事者間の使用収益関係

【Learning Goals】

本章では借家関係の当事者間に発生する使用収益関係に関する論点を検討します。

1 建物賃貸人はどのような義務を負っているのでしょうか。使用収益させる義務、修繕義務、費用償還義務の内容について説明して下さい。借地権設定者の場合と比べると、どのような違いがあるのでしょうか。

2 建物賃借人はどのような義務を負っていますか。賃料支払義務のほか、使用収益に際しての義務、原状回復義務とはどのようなものでしょうか。

3 賃借建物の通常の使用に伴い生じる損耗について賃借人が原状回復義務を負う旨の特約を損耗特約といいます。その効力についてはどう考えればよいでしょうか。関西地方では賃貸借契約締結の際、かなり高額の保証金・敷金を交付し、賃貸借契約終了の際、通常損耗についての補修費用、原状回復費用を賃借人に負担させる特約が結ばれることがありますが、その効力はどうでしょうか。

4 借家の使用収益に関しては様々な特約が定められますが、どのような特約があるのでしょうか。その効力はどうなのでしょうか。有効な特約と無効な特約とはどのようにして見分ければよいでしょうか。特約に違反した場合、どのような責任が生じますか。特約に違反した場合でも、当事者間の信頼関係を破壊しない特別の事情があるときには、賃貸借契約を解除できないとする信頼関係理論とはどのような内容でしょうか。

5 借家関係が終了した場合、賃借人は賃借建物に対して支出した必要費、有益費の償還請求権のほか、建物に備え付けた造作についての買取請求権がありますが、その要件、効果はどうなっているでしょうか。

第1節　賃貸人の義務

1　使用収益させる義務

　賃貸人は賃貸借の目的たる建物を使用収益させる義務を負います（民601条）。建物賃貸人の失火によって、賃貸建物（店舗）内の衣料品類が焼失した場合には、賃貸人は使用収益させる義務の不履行として損害賠償責任を負います（最判平3・10・17判時1404-74）。

　貸主は目的物を使用収益に適した状態に置かねばならず、第三者が借主の使用収益を妨害する場合には、妨害排除義務を負います。共同住宅の賃借人が他の賃借人から暴力、強迫を受ける場合について、賃貸人には建物を円満に使用収益させるべき義務の違反があり、損害賠償義務を負うとされました（大阪地判平元・4・13判時1322-120）。

2　修繕義務

　賃貸人の修繕義務についての一般論は借地の場合と同様です。賃貸建物の修繕に関して問題となります。修繕義務を負う賃貸人は、修繕のための賃貸建物への立入行為等、義務の履行のために必要な行為を行う権利があり、賃借人はこれを受忍する必要があります（民606条2項）。

　修繕義務は、修繕が必要でありしかも可能な場合に生じます。老朽化した木造建物の柱、屋根、板壁等につき、賃貸人の修繕義務を認めた事例（東京地判平2・11・13判時1395-78）において、判決は賃貸人の修繕義務の有無、その範囲、程度は契約で定められた建物使用の目的、実際の使用方法・態様との関係で相対的に定められる

べきであり、修繕が可能であって、修繕をしなければ契約の目的に即した使用収益に著しい支障が生じる場合に限って修繕義務があるというべきとし、当該建物の経済的価値、賃料の額、修繕に要する費用の額なども考慮に入れて、契約当事者間の公平という見地からの検討も付け加える必要があるとしています。

賃貸人が修繕義務を履行せず、使用収益が困難、使用収益に著しい障害が生じる場合には、賃借人は賃料支払の拒絶、賃料減額を請求できますし、賃借人が賃貸人に代わって修繕をした場合には賃料の減額が認められます（名古屋地判昭 62・1・30 判時 1252-83）。民法改正案 607 条の 2 は賃借人が修繕が必要である旨の通知をしたにもかかわらず、賃貸人が相当の期間内に修繕をしない場合には賃借人は自ら修繕をし、修繕費用は賃料から減額することができるとしています。

店舗賃貸人の修繕義務不履行によって、営業損害が生じた場合につき、賃借人は民法 416 条に基づき通常損害に加えて特別の事情により生じた損害の賠償を求めることができます。しかし賃借人が損害回避・減少措置を怠った場合には損害賠償額が軽減されます（最判平 21・1・19 民集 63-1-97）。この判決では、賃借人はビルの地下 1 階部分をカラオケ店として営業していましたが、浸水（1997 年（平成 9 年 2 月））により営業ができなくなりました。賃借人は営業再開ができるよう修繕することを求めましたが、賃貸人はこれに応じませんでした。賃借人は本件事故から 1 年 7 月後に訴えを提起し、平成 9 年 3 月から 2001 年（平成 13 年）8 月までの得べかりし営業利益の賠償を求めました。裁判所は、本訴提起をした時点においてはカラオケ店を他の場所で再開するなどの損害を回避または減少させるべき措置を採るべきとして、それが可能となった時期以降の損害

第1節　賃貸人の義務

の賠償はできないとしました。

　賃借人の帰責事由によって修繕の必要が生じた場合でも、抽象的には、賃貸人には修繕義務はあります（改正案606条但書参照）。賃借人の使用収益義務違反により修繕の必要性が生じた場合には、賃借人は賃貸人に対して損害賠償義務を負い、賃貸人は義務違反を理由として契約の解除をすることができます。

　賃貸人の修繕義務は強行規定ではないので、特約によって修繕義務を軽減または免れることができ、賃借人が修繕義務を負担することも認められます。入居後の修繕は賃借人が負担する旨の特約をした場合、賃貸人が修繕義務を免れる（最判昭43・1・25判時513-33）という趣旨なのか、それとも賃借人が修繕義務を負う（最判昭29・6・25民集8-6-1224・営業上必要な修繕義務は賃借人が負うとした事例）という意味なのかについてが問題となります。特約の趣旨、当事者の意思解釈により判断されますが、通説は賃貸人の修繕義務免除の特約と解すべきであって、賃借人が修繕義務を負うとするにはその趣旨が明示されていることを必要とすると解します。

3　費用償還義務

　必要費償還請求権についての原則は借地の場合と同様です。屋根の雨漏り部分を賃借人が修繕した場合がその例です。必要費償還請求権と賃料支払請求権とは同時履行の関係にあり、当事者はこれらを相殺することができます。

　有益費償還請求権の原則も同様であり、借地の箇所（第1部第2章第1節2）で説明しました。賃貸人が交代したときには、賃貸借終了当時の賃貸人が償還義務を負います（最判昭46・2・19民集25-1-135）。

賃借人は費用償還請求権について目的物の上に留置権を有します（民295条）。建物に加えた費用の償還請求権を確保するために建物を留置することができ、さらに建物留置権の反射的効果として敷地を留置することもできます。ただし、建物賃貸人が敷地の所有権を第三者に譲渡した場合には、譲受人に対しては敷地を占有する権限はなく、留保することはできないとされています。

4　他人の物の賃貸借

他人の物の賃貸借の法律関係は借地の場合と同じです（第1部第2章第1節4参照）。

5　担保責任

賃貸建物について瑕疵がある場合には、売買における瑕疵担保の規定（民570条）が準用され、瑕疵の程度に応じて、賃料の減額、契約の解除を請求することができます。建物の売買契約では建物の物理的構造などに関する客観的瑕疵のほか、建物内で売主の家族が自死したなどの心理的瑕疵が問題となることもあり、それらに関する準則は建物賃貸借契約にも準用されます（民559条）。

民法改正案は瑕疵担保に関する規定を全面的に改正します。賃借人は、目的物の修補、代替物の引渡し、不足部分の追完などの権利を有します（改正案562条）。また一定期間の間に追完するよう催告し、その期間内に追完がないときには賃料の減額を請求できます（改正案563条）。これら追完請求権、代金減額請求権に加えて、損害賠償請求権、契約解除権も認められます（改正案564条）。

第2節　賃借人の義務

1　賃料支払義務

　賃借人は建物を使用収益する対価として賃料・家賃を支払う義務を負っています（民601条）。当事者は合意により賃料額を定めますが、合意が成立しない場合の賃料の確定、賃料の増額あるいは減額請求、賃料に関する特約、賃料不払いによる建物賃貸借契約解除特約の効力等が問題となり、借地借家法が特別の規制をしています。これらについては第2部第4章第1節で説明します。

2　善良なる管理者としての注意義務

　建物賃借人は契約またはその目的物の性質によって定まった用法に従い、その物の使用および収益をする義務（民616条、594条1項）を負っています。したがって、会社の事務所として使用するために建物の1室を賃貸したところ、暴力団組事務所として使用する場合は、背信行為であり、賃貸人は賃貸借契約を解除できます（東京地判平7・10・11判タ915-158）。

　また、賃借人は、目的物の返還をなすまで善良なる管理者としての注意をもって目的物を保管しなければなりません（民400条）。善管注意義務とは、借主の地位や職業において一般的に要求される客観的義務をいいます。家屋の使用方法が乱暴な場合には、保管義務違反として賃貸借契約の無催告解除が認められます（最判昭27・4・25民集6-4-451）。

　なお、賃借人の失火により建物が焼失した場合、重過失がなければ失火についての損害賠償責任を負わないと規定する失火責任法が

適用されるかが問題になります。賃貸借当事者間には善良なる管理者として目的物を使用収益すべき債務があり、失火はそれに違反する行為ですので、失火責任法は適用されず、賃借人に軽過失があれば債務不履行責任を負います。

当事者間では目的物の使用収益方法につき、特約を定めることができます。それら特約の効力については本章第3節で取り扱います。

3　賃借人の損害賠償の範囲

建物賃借人の債務不履行により生じた損害の賠償範囲は、民法416条により算定されます。通常生じる損害および債務不履行時に賃借人が予見可能であった特別事情による損害が賠償の範囲に含まれます。特別の事情に基づく損害賠償を認めた事例として、最判平6・10・11判時1525-63があります。地上の建物が朽廃、滅失するまで建物を所有する目的で土地を使用貸借した者が当該建物を賃貸したところ、建物賃借人の失火により建物が滅失し、建物賃貸人が敷地の使用借権を喪失した事例です。判決は土地の使用借人が契約の途中で土地を使用することができなくなった場合には、特別の事情のない限り、右土地使用にかかる経済的利益の喪失による損害が発生するとし、賃貸人は少なくとも、焼失時の本件建物の本体の価格と本件土地使用にかかる経済的利益に相当する額との合計額を本件建物の焼失による損害として請求できるとしました。

4　原状回復義務

建物賃借人は善良な管理者としての注意をもって目的建物を利用し、賃貸借関係が終了したときには原状に回復すべき義務を負っています（民598条・616条、改正案601条参照）。ここでいう原状回復

とは賃貸借契約締結時の状況に戻すことではなく、賃貸借の目的・用法に従って通常の使用をしたことによる損耗を超える損壊、つまり善良な管理者としての使用収益義務に違反した使用収益によって生じた損壊について原状に回復する義務を負うという意味です。

工場建物の賃借人は、賃借人の工場作業が原因で生じた建物敷地の土壌汚染について、土地から汚染物質を取り除き原状に復した上で土地建物を返還すべき義務があります（東京地判平 19・10・25 判時 2007-64）。

賃借人が建物に備え付けた物については、それを取り除き原状に回復する義務を負います。備え付けた物が、賃貸人にとっても建物の効用を増す場合には、それを収去することは社会的経済的に不利益なので、賃借人には賃貸人に買い取ってもらうことができる造作買取請求権が認められています（法 33 条）。

5 通常損耗特約

賃借建物の通常の使用に伴い生じる損耗について賃借人が原状回復義務を負う旨の特約（通常損耗特約といいます）の効力が問題となり、下級審判決の立場は分かれていました。最判平 17・12・16 判時 1921-61 は、「賃借人は、賃貸借契約が終了した場合には、賃借物件を原状に回復して賃貸人に返還する義務があるところ、賃貸借契約は、賃借人による賃借物件の使用とその対価としての賃料の支払を内容とするものであり、賃借物件の損耗の発生は、賃貸借という契約の本質上当然に予定されているものである。それゆえ、建物の賃貸借においては、賃借人が社会通念上通常の使用をした場合に生ずる賃借物件の劣化又は価値の減少を意味する通常損耗に係る投下資本の減価の回収は、通常、減価償却費や修繕費等の必要経費分

を賃料の中に含ませてその支払を受けることにより行われている。そうすると、建物の賃借人にその賃貸借において生ずる通常損耗についての原状回復義務を負わせるのは、賃借人に予期しない特別の負担を課すことになるから、賃借人に同義務が認められるためには、少なくとも、賃借人が補修費用を負担することになる通常損耗の範囲が賃貸借契約書の条項自体に具体的に明記されているか、仮に賃貸借契約書では明らかでない場合には、賃貸人が口頭により説明し、賃借人がその旨を明確に認識し、それを合意の内容としたものと認められるなど、その旨の特約が……明確に合意されていることが必要である。」とし、本件では合意は成立していないとしました。

建物賃貸借契約は建物を利用することが契約の本質的な内容ですから、民法は、通常の使用に伴う損耗は当然に予定されていることであり、損耗より前の状態に原状回復させることを予定していません。民法改正案621条は賃借人の原状回復義務を規定し、損傷については原状回復義務があるが、通常の使用および収益によって生じた賃借物の損耗ならびに賃借物の経年変化は除くとしています。

本件最高裁判決は、通常損耗の原状回復義務を賃借人に負わせるには明確な合意が必要としています。民法改正案621条も任意規定ですから、これとは異なる明確な合意があれば、それは有効と解釈されます。では、どの範囲であれば有効でしょうか。この点に関して、関西地方における敷引特約の効力が問題となりました。関西地方では賃貸借契約締結の際、かなり高額の保証金・敷金を交付し、賃貸借契約終了の際、通常損耗についての補修費用、原状回復費用を賃借人に負担させる旨の特約がされることがあり、消費者契約法10条に違反するのではないかが問題となりました。

この問題については、2つの最高裁判決があります（最判平23・

3・24民集65-2-903、最判平23・7・12判時2128-43)。その内容と問題点については、敷金の箇所で触れることにします(第4章第2節3)。

　市販の建物賃貸借契約書には賃借人に対して修繕義務や過大な原状回復義務を負わせている例もあります。しかし、賃借人が敷金返還請求訴訟をし、その効力を争うのは稀でした。返還請求額は少額で、訴訟による返還請求には知識、費用および労力が必要であり、賃借人相互間の協力・連帯も難しく、弁護士へのアクセスも困難であり、宅建業者の支援も期待できず、賃貸人は情報の質量においても、交渉力においても優位だからです。近時、新築賃貸物件の増加、新規賃料の低下、賃貸借契約終了後次の賃借人を見いだすまでの期間の長期化、清潔志向の高まり等の借家市場の変化により、賃貸借終了後、建物および設備について、補修、取替え、クリーニングによりリフォームし、その費用を敷金から控除する例もあり、通常損耗分を敷金から控除する事例をめぐり紛争が多発しています。賃貸借契約締結の際、原状回復に関する説明書を契約書に添付して賃借人が理解したことを確認するための署名押印欄を設けるとか、原状回復に関する費用の単価表を添付し具体的な額が算定できるようにするなど、賃貸人側は、特約が無効にならないような対策を実行しているようです。

　事務所、商店、飲食店として利用するために建物を賃貸借する場合は、賃借人の要望に応じたレイアウト、内装を施すのが通例であり、賃貸借終了後にはすべてを撤去して契約締結寺の原状に回復することが取引慣行となっています。新築オフィスビルの賃貸借契約に付された原状回復条項について、契約締結寺の原状に回復することを要求しているのであり、通常の使用による損耗、汚損をも除去

する義務があるとしています（東京高判平12・12・27判タ1095-176）。

6　賃借人が複数の場合

賃借人が複数の場合の法律関係については、借地の箇所で説明しましたので、参照して下さい（第1部第2章第3節4）。

第3節　借家の使用収益に関する各種の特約

1　特約の有効性

賃借人は契約や目的物の性質により定められた方法で使用収益すべき義務を負います。当事者は、契約自由の原則により、建物の使用収益方法に関して特約を結ぶことができます。特約の有効性についての一般論は借地の箇所で説明しましたので、以下では、建物賃貸借に特有の事柄を解説します。信頼関係理論については第1部第3章第1節を参照して下さい。

2　使用目的に関する特約

賃借人は賃貸借契約に定められた目的に従って建物を利用する義務があり、これに違反した場合には契約の解除が認められます（民541条、620条）。解除が認められた例としては、麻雀屋として使用する目的の賃借建物を無断で全面的に改装してゲームセンターにした事例（東京地判昭60・1・30判時1169-63）、酒食を提供する営業に利用する意図を有しながら、マリンスポーツの販売店、事務所として利用したい旨使用目的を偽って建物賃貸借契約を締結し、賃貸人の承諾を得なければ賃借部分の修理、改造、模様替え、その他現状

を変更する一切の工事をしない旨の約定に反して、賃貸人の承諾なくして建物の構造に悪影響を及ぼしかねない改装工事をし、風営法の許可なく女性に接客させ、酒食を提供するクラブを営業した事例（東京地判平3・7・9判時1412-118）があります。他方、賃借建物を活版印刷工場から製版工場に変更したことは用法違反、増改築禁止特約違反であるが、信頼関係を破壊しない特段の事情があるとして解除を認めなかった事例（東京地判平3・12・19判時1434-87）もあります。

3 使用方法に関する特約

アパート、マンション等の集合住宅では、動物飼育禁止特約、ストーブ使用禁止特約、近隣の妨害になるような行為を禁止し、違反の場合には解除権が発生する旨の特約が定められることがあり、その効力が争われます。

マンション等の集合住宅における動物飼育禁止特約については、一律の制限を有効とする判決（東京地判昭58・1・28判時1080-78）もありますが、ペットの種類、大きさ、鳴き声、糞尿の処理、臭い、高齢者や子供にとって精神的ななぐさめとなること等の総合的な判断をする判決もあります。総合的な判断が必要ですが、良好な管理状況にある小動物の飼育の場合には、特約違反があったとしても賃貸借契約の解除は、賃貸人と賃借人との間の信頼関係を破壊するものではなく認められないでしょう（興味深い事例判決として東京北簡判昭62・9・22判タ669-170があります）。

火災などの危険を引き起こす可能性があるとして石油ストーブの使用を禁止する特約は、居室内に暖房器具が備わっている場合には有効と解してよいでしょう。しかし、契約を解除するには、他の諸

事情をも含め火災を引き起こす具体的な危険があることが必要とされるでしょう。

近隣妨害となる行為を禁止する特約は有効ですが、契約の解除が認められるかは問題とされる具体的な行為と諸事情の総合的な考慮、信頼関係破壊の有無により判断されます。ショッピングセンター内の一店舗の賃借人がショッピングセンターの正常な運営を阻害する行為をした場合に、賃借人の付随的義務違反を理由に契約の解除を認めた有名な最高裁判決があります（最判昭50・2・20民集29-2-99）。諸事情を総合的に加味し、信頼関係破壊の有無があるかを判断するというこの判決が示した一般論が支持されています。

事業用建物、とりわけ店舗の賃貸借に関しては、建物全体の営業方針と関連した詳細な特約が付されることがあります。店舗や事務所からなる建物の1階部分の賃貸借契約につき、年末年始を除き連続3日間を超えて本件建物における営業を休止するときは、あらかじめ賃貸人に対し書面で申入れをし、書面による承諾を得なければならず、これに違反した場合は無催告解除できる旨の効力を認めた判決があります（東京地判平22・10・28判時2110-93）。

4 建物の増改築禁止特約

建物賃貸借契約は賃貸人所有建物の利用関係ですから、賃借人は、建物について増築、改築、構造変更、模様替等を加える権限はありません。建物の無断増改築等を禁止する特約は有効であり、違反があれば賃貸人は解除ができます（最判昭38・9・27民集17-8-1069）。ただし、程度が小規模であったり、増改築の必要性が高く、賃貸人にも有益な場合には、信頼関係の破壊はないとされ、解除できません（最判昭36・7・21民集15-7-1939、最判昭39・7・28民集18-6-

1220)。

5 その他の特約

市と医療法人との間で締結した24時間救急診療実施を予定した建物等賃貸借契約につき、賃借人が同医療を停止したことは契約解除事由に該当するとした事例もあります（東京地判平20・10・6判時2031-62）。

なお、裁判上の和解・調停などで借地法借家法の規定に反する特約が定められる場合の効力に関しては借地の箇所で説明しましたが、合意が真実のものであり、内容が合理的であれば特約は有効と解されるでしょう。

第4節　造作買取請求権

1　造作買取請求権の意義

借家関係が終了した場合、賃借人は賃借建物に対して支出した必要費、有益費につき、賃貸人に償還請求ができます（民608条）。建物とは独立した所有権の対象である造作は賃貸借の終了の際、賃借人が収去しなければなりません。しかし、賃借人は建物に備え付けた造作について買取りを請求できます（旧借家5条、法33条）。造作という投下資本の回収を認め、建物の客観的価値を増加させている造作を建物から取り外すことにより生じる社会経済的損失を防止することが造作買取請求権制度の目的です。しかし、造作は個々の賃借人の特性によって必要性や必要とする種類が異なり、その価格も一般的には高額とはいえず、とりわけ事業用建物の賃貸借にお

いては賃貸借が終了する際、造作を取り外して退去することが慣習になっていますので、借地借家法は造作買取請求権を任意規定としました。実際にも明文により排除されることが多いようです。

2 造作買取請求権の要件

造作買取請求の目的物は、賃貸人の同意を得たか、あるいは賃貸人より買い受けた造作です。同意は造作付加の前でも後でもよく、黙示の同意をも含みます。なお、賃貸人より買い受けた造作は建物の一般的利用価値を増加させていなくても買取請求が認められます。

造作とは建物に付加された物であって、賃借人の所有に属し、建物の使用に客観的便益を与えるものです。造作は建物の構成部分とはならず別個独立の所有権の対象となるものです。独立性が強く、収去が容易で収去しても価値の減少がなく、建物に付加したとは考えられないもの（例えば建物内で利用していた家具など）は造作に当たりません。また、賃借人がその建物を特殊の目的のため使用するため特に付加した設備は含まれません（最判昭29・3・11民集8-3-672。占領軍の軍人が利用するために特別に付した西洋風の設備の事例です）。最判昭33・10・14民集12-14-3078も外国人が日本式家屋の賃借にあたり監督官の許可を受けるため付加した設備で建物の規模や一般日本人の生活様式程度からして客観的な便益を与えるものではないとしました。いずれも当時の時代背景との関係で理解する必要があります。戦後初期の判例は、畳、建具、雨戸、障子、水道設備、電灯引き込み線、電灯・ガス引込み工事等は造作であるとしました。

客観的便益、一般的使用価値の意味は時代により変化しますので、個別の事例毎に具体的諸事情との関連で判断する必要があります。

近時の判決はエアコン、照明器具も造作に当たるとしています。ただし、建物の賃借人が取り付けたエアコンは通常の家庭用エアコンであり、本件建物専用のものとして備えたものではなく、汎用性のあるもので、これを収去することによって本件建物の利用価値が著しく減ずるものでもなく、また取外しも比較的容易であるとして、造作には当たらないとした判決もあります。

事業用建物賃貸借における暖簾、営業に関する得意先、場所的利益等は「無形造作」と呼ばれることがありますが、造作買取請求権の対象にはなりません。なお、賃貸借の設定によって賃借人の享受すべき建物の場所、営業設備等有形無形の利益に対して支払われる対価の性質を有する金員は、賃借人が十数年間も建物を賃借使用した以上、賃貸借が終了しても返還を受けることはできないとされています（最判昭29・3・11民集8-3-672）。

造作買取請求権の要件については争いがありました。旧借家法の時代、賃借人の債務不履行により借家関係が終了した場合に、判例は善良な借家人に造作買取請求権が認められるのであって債務不履行をするような不誠実な借家人は保護に値しないとして、これを否定し（大判昭13・3・1民集17-318）、賃料不払い、無断転貸などで解除された場合にも否定しました（最判昭31・4・6民集10-4-356、最判昭33・3・13民集12-3-524）。これに対して、立法者もこれを肯定していたこと、条文も終了原因を制限しておらず、建物の一般的な利用価値を増加させる造作は買い取る賃貸人にも十分な利用価値があり、しかも造作の設置に同意を与えたのであるから、不利益は生じないとして肯定する学説もありました。しかし、法33条1項は期間の満了または解約の申入れによって、終了する場合に限ることを明示しました。

3 造作買取請求権の効果

造作の買取請求は賃貸借終了当時の賃借人が、その当時の賃貸人に対して行います。行使の時期に制限はなく、建物返還後でも可能です。造作代金は時価によります。時価とは建物に付加したままの状態における造作の価格であり、建物とは別個独立の造作それ自体の価格ではありません。代金額は当事者の協議によりますが、それによることができないときは裁判所が定めます。

造作代金の支払債務と造作の引渡しとは同時履行の関係にあります。造作代金支払債務と建物明渡債務との関係については、造作代金債務と建物明渡債務とは対価的関係にないので同時履行の抗弁権は認められず(最判昭29・7・22民集8-7-1425)、また造作代金債務は造作に関して生じた債権であって建物に関して生じた債権ではないから留置権も認められません(最判昭29・1・14民集8-1-16)。

第3章

借家関係の終了

【Learning Goals】

本章では借家関係の終了に際して生じる様々な関する論点を検討します。
1 借家関係には期限の定めがある場合とない場合とがありますが、どのようにすれば終了するのでしょうか。
2 建物賃貸人の更新拒絶・解約申入れには正当事由が必要とされていますが、それはどうしてでしょうか、またその具体的内容はどうなっているのでしょうか。建物の老朽化、敷地の有効利用・高度利用を図る、地域の再開発を実現するため、建物の耐震構造に問題がある等の理由は正当事由として認められるでしょうか。
3 正当事由を補完するものとして立退料の提供や支払がありますが、補完するとはどのような意味でしょうか。その額はどのように算定すればよいでしょうか。
4 当事者間の合意により借家契約を終了させる場合はどうすればよいのでしょうか。建物賃借人の債務不履行による賃貸借の解除についての信頼関係理論による制限はどのようなときに認められるのでしょうか。賃貸借の目的となっている建物が滅失、朽廃したとき、借家関係はどうなるのでしょうか。賃貸借契約当事者が破産した場合、賃貸借関係はどうなるのでしょうか。賃貸建物に転借人がいる場合はどうでしょうか。
5 居住用建物賃貸借契約の更新に際して授受されることがある更新料とはどのような法的性質の金員なのでしょうか。更新料支払特約は消費者契約法10条に反して無効ではないかという問題があります。最高裁の判決（最判平23・7・15民集65-5-2269）がありますが、どう考えたらよいのでしょうか。
6 建物賃貸借契約の終了については様々な特約がありますが、その効力

はどうなっているのでしょうか。

第 1 節　借家関係の終了

1　期間の定めのある建物賃貸借

　借地契約の場合とは異なり、借家契約には法定の存続期間はなく、当事者は期間を自由に定めることができますし、また期間の定めをしないこともできます。

　期間を定めた場合には、期間満了の6月ないし1年前までに、相手方に対して更新拒絶の通知または条件を変更しなければ更新しない旨の通知をしない限り、前賃貸借と同一の条件で更新されたとみなされます（旧借家2条1項、法26条1項本文）。これを法定更新制度と呼びます。法定更新後の期間は定めがないものとなります（法26条1項但書）。賃貸人の更新拒絶の通知には、正当事由が必要です（旧借家1条の2、法28条）。また、通知をした場合でも、期間満了後に賃借人が建物の使用収益を継続しているときには、賃貸人が遅滞なく異議を述べない限り、法定更新が生じます（旧借家2条2項、法26条2項）。建物の転貸借がされている場合は、転借人のする使用の継続を賃借人がする使用の継続とみなして、前項の規定が適用されます（法26条3項）。

　1年未満の期間を定める賃貸借は期間の定めのない賃貸借とみなされます（旧借家3条の2、法29条1項）ので、期間の定めのある借家契約の最短期間は1年となります。民法は賃借権の存続期間につき20年を超えることはできないとしていますが（民604条1項）、建物賃貸借には適用されません（法29条2項）。

　当事者の合意によって建物賃貸借契約を更新できることは言うまでもありません。

2　期間の定めのない建物賃貸借

　期間の定めがない建物賃貸借の場合には、6月の解約申入期間が必要です（法27条1項、旧借家3条）。賃貸人の行う解約申入れには正当事由が必要です（法28条、旧借家1条の2）。借家契約終了後において、借家人が使用収益を継続しているときは、賃貸人が遅滞なく異議を述べない限り、前賃貸借と同一の条件で新に賃貸借をなしたものとみなされます（法27条2項）。

　解約申入れの意思表示とは賃貸借の存続と相いれない意思の表示ですから、所有権に基づく返還請求、無断転貸・用法違反・特約違反等を理由とする解約なども解約申入れの意思を伴うと解されています。

　解約申入れの際には、6月の明渡猶予期間をおくのが原則です。猶予期間を付さない場合は、解約申入後6月を経過すれば解約の効果が生じます。この明渡猶予期間は賃借人保護のためですので、解約申入れと同時に建物賃貸借が消滅するという特約は無効です（法30条）。建物賃借人による解約申入れは民法の原則どおり3月です（民617条）。

3　借地上に賃貸建物が存在する場合

　借地上に賃貸建物が存在する場合も、建物賃貸借当事者間の法律関係に変わりはありません。借地関係の終了によって借家関係も終了するかについては、第1部第3章第1節および第4節で説明しました。土地賃借人＝建物賃貸人と土地賃貸人との合意解除・賃借権放棄による借地関係終了の場合は、その終了の効果を建物賃借人には主張できません。期間満了、土地賃借人の債務不履行により終了する場合は、終了の効果を建物賃借人に主張することができ、建物

の使用収益が現実に妨げられるなど賃貸人の建物を使用収益させるべき債務が不能になったとき建物賃借権は消滅します(最判昭45・12・24民集24-13-2271)。この場合、土地の賃貸人は賃料延滞を理由とする土地賃貸借の解除について、借地上建物賃借人へ催告する必要はありません(最判昭51・12・14判時842-74)。

第2節　更新拒絶・解約申入れの正当事由

1　正当事由の意義・判断基準

正当事由制度と
その判断要素

　　　建物賃貸人による更新拒絶の通知または建物賃貸借の解約申入れには正当事由が必要です(法28条)。旧借家法1条の2と同様の趣旨です。

　借地借家法の附則2条および4条によれば、借地借家法は、この法律の施行前に生じた事項にも適用されるのが原則です。特別の定めがある場合は例外であり、附則12条は本法施行前に建物賃貸借契約がされた場合、その更新拒絶、解約申入れについては、なお従前の例によるとしています。法28条の正当事由に関する規定は旧借家法1条の2で形成された判例理論を明文化したものですが、これまでのルールと異なるのではという危惧がありましたので、本法施行前に締結された建物賃貸借契約には旧借家法の規定が適用されることを明文化しました。ただし、以下では、旧借家法1条の2と法28条とは同じ趣旨であるとして、両者を区別せずに説明します。

　正当事由の意義と歴史については、序論第2節2、4および第1部第3章第2節3で述べましたので、借家に関連する事柄にのみ触

れておきましょう。当事者双方の建物使用の必要性の衡量が正当事由判断の基本で、法28条は最初に「建物の賃貸人及び賃借人……が建物の使用を必要とする事情」を挙げています。法6条と同様、ここでも旧借家法にあった「自己使用の必要性」という文言が落ちています。

　当事者の建物の使用を必要とする事情に加えて、「建物の賃貸借に関する従前の経過、建物の利用状況及び建物の現況」が挙げられています。従前の経過とは賃貸借契約成立後から現時点までの間で当事者間に生じた事情をいいます。契約成立当時の事情、権利金支払の有無、家賃額の多寡、滞納状況、信頼関係破壊の有無等が含まれます。このほか、「建物の利用状況」と「建物の現況」とが考慮されます。法改正の際に論議された「建物の存する地域の状況」は独立の要素としては認められていません。さらに、補完的に立退料の提供や支払が考慮されます。このように、主たる要素としての、「建物の使用を必要とする事情」、従たる要素としての「建物の賃貸借に関する従前の経過、建物の利用状況及び建物の現況」、それを補完する「財産上の給付の申出」という構造からなります。正当事由の内容を具体化し、立退料を補完的に考慮できると明文で定めた点で旧借家法と異なります。

　正当事由訴訟はその時期における不動産市場、借家市場の動向により影響を受けます。平成以後の時代でも、不動産賃貸市場における需給関係の変動は激しいものでした。バブルの時代には、地域の開発状況と比べて、当該土地建物が経済的・効率的に利用されていないとして、借家を取り壊して更地にした上で、土地を有効利用したいとの要望を実現するために、建物の老朽化、再開発の必要性を主張する例も多かったのです。バブル崩壊後の地価下落の時期には、

第2節　更新拒絶・解約申入れの正当事由

不動産開発の意欲が低下し、賃貸借契約を終了させ、建物の返還を求める事例は少なくなりました。空き家が増加し、借手市場となり、新規に借家人を探す期間も長期化しましたので、明渡しを求める正当事由訴訟は減少し、また公刊される裁判例も少なくなりました。

正当事由判断の具体的事例

法28条は、正当事由判断の要素として、建物の賃貸人および賃借人が建物の使用を必要とする事情、建物の賃貸借に関する従前の経過、建物の利用状況および建物の現況を挙げています。裁判例は必ずしもこの分類に添って判断するわけではなく、当事者間に存在する諸事情を総合的に考慮しています。平成以降の興味ある判決を紹介しましょう。

居住用建物における必要性

居住用建物の場合、当該建物での居住の必要性が比較されます。賃貸人の居住の必要性が高ければ正当事由は肯定されます。最近では、無条件での明渡しが認められる事例はほとんどなく、立退料の支払を条件とするのが通常です。例えば、賃貸人は定年退職により社宅からの立退きを求められており、賃貸建物が唯一の持家であり、他に居住場所を求めると多額の出費を余儀なくされるという事情がある場合（東京地判平元・11・28判時1363-101・立退料500万円）、地方国立大学の教授であった者が都内の大学教授に転職したため賃貸建物を自己使用する必要が生じた場合（東京地判平3・9・6判タ785-177・立退料700万円）がそうです。

事業用建物における必要性

事業用建物の場合、当事者の建物使用の必要性、利益状況が比較されます。賃借建物で事業を営んでいる場合、同等の移転先・代替建物を近隣で見いだすことは、最近では困難で

はありませんので、賃借人に生じる経済的な負担を補償するに足る立退料を支払うことで正当事由が認められる事例が多くなりました。

ただし、営業上の損失が大きければ立退料が高額になります。新宿駅近くの木造2階建ての建物で印刷業を営む賃借人に対して、賃貸人が建物の老朽化・再開発計画を理由として明渡しを求めた事例では、営業上の損失が極めて大きいとして、借家権価格2500万円、代替店舗確保に要する費用、移転費用、移転後営業再開までの休業補償、顧客の減少に伴う営業上の損失、営業不振ひいて営業廃止の危険性などを総合勘案して6000万円の立退料を算定しました（東京地判平元・7・10判時1356-106）。

また、移転先を見いだすことが困難であれば、正当事由は否定されます。

賃貸人の債務支払のための建物売却

建物の賃貸借に関する従前の経緯との関係では、賃貸人の債務支払のために賃貸建物を売却する事例が問題となります。売却が必要になった事情・理由が精査され、明渡しを求める必要性が判断されます。必要性の高い場合は、立退料額は相対的には低額です。賃貸人が経営していた会社の銀行に対する債務2650万円につき年金生活のため元本の返済ができず唯一の財産である本件貸家を金銭に変えて借金の弁済に充てようとする事例では、長期間続いた店舗兼住宅賃貸借の解約申入れにつき、店舗改装費の残額、店舗部分の一定期間の所得、移転実費および移転前後の賃料差額を基礎として算定される立退料（600万円）の提供により正当事由を具備するとしました（東京高判平12・12・14判タ1084-309）。

賃借人側の不信行為

賃借人の建物管理の不十分さ、近隣への迷

惑行為、不誠実さ等の事情は従前の経緯に含まれます。運送業を営んでいる賃借人に不誠実な態度があるとして立退料なしで正当事由を肯定した事例（東京地判平元・8・28判タ726-178）がその典型です。他方、古紙回収業のための建物の賃貸借において、騒音、塵芥、悪臭などにより、近隣住民から苦情が出たとしても、原則的には近隣住民と賃借人との問題であり、しかも賃貸人は賃借人の業務内容を了解した上で本件建物を賃貸した以上、これをもって直ちに賃貸人・賃借人間の信頼関係を破壊する不信行為であるということはできないとした事例（東京地判平5・1・22判時1473-77）があります。なお、賃借人がオウム真理教の信者であることを理由とする不安感に基づく建物明渡請求には正当事由が認められません（岐阜地判平13・11・28判タ1107-242）。

建物の老朽化・建替の必要性

建物の利用状況、建物の現状との関係では、建物の老朽化により建替えが必要であると主張する裁判例があります。老朽化の程度、建替えの必要性、賃借人の移転の容易さなどにより正当事由の有無が判断されます。

立退料なしで正当事由を肯定した事例として、1927年（昭和2年）建築の本件建物を、賃借人は1945年（昭和20年）に賃借し、薬局を経営しているところ、本件建物は老朽化が著しく、これを取り壊して今後の生活の基盤となるビルを建築する必要性が高く、賃借人は近隣に母所有のビルがあり薬局の移転先を見つけることは不可能ではないとした事例があります（東京地判平3・11・26判時1443-128）。1929年（昭和4年）に建築された木造3階建て共同住宅の賃借人に対する明渡請求事件において、本件建物は遅くとも数年後には朽廃にいたり取壊しを免れない状況に達すると予想され、賃借人

が支払っている家賃は著しく低廉であり、本件建物は不動産の有効利用を阻害しており、本件建物を取り壊して新建物を建築することが社会経済的に有益であるとして、正当事由を肯定した事例(東京地判平20・4・23判タ1284-229)もあります。

建物の老朽化を理由とする場合でも立退料の支払を条件とするのが通例です。1930年(昭和5年)頃建築された建物について、1935年(昭和10年)頃から賃貸借が継続している事例において、建物の全体的な老朽化があり、戦後まもなくとは異なり、一定額の経済的負担をしさえすれば、他に借家を求めることも容易であることは公知の事実であり、相当額の立退料を提供すれば正当事由を具備するとし、立退料を300万円としました(大阪高判平元・9・29判タ714-177)。賃借人は東京日本橋に所在する建物(1928年(昭和3年)建築)の一部を賃借し、畳店の営業と煙草の小売業をしており、賃貸人は賃貸ビル新築を実現し、敷地の有効利用を意図している事例につき、裁判所は、賃借人の必要性は高いが、建築後60年を経て経済的耐用年数を経過し、客観的にみて建替えの必要性があり、本件土地建物の収益性からみて賃貸借の継続は賃貸人に酷な結果となるとし、借家権価格相当の立退料2810万円による正当事由を認めました(東京地判平3・4・24判タ769-192)。印刷会社である賃借人が1968年(昭和43年)に千代田区麹町所在8階建てビルの一区画の賃借した事例につき、賃貸人は建物の老朽化、建替の必要性を主張し、すでに他の賃借人が明渡済みであること等から、立退料800万円の提供による更新拒絶の正当事由を認めました(東京地判平8・3・15判時1583-78)。なお、バブル時期には立退料額が高額な事例もありました。老朽化したアパートの借家契約の解約申入れにつき、借家権価格の2倍に当たる700万円の立退料の提供により正当事由

を具備するとした事例（東京地判平 2・1・19 判時 1371-119）はその典型です。

　他方、賃借人の利用の必要性が高い場合には、立退料が高額となり、裁判所による増額もあります。1945 年（昭和 20 年）頃建築された建物の朽廃により借地権が消滅するおそれがあるので、借地権設定者との調停により、借地権者が建物を取り壊し、更地とし、借地権設定者の所有する隣地の土地と等価交換する約束がある事例において、他に住まいはない高齢の夫婦である賃借人について、老朽化により明渡しを余儀なくされるのは時間の問題であり、明渡問題の早期解決により賃貸人の受ける利益を考慮するとして、450 万円余の立退料を裁判所が 700 万円に増額して正当事由を肯定しました（東京地判平元・7・4 判時 1356-100）。賃借人は本件建物でディスコを経営しているところ、築後 30 年を経過し、建物自体および設備が老朽化しているとして、賃貸人は右建物を取り壊して、新ビルを建築する計画を有している事例につき、賃借人には改修改造工事代金の償却、投下資本の回収の必要、ディスコ従業員の整理、移転先の確保等の苦労、営業上の損失等の事情があるとして、4 億円の立退料で正当事由を認めました（東京地判平元・9・29 判時 1356-112）。1961 年（昭和 36 年）に建築された駅前ビルの一区画で賃借人は食堂を経営しており、賃貸人は若者層を相手とする服飾関係の専門学校を営んでおり、建物の老朽化、建替えの必要性を理由とする解約の申入れにつき、賃料 3 年分の立退料 4000 万円の提供で正当事由を肯定しました（東京地判平 8・5・20 判時 1593-82）。築地場外市場にある木造建物（1927 年（昭和 2 年）建築）の一部約 3㎡において、賃借人はおでん種物・珍味商品の販売をし、賃貸人は他の部分で総菜屋を営み、近隣建物所有者との間で共同ビル建築計画を有する事

例につき、立退補償料654万円の支払を条件に正当事由を具備するとしました（東京地判平9・10・29判タ984-265）。麻布十番に立地する1946年（昭和21年）建築の木造2階建て建物の1階部分店舗は高級婦人下着店として賃貸され、2階部分に賃貸人が居住する事例につき、賃借人の使用の必要性が優っているが、老朽化しており、建替えを行って高層化し、自己所有建物で家族らとの居住と営業とを実現したいとの希望は社会経済的見地から首肯されるとして、賃貸人の提供した500万円の立退料を裁判所が4000万円に増額して正当事由を認めた事例もあります（東京高判平10・9・30判時1677-71）。

賃貸人の使用の必要性は乏しくても建物の老朽化の程度が著しい場合には立退料の補完により正当事由を肯定しています。賃貸人は近隣に千数百坪余りの土地を所有しており、本件建物または敷地を今使用する必要性はないが、本件建物（1904・5年（明治37・8年）頃建築、賃借人は1階で電気店を営み2階に居住）は倒壊する危険があるとして、本件建物における収入の4年分に当たる1500万円の立退料の提供による解約の正当事由を認めた事例もあります（東京高判平3・7・16判タ779-272）。

他方、賃貸建物が老朽化していない場合には、正当事由は認められません。マンションの部屋の賃貸借契約の解約申入れについて、大修繕は必要であるが老朽化していないとして正当事由は否定されました（東京高判平4・3・26判時1449-112）。建物老朽化の原因が賃貸人の管理運営上の問題にあるときは、建物建替の必要性による更新拒絶は認められません（東京地判平4・9・25判タ825-258）。なお、福岡市中心部の繁華街に所在する賃貸建物の老朽化を理由とする明渡請求につき、本件建物の明渡しにより土地の最適利用が可能とな

るので、それにより得られる賃貸人の客観的な経済的利益を立退料算定の基準とすべきであるが、賃貸人には立退料提供の意思がないとして正当事由を否定した事例もあります（福岡地判平元・6・7判タ714-193）、

再開発の必要性　バブルの時期には、建物の老朽・朽廃ではなく、賃貸建物が存在する地域の高度利用、有効利用、有効活用、再開発の必要性等を理由とする正当事由訴訟が多発しました。建物賃借人の場所の移転により被る困難の程度、移転先を見いだす容易さ等により正当事由の有無が判断され、建物の老朽度も併せて考慮されました。立退きによる開発利益の一部を賃貸人に還元するという趣旨で高額の立退料の提供を補完事由として明渡しを認める裁判例もありました。その場合、有効利用の必要性・合理性、建物の立地する地域、賃借建物の種類・構造・規模、建物の使用状況、賃貸借の継続した期間、これまでの賃料の状況、近隣の同種建物の賃料水準等を勘案して立退料が算定されました。

　6億円の立退料申出を8億円に増額した事例（東京地判平3・5・30判時1395-81）のほか、高額の立退料を認めた事例がありました。2億8000万円（東京高判平2・5・14判時1350-63）、2億2500万円（東京地判平7・10・16判タ919-163）、1億6000万円（東京高判平元・3・30判時1306-38）、1億5000万円（東京地判平2・9・10判時1387-91）、1億円（東京地判平3・7・25判時1416-98）、4200万円（東京地判平9・9・29判タ984-269）の事例がそうです。

　立法時の経緯には反しますが、最近では、土地の高度利用、効率的利用、再開発の必要性などを理由として正当事由を肯定する裁判例もあります。「都市計画等により賃借物件が収去されるときには

本契約は当然に終了する」との契約があり、都の都市整備事業の一つとして建物敷地が道路拡幅のため買収される予定が確実になった場合、倉庫・車庫・事務所・社員宅を兼ねて会社が賃借している建物について、2048万円の立退料の提供により正当事由を認めました（東京地判平9・11・7判タ981-278）。再開発目的で土地建物を競落した者による抵当権に対抗できる建物賃借人に対する賃貸借解約の申入れにつき、建物の老朽化を認め、建物賃借人による建物の利用が土地の有効利用とはいえず、競落人のマンション建築計画には合理性があるとし、8000万円の立退料提供による正当事由を認めた事例もあります（東京地判平11・1・22金法1594-102）。共同住宅の賃貸借に関して、引越料とその他の移転実費および転居後の賃料と原賃料との差額の1、2年分程度の範囲の金額が、移転のための資金の一部を填補するものとして認められるべきであるとして、200万円の立退料の提供により正当事由を肯定する事例（東京高判平12・3・23判タ1037-226）もあります。

立退料の提供なしに正当事由を認めた事例もあります（東京地判平2・3・8判時1372-110は平屋建ての古い倉庫群を取り壊し、近代的な建物を建築し、本件土地を効率的に有効利用する目的は首肯でき、近隣は急速に土地の高度利用が進んでいるとしました）。

他方、正当事由を否定する裁判例もあります。地上げ屋である賃貸人からの利益追求的要素が強い再開発計画とそれに基づく賃貸用ビル建設を目的とする建物賃貸借の解約申入れの事例（東京地判平元・6・19判タ713-192）、地上げ屋による自社ビルの建築を理由とする借家契約の解約申入れにつき、具体的な建築計画がないとした事例（東京高判平5・12・27金法1397-44）、土地建物を取得した賃貸人の再開発計画を実現する経済的能力に疑問があるとして正当事由

第 2 節　更新拒絶・解約申入れの正当事由

を否定した事例（東京地判平 9・2・24 判タ 968-261）がその例です。

建物の耐震性

近時は、建物の耐震性に問題があるとして正当事由を主張する事例がみられます。賃貸人からの建物の耐震性に問題があるので取り壊して分譲マンションを建築するという理由による建物賃貸借契約解約申入れにつき、立退料 6000 万円の提供により正当事由を肯定した事例（東京地判平 25・1・25 判時 2184-57）、賃貸人の代償措置が賃借人の当該物件からの退去に伴う経済的負担などに配慮した内容と評価できるとして正当事由を認めた事例（東京地裁立川支判平 25・3・28 判時 2201-80）があります。もっとも、建物が耐震性能に欠けるため建替えの必要があるという更新拒絶の正当事由が認められなかった事例（東京地判平 25・2・25 判時 2201-73）もあります。いずれも個別・具体的な判断が重要であり、単純に一般化はできません。

正当事由の有無の判断時期

正当事由の有無は両当事者の諸事情の比較により判断され、比較の対象となる諸事情は流動的であり、判断は相対的ですから、何時の時点で正当事由の具備を判断するかが問題となります。この点については第 1 部第 3 章第 2 節で解説しました。

2　正当事由と立退料の提供

　正当事由を理由とする明渡請求では、多くの場合に賃貸人が賃借人に対して財産上の給付の申出をしており、立退料の提供は正当事由の補完事由とされます。

　立退料は自己の意思に基づかずに従前の建物の利用を継続できなくなり、建物を明け渡すことにより生じる賃借人の不利益の金銭的

補償です。これまでの判決によれば、その内容として、顧客の喪失などの営業上の不利益、引越料、新規に賃貸借契約を結ぶ際必要となる権利金・敷金、新規賃料と従前賃料との差額、長年利用してきた場所を離れることにより生じる精神的不利益、紛争の長期化を予防し早期解決ができる利益、明渡しの結果賃貸人が獲得する開発利益の配分等を含んでいます。立退料額は他の諸事情との関係で定まるものであって、その性質、額を一義的に決定することはできず、個別・具体的な状況により定まるというほかありません。

　立退料慣行の歴史をみておきましょう。賃貸人側の事情だけでは正当事由を具備し得ない場合、正当事由の補強事由として立退料を提供できるかが問題になり、判例は立退料について、賃貸人の誠意を示すものとしてではなく、賃借人の経済的損失を補償する意味で正当事由判断の一要素となり、正当事由の補強事由になると解しました（最判昭38・3・1民集17-2-290）。正当事由の補強事由として提供される立退料の額は他の諸事情との相関で決定されるものであって、判例は、立退料は借家人の被る損失の全部を補償する必要はなく、立退料の支払と家屋の明渡しとは引替給付の関係にあるとしました（最判昭38・3・1民集17-2-290、最判昭46・11・25民集25-8-1343）。この点につき、最判昭46・6・17判時645-75は、「金員の提供はそれのみで正当事由の根拠となるものではなく、他の諸般の事情と総合考慮され、相互に補完し合って正当事由の判断の基礎となるものであるから、解約の申し入れが金員の提供を伴うことによりはじめて正当事由を有することになるものと判断されるときでも、右金員が、明け渡しによって借家人の被るべき損失の全部を補償するに足りるものでなければならない理由はないし、また、右金員がいかなる使途に供され、いかにして損失を補償しうるかを具体的に

説示しなければならないものでもない。」としています。

裁判所は賃貸人の申し出た立退料額を増減できるかについて、最高裁は立退料提供の意思はその主張する額に固執せず、これと格段の相違のない一定の範囲内で裁判所の決定する金額を支払う旨の意思を表明していると擬制し、増額を認めることができるとし（最判昭46・11・25民集25-8-1343）、これが確立した判例となりました。当事者の明示の申出額を超える立退料の支払と引換えに明渡請求を認容する裁判例は多く、「500万円または裁判所の相当と認める金額」という申出を8倍の4000万円に増額した例（東京高判平10・9・30判時1677-71）もあります。もっとも、賃貸人が立退料の申出をしていない場合には、裁判所は立退料の支払を命じることはできません。

このような判例理論の展開を経て、法28条は立退料の支払申出、提供が正当事由の補完事由であることを明文で認めました。借地借家法における立退料の性質、立退料額の算定に関する原則は旧借家法の時期と同様です。立退料は正当事由の充足度を補完するものであり、それらの事情との相関関係において判断され、立退料による経済的補償のみで正当事由を充足することはできないとされています。この点につき、借地借家法審議の際の参議院の付帯決議は「特に財産上の給付の申し出が明文化されたことによりその提供が義務化されたわけではなく、他方その提供のみによって正当事由が具備されるものではないことを周知徹底させるように努めること」とし、立退料は正当事由の補強事由であることを明確にしています。財産上の給付には立退料の提供のみならず、代替不動産の提供も含まれますが、そのような事例はほとんどありません。

立退料の性質、額の算定は、事案の性質により個別具体的に判断

されています。事業用建物に関しては、現在でも、借家権価格を基礎とし、賃借人の投下した費用の償還、営業補償を認め、新規家賃との差額の補償を加味する等、借地の場合と同様の手法がとられています。バブルの時期には、地価の急激な上昇をも勘案した事例、再開発後に賃貸人が取得するであろう開発利益の事前配分を認める事例もありました。現在では、賃借人の支出した費用の返還補償、移転費用、一定期間の賃料差額に止める事例もあります。当該事件の具体的事情との関連で、立退料の性質と額とが判断されており、一般化はできません。

　居住用建物に関しては、これまでは、借家権価格を基礎として立退料を算定していました。現在は、移転実費および一定期間の賃料差額に止める事例もあります。木造2階建てのアパートの賃借人に対して解約申入れをした事例において、建物の老朽化、賃借人の建物使用の必要性、近隣で同様の建物を見いだすことの可能性等を考慮し、引越料、敷金、礼金、手数料、前家賃、保証料、新家賃と旧家賃の差額2年分の合計額として、80万円の立退料提供により正当事由が補完されるとしました（東京地判平17・3・25 LLI 06031262）。

　バブルの時期には、従前の建物賃貸借を終了させ、更地上に新たな建物を建築しようとして、更新拒絶・解約申入れをすることも多く、正当事由の存否、立退料額の相当性が問題となりました。商業地において低層の店舗で営まれてきた商店・事務所に対する明渡請求も多く、賃借人の投下してきた資本の回収、継続的な事業経営から生まれた暖簾権や将来における事業継続の期待等からなる借家権の補償が必要とされました。その結果、高額の立退料の申出が現われ、老朽化したアパートの借家契約の解約申入れにつき、借家権価

格の約2倍の700万円の立退料の提供により正当事由を具備するとされた事例(東京地判平2・1・19判時1371-119)、銀座の賃貸ビルにつき、8億円の立退料の提供を正当事由の補強条件として明渡しが認められた事例(東京地判平3・5・30判時1395-81)等もありました。

バブル崩壊後の地価下落時には、正当事由訴訟は判例集にはほとんど登場しなくなり、正当事由と立退料とをめぐる訴訟も稀となりました。立退料の算定に関しても、借家権価格によらず移転実費と移転前後の賃料の差額を基礎に算定される立退料の提供により正当事由を具備するという判決(東京高判平12・3・23判タ1037-226、東京高判平12・12・14判タ1084-309。同一裁判部の判決ですので、どこまで一般化できるかには問題があります)もみられます。立退料の法的性質・金額は、他の諸事情との比較の上で、補完事由として認められるもので、時代により変化しますし、当事者間の現実の生活関係によって彩られた利害関係の調整という色彩も強いものです。

立退料の支払と借地権者の土地明渡し、建物賃借人の賃借建物明渡しとの関係については、条文は「明渡しの条件として又は建物の明渡しと引換えに」と規定しており、立退料の支払が先履行の場合、明渡しと立退料とが同時履行の場合とがあります。立退料の支払を条件とする判決は賃貸人による立退料の支払を先履行とするもので、立退料の支払は執行文付与の要件となります(民執27条1項)が、実際にはほとんどみられません。引換給付判決が原則であり、立退料の支払と建物の明渡しとは同時履行の関係にあり、立退料の提供あるいは支払は建物明渡しの強制執行開始の要件(民執31条1項)です。

3 立退料提供の申出の時期

賃貸人の解約申入れ、更新拒絶の当時に、立退料提供の申出をしていなくても、一定期間経過後に立退料の提供を申し出ることができます。最高裁は「賃貸人が解約申入後に立退料等の金員の提供を申し出た場合又は解約申入れ時に申し出ていた右金員の増額を申し出た場合においても、右の提供又は増額に係る金員を参酌して当初の解約申し入れの正当事由を判断できると解するのが相当である」（最判平3・3・22民集45-3-293）としています。その後、借地の事例についてですが、最判平6・10・25民集48-7-1303は、「立退料等金員の提供ないしその増額の申出は、土地所有者が意図的にその申出の時期を遅らせるなど信義に反するような事情がない限り、事実審の口頭弁論終結時までにされたものについては、原則としてこれを考慮することができるものと解するのが相当である」としています。

4 賃借人による立退料支払請求権

訴訟外の明渡交渉において、賃借人が賃貸人に対して立退料の請求をして明渡しの合意を結ぶことはよくあります。しかし、立退料の提供は賃貸人の正当事由を補完する事由ですので、賃借人から訴訟中に立退料支払請求をすることはないでしょう。

立退料の支払と引換えの給付判決確定後、賃借人は立退料の支払を請求して、建物を明け渡すことはできるでしょうか。引換給付判決により賃貸人に実体法上の立退料支払義務が生じるかについては、争いがありますが、賃貸人に支払義務を認めないと賃借人の立場を不安にする等の理由により、肯定するのが一般的です。正当事由の補完事由として判決で認定された立退料が賃貸人の申出額と格段の

相違がある場合に右確定判決に基づく賃借人から賃貸人に対する立退料の支払請求が棄却された事例(福岡地判平8・5・17判タ929-228)があります。原判決確定後、立退料は賃貸人の意思を超えた額であるので、立退料は支払わず、強制執行もしない旨伝えていたという特殊な事例です。

確定判決により定められた立退料の額を、その後の地価の下落という事情の変更を理由にして減額請求できるかについては否定的に解されています。借地の事例ですが、裁判所は借地契約の更新拒絶の正当事由を補完する金銭の額を定める際には、土地価格のみならず、双方当事者の当該土地をめぐる諸事情を総合的に考慮すること等を理由にして、確定判決で定められた立退料を減額すべき事情変更が生じたとする賃貸人の主張を排斥した事例があります(東京地判平10・5・8判タ1008-154)。

5 更新の効果

更新により前賃貸借と同一の条件でさらに賃貸借をしたとみなされ、新旧賃貸借には同一性があるとされます。ただし、期間の定めのある建物賃貸借契約も更新後は期間の定めのないものとなり、いつでも解約の申入れができます(法26条1項但書)。賃借人の債務について付されていた保証契約の効力については、第5章第7節を参照して下さい。

第3節 期間満了・解約申入れ以外の事由による借家関係の終了

1 合意による解除

当事者の合意によって借家契約を終了させることは広く行われており、法律上当然に有効です。その場合、建物の原状回復、敷金の返還、立退料の支払等の取り決めをしますが、借地借家法の強行規定、民法上の公序良俗等に違反しない限り、自由な取り決めができます。

2 債務不履行による賃貸借の解除

賃借人の基本的な債務は賃料の支払ですから、その不履行は原則として解除事由となります。解除の性質や効果についての議論は借地の箇所で解説しました。第1部第3章第1節を参照して下さい。軽微な不履行による解除を制限するため、信頼関係の破壊がない場合には契約を解除できないとする信頼関係理論は借家関係についても妥当し、背信性の有無は当事者の地位、職業、賃貸借の目的、賃貸借の経緯等一切の事由を総合的に判断して行われます。

使用収益方法の違反を理由とする賃貸借の解除については第1部第2章第2節2で説明しました。

3 建物の滅失と借家関係の終了

賃貸借の目的物である建物が火災などにより滅失した場合、借家関係はどうなるでしょうか。当事者双方ともに故意・過失等の帰責事由がないときは、目的物の消滅により賃貸借契約も終了します（最判昭42・6・22民集21-6-1468）。滅失とは家屋の主要な部分が消

滅して、全体としてその効用を失い、賃貸借の趣旨が達成されない程度に達したことをいいます。賃貸人に滅失についての帰責事由があれば、使用収益させるべき債務の不履行となり、損害賠償責任を負います。しかし、同種・同等の建物を再築して賃貸すべき義務はありません。賃借人に故意過失などの帰責事由があれば、善良なる管理者として目的物を保管すべき債務に違反があるとして、損害賠償責任を負います。

4 賃貸借当事者の破産

借地の箇所（第1部第3章第1節）で述べましたが、民法旧621条は廃止され、賃借人が破産宣告を受けた場合、賃借人の破産管財人は賃貸借契約を履行するか解除するかの選択権を有します（破53条、54条）。賃借人の破産手続開始の申立てを解除理由とする特約がみられますが、無効です（東京地判平21・1・16金法1892-55）。最判昭43・11・21民集22-12-2726は、建物の賃借人が差押えを受け、または破産宣告の申立てを受けたときは賃貸人は直ちに賃貸借契約を解除できる旨の特約は借家法6条に反して無効としていましたが、この東京地裁判決は、民法621条改正趣旨の勿論解釈として、破産手続申立てを無催告解除事由とした特約条項を無効としました。

賃貸人が破産した場合、建物の引渡しにより、賃借権が対抗要件を備えているときは、賃貸人の破産管財人は破産法53条の規定する履行または解除請求権を有しませんので（破56条）、建物賃貸借関係が従前と同様に継続します。

5 借家関係の終了と転借人への効果

賃借建物に賃貸人の承諾を得た転借人がいる場合、賃貸借当事者

間の合意による解除を転借人に対して主張できるかが問題となります。転貸借関係は基本となる賃貸借関係とは別個独立ですが、基本となる賃貸借関係の基礎の上にありますので、基本賃貸借関係が終了すればそれに伴って転貸借関係も終了するはずです。しかし、賃貸借当事者間の合意によって第三者の権利を害することは認めるべきではありませんので、基本賃貸借の消滅を転借人に対抗することはできません（改正案613条3項本文参照）。転貸人の地位を賃貸人が引き受けることになります。

賃借人の債務不履行により消滅する場合には、転借人に対しても消滅を対抗でき、転借人の使用収益が現実的に不能になるときに転貸借関係は終了します（改正案613条3項但書参照）。この場合、転貸人の建物を使用収益させるべき義務違反により転貸借関係が終了しますので、賃借人＝転貸人の債務不履行であり、転借人は損害賠償の請求ができます。

第4節　終了に関する特約

1　更新料支払特約

更新料の意義

居住用建物賃貸借の場合には、借家契約が更新される際に、賃料の1月分程度の更新料を支払う特約が結ばれることがあります。事業用建物の場合は、賃料以外の金員の支払には合理性がないという意識もあり、更新料支払特約は普及していません。

更新料とはいかなる性質の金員なのか、更新料支払の慣習は存在

第 4 節　終了に関する特約

するか、法定更新の場合にも更新料支払請求権はあるのか、支払につき合意した更新料の不払いは賃貸借契約の解除事由になるかなどの問題については、借地の箇所で説明しました（第 1 部第 3 章第 2 節 4）。

>　更新料支払契約と
>　消費者契約法 10 条

居住用建物賃貸借に関しては、更新料支払特約は消費者契約法 10 条に反して無効ではないかという問題があります。更新料支払特約は民法の賃貸借規定と比べて特別の負担を課しているか、信義誠実の原則に反するかが問題となりました。

>　最高裁平成 23 年 7 月
>　15 日判決

下級審判決には、更新料支払特約は消費者契約法 10 条に該当し無効とした事例も多かったのですが、最高裁（最判平 23・7・15 民集 65-5-2269）は、以下のように判示しました。まず、更新料の性質に関しては、「更新料は、期間が満了し、賃貸借契約を更新する際に、賃借人と賃貸人との間で授受される金員である。これがいかなる性質を有するかは、賃貸借契約成立前後の当事者双方の事情、更新料条項が成立するに至った経緯その他諸般の事情を総合考慮し、具体的事実関係に即して判断すべきであるが（最判昭 59・4・20 民集 38-6-610）、更新料は賃料と共に賃貸人の事業の収益の一部を構成するのが通常であり、その支払いにより賃借人は円満に物件の使用を継続できることからすると、更新料は、一般に、賃料の補充ないし前払い、賃貸借契約を継続するための対価などの趣旨を含む複合的な性質を有するものと解するのが相当である」と判示しました。

更新料条項が、消費者契約法 10 条により無効とされるか否かについては、「消費者契約法 10 条は、消費者契約の条項を無効とする

要件として、当該条項が、民法などの法律の公の秩序に関しない規定、すなわち任意規定の適用による場合に比し、消費者の権利を制限し、又は消費者の義務を加重するものであることを定めるところ、ここにいう任意規定には、明文の規定のみならず、一般的な法理なども含まれると解するのが相当である。そして、賃貸借契約は、賃貸人が物件を賃借人に使用させることを約し、賃借人がこれに対して賃料を支払うことを約することによって効力を生ずる（民法601条）のであるから、更新料条項は、一般的には賃貸借契約の要素を構成しない債務を特約により賃借人に負わせるという意味において、任意規定の適用による場合に比し、消費者である賃借人の義務を加重するものに当たるというべきである。また、消費者契約法10条は、消費者契約の条項を無効とする要件として、当該条項が、民法1条2項に規定する基本原則、すなわち信義則に反して消費者の利益を一方的に害するものであることをも定めるところ、当該条項が信義則に反して消費者の利益を一方的に害するものであるか否かは、消費者契約法の趣旨、目的（同法1条参照）に照らし、当該条項の性質、契約が成立するに至った経緯、消費者と事業者との間に存する情報の質及び量並びに交渉力の格差その他諸般の事情を総合考慮して判断されるべきである。」、としました。

　更新料条項については、「更新料が、一般に、賃料の補充ないし前払い、賃貸借契約を継続するための対価等の趣旨を含む複合的な性質を有することは、前に説示したとおりであり、更新料の支払いにはおよそ経済的合理性がないなどということはできない。また、一定の地域において、期間満了の際、賃借人が賃貸人に対し更新料の支払いをする例が少なからず存することは公知であることや、従前、裁判上の和解手続等においても、更新料条項は公序良俗に反す

第4節　終了に関する特約

るなどとして、これを当然に無効とする取り扱いがなされてこなかったことは裁判所に顕著であることからすると、更新料条項が賃貸借契約書に一義的かつ具体的に記載され、賃借人と賃貸人との間に更新料の支払いに関する明確な合意が存在している場合に、賃借人と賃貸人との間に、更新料条項に関する情報の質及び量並びに交渉力について、看過し得ないほどの格差が存在するとみることもできない。

そうすると、賃貸借契約書に一義的かつ具体的に記載された更新料条項は、更新料の額が賃料の額、賃貸借契約が更新される期間等に照らし高額に過ぎるなどの特段の事情がない限り、消費者契約法10条にいう『民法第1条第2項に規定する基本原則に反して消費者の利益を一方的に害するもの』には当たらないと解するのが相当である。」、という一般論を示しました。

さらに、本件へのあてはめについては、「本件条項は本件契約書に一義的かつ具体的に明確に記載されているところ、その内容は更新料の額を賃料の2ヶ月分とし、本件賃貸借契約が更新される期間を1年間とするものであって、上記特段の事情が存するとはいえず、これを消費者契約法10条により無効とすることはできない。また、これまで説示したところによれば、本件条項を、借地借家法30条にいう同法第3章第1節の規定に反する特約で賃借人に不利なものということもできない。」としました。

本判決は、更新料条項は特段の事情のある場合を除いて、消費者契約法10条により無効となることはなく、また借地借家法30条にも違反しないとした注目すべき判決であり、この後の下級審判決は本判決を前提とした判断をしています。

> **最高裁判決に対する批判**

もっとも、本判決に対しては、学説により多くの批判がなされています。まず、更新料の法的性質に関する説示は居住用建物賃貸借の場合について説得的かは疑問とされています。借地の場合には更新により長期の継続性が保障されるという意味で賃借人にもメリットはありますが、建物賃貸借にはそのような事情はなく、合理性は乏しいものです。また、判決は一定の地域において更新料の支払をする例が少なからず存することは公知であるとしますが、そのような慣行の是非が問われているのであり、更新料支払特約が賃借人に強制されているというのが実態というべきでしょう。国土交通省住宅局の2014年（平成26年）度住宅市場動向調査によれば、更新手数料の支払をした者は42・1％に止まっています。さらに、更新料の性質に関して賃借人が具体的かつ明確に認識しているか、賃借人に十分な説明がされたかも重要であり、本件契約当事者がどのように理解したのかを具体的に検討していない点も問題でしょう。法定更新が可能であるにかかわらず更新料を支払わなければ更新できないという理解のもとで合意したのであれば賃借人に不利な特約と解されるでしょう。更新料には賃料前払いの性質があるとしても、年間13月分の賃料を支払う必要があり、更新時には3月分の賃料が必要になるというのは消費者である建物賃借人にとり相当の負担であり、本件が争われた京都以外の地域では不動産業者にとっても考えられないようです。また、先の調査によれば、更新手数料を支払った場合でも、賃料1月分が77・4％、1月未満が13・6％であり、最高裁が是認した2月分の更新料支払特約は異例なものです。実際にも、大手不動産会社は更新料を徴求しませんし、更新料支払特約は比較法的にも異例であって、外国人向け

の賃貸住宅契約書では No renewal fee と明示するのが通例です。更新料相当額を賃料額に含め、建物利用の対価額を明確にする契約が一般的になりつつあり、更新料条項を用いない賃貸借契約の作成に向かっていた実務の動向にも逆行するものであり、賃貸借契約のあるべき内容を方向付けるという裁判所のもつべき意識に乏しいとの批判もされています。

> 最高裁判決後の実務

本判決後、更新後の賃料の1月分の更新料支払を定めた条項、および賃貸借契約が終了した後賃借人が明渡義務に違反して賃借物件の明渡しを遅延した場合の賃料相当額の2倍の賠償予定条項について消費者契約法10条に違反しないとした事例（東京高判平25・3・28判時2188-57）があります。これが実務慣行になるのは問題です。また、消費者契約法12条による適格消費者団体が不動産賃貸業を営む事業者に対して、その者が不特定多数の消費者との間で賃貸借契約を締結または更新する際使用している契約書には、更新後の賃料の1月分の更新料支払を定めた条項、および賃貸借契約が終了した後、賃借人が明渡義務に違反して賃借物件の明渡しを遅延した場合に賃料相当額の2倍の倍額賠償予定条項が含まれており、これらの条項は消費者契約法9条1項および19条に規定する消費者契約に当たるとして法12条3項に基づきその契約の申込みまたは承諾の停止を求めましたが、上記判決はこれも否定しました。

2　終了に関するその他の特約

建物賃貸人からの解約申入後ただちに建物を明け渡す旨の特約は無効です（東京地判昭55・2・12判時965-85）。

事業用建物の賃貸借においては、賃借人により期間途中の解約がされた際の違約金条項の効力が問題となります。例えば、賃借人による解約申入れは6月の予告期間をもって書面で申し入れることができる、6月分相当の賃料を支払うときは解約できるという特約は、賃貸人にとっては、賃料取得という期待利益の保護、空室による損害の補償という意味を持ちます。しかし、賃借建物における事業経営からの撤退を容易にしたいという賃借人の利益との調節・バランスも必要であり、民法617条の趣旨からして、3月の限度内で有効と解すべきでしょう。

期限付きの合意解約、つまり合意解約をしその明渡しの時期について期限を付した特約の効力については、他にこれを不当とする事情の認められない限り、有効とされています（最判昭31・10・9民集10-10-1252。近時の同趣旨のものとして東京地判平5・7・28判タ861-158があります）。

第4章
当事者間の経済的関係

【Learning Goals】

本章では借家関係当事者間の経済的関係についての論点を検討します。

1 建物賃貸借の対価として支払われる賃料・家賃はどのように定めるのでしょうか。売り上げ連動型の賃料方式、フリーレント契約とはどのような内容の契約でしょうか。家賃の弁済・供託・家賃不払いと契約解除についてのルールはどうなっているのでしょうか。

 なお、ヨーロッパ諸国では居住用建物の賃貸借については賃料制限に関する詳細な規定が盛り込まれていますが、それはどうしてなのでしょうか。

2 借家関係の場合も、契約締結時に前提とされていた諸事情に変更が生じ、従前の家賃では不相当となるときには家賃の増減請求権が認められていますが、借地関係について認められる地代増減請求権と比較して下さい。

3 建物賃貸借関係設定に際して、賃借人が賃料以外に支払うことのある金員として、権利金、敷金、保証金、礼金等があります。権利金、礼金とはどのような性質の金員でしょうか。

4 賃貸借関係から生じる一切の債務を担保するために借主から貸主に支払われる金銭を敷金といいます。敷金の被担保債権の範囲、敷金返還請求権の発生時期、賃貸建物の所有権が移転された場合の敷金返還債務の新所有者による承継、賃借権の譲渡・転貸があった場合の敷金返還請求権の承継、敷金返還請求権の譲渡・質権設定・差押えについての法律関係を説明しなさい。

5 関西地方では、かなり高額の敷金（保証金と呼ぶことが多い）が交付され、原状回復のための費用が控除されて返還される慣行があり、敷引

特約と呼ばれています。その効力については様々な問題が指摘されています。阪神淡路大震災のような天災地変により賃貸建物が滅失し建物賃貸借が終了した場合にも敷引特約は有効なのでしょうか。敷引特約が、賃貸目的物の利用によって当然に生じる自然損耗の修理費用を賃借人に求めるものであるとすれば、賃貸借目的物の原状回復義務に関する民法の規定に比べて賃借人の義務を加重する契約条項であり、消費者契約法10条に違反するのではないかが問題になりました。この点について、2つの最高裁判決があります（最判平23・3・24民集65-2-903、最判平23・7・12判時2128-43）。これら判決の内容を説明し、その問題点についても触れて下さい。

6 建物賃貸借契約締結に際して保証金という名目の金員が支払われることがあります。その法的性質はどのようなものでしょうか。

第1節 賃料・家賃

1 賃料

賃料の意義

賃借人は建物を使用収益する対価として賃料（借家の場合は家賃と呼ぶのが通例です）を支払う義務があります（民601条）。民法上、賃料とは目的物の使用収益の対価として支払われる金銭その他のものであり、金銭である必要はなく、労務の供給でもよいとされます。

賃料は当事者の合意により自由に定めることができます。民法は当事者に合意がない場合に適用される補充的規定を定めています。賃料は賃貸人の住所にて（民484条）、毎月末に支払う（民614条）ことになっています。しかし、通常は当月分の家賃を前月末までに支払う家賃前払の特約がされます。賃料前払特約は、建物賃借権に対抗力がある場合には建物につき物権を取得した者にも対抗することができます（最判昭38・1・18民集17-1-12）。

賃借物の一部が賃借人の過失によらず滅失した場合には、その滅失した部分の割合に応じた賃料の減額請求権が賃借人に認められています。残存する部分のみでは賃借した目的を達することができないときには契約を解除することができます（民610条、611条2項）。なお、民法改正案では、減額を請求する必要はなく、賃料減額が当然に認められています（改正案611条1項）。

借家契約に関しても賃料の増減請求権が認められています（法32条）。賃料および借賃の増減請求権に関する内容は基本的には借地の場合と同様です（第1部第4章参照）。以下では借家関係に特徴的

な点について解説しましょう。

> 売上げ連動型の
> 賃料方式

　　　　　　　　　　賃料は通常は毎月定まった金銭を支払います。しかし、店舗用建物賃貸借においては、売上げの一定比率を賃料として支払う完全売上げ歩合賃料制とか、最低保証賃料制と賃借人の売上げが一定水準を超えれば超えた部分につき歩合賃料の支払を受けることができる併用型賃料制が用いられることがあります。このような売上げ連動方式による家賃額の定めは有効です。最低保証賃料と売上げの一定比率とから構成される家賃算定方法をとる百貨店店舗用建物賃貸借契約において、百貨店事業に伴うリスクの分担として賃借人が引き受けるリスクの範囲を超える場合には、合意された賃料の仕組みではなく、法32条1項が適用されるとされます（横浜地判平19・3・30金判1273-44）。併用型賃料制は完全売上げ歩合制の場合と比較して賃貸人に有利と考えられますので、特段の事情がない限り、法32条1項ないし賃貸借契約上の賃料改定条項に基づく賃料増額請求においては、賃貸人の一方的な意思表示により完全売上げ歩合賃料制から併用型賃料制への変更を求めることはできないとされています（広島地判平19・7・30判時1997-112）。

> フリーレント契約

　　　　　　　　事務所・居室等の入居当初に多くの費用の負担を余儀なくされる賃借人の負担を軽減することにより、賃借人を勧誘する方策として、賃料を賃貸借契約締結後の当初一定期間免除するフリーレント方式が用いられることがあります。レントがフリーとなる期間があっても使用貸借となるのではなく、賃貸借期間中の賃料の支払方法について特別の定めをしたものと解されます。サブリース契約（第2部第1章第2節6）として建物賃貸借契約が締

結され、賃貸人との関係では、空室のときにも一定額の賃料保証がされること、賃料は転借人から取得する転借料に連動するという合意があった場合に、転借人から取得する転借料につき一定期間フリーレントとしたことに伴い、その期間中の賃料は0円となると通知した事例について、フリーレントとすることを許容する合意がある場合は格別、賃貸人に著しい不利益が生じない等の特段の事情のない限り、賃貸人には対抗できないとされています（東京地判平18・8・31金判1251-6）。

賃料の弁済・供託・
賃料不払いと契約解除 賃料債務の弁済は現実に提供されなければなりませんが、債権者に受領拒絶がある場合には口頭の提供で足ります（民493条、最判昭32・6・5民集11-6-915、最判昭45・8・20民集24-9-1243）。賃貸人が受領拒絶をしていたり、受領が不能な場合には、賃借人は賃貸人のために賃料を供託して債務を免れることができます（民494条、第1部第4章第1節参照）。賃料債務の不払いがあれば賃貸借契約を解除できますが、不履行が軽微であって、当事者間の信頼関係を破壊しない特別の事由があるときには解除が制限されます（第1部第3章第2節参照・建物賃貸借の例としては最判昭39・7・28民集18-6-1220）。ただし、賃借人の賃料不払いの程度が著しく、信頼関係がすでに破壊されている場合には、無催告解除が認められます（最判昭49・4・26民集28-3-467）。

賃料債務回収のための
自力救済 賃料債務の回収のために自力救済特約を付ける場合があります。自力救済は「法律の定める手続によったのでは、権利に対する違法な侵害に対抗して現状を維持することが不可能または著しく困難であると認められる緊急やむを得ない特別の事

情が存在する場合においてのみ、その必要の限度を超えない範囲内で例外的に許される」(最判昭 40・12・7 民集 19-9-2101) とされ、事態の緊急性と手段の相当性とが要件とされています。事務所用建物の賃貸借において、賃借人が 3 か月分の賃料を延滞したときに、賃貸人が賃貸借契約を解除したとして建物の鍵を交換した事例は、違法な自力救済であり不法行為とされました (東京地判平 16・6・2 判時 1899-128、ただしこの事例では賃借人に損害がなかったとして賠償請求は否定されています)。

賃料規制と家賃補助制度

　賃料に関する法制度は、賃借権の存続保護制度と並んで、多くの国では借家法の中心となっています。とくに、ヨーロッパでは居住用建物の賃貸借については賃料制限に関する詳細な規定が盛り込まれています。賃料規制がなければ賃貸人は高額な賃料を請求することにより賃料支払能力の低い賃借人から建物を取り戻すことができますので、賃借人の居住の権利を保障するには解約制限と存続保障との一体化が必要だからです。

　居住用建物の賃借人は、賃貸市場に関する情報の獲得および交渉力に関しては建物所有者である賃貸人よりも不利な地位にあり、また経済的にも弱い地位にあります。ヨーロッパ諸国では、賃料に関する規制があります。もっとも単純な方法が、一定の時期の賃料に固定させる家賃統制という手法です。どの国でも戦時経済統制政策の一環として生まれました。日本でも、1939 年 (昭和 14 年) に制定され、1986 年 (昭和 61 年) に廃止された地代家賃統制令がありました。

　家賃統制は、他の条件を度外視すれば、供給のインセンティブを削ぎ、長期的には家主による借家供給を減少させ、また、家主は住・

宅修復にかかる費用を捻出できず、住宅の荒廃を加速させる可能性があります。しかし、家賃統制が政治的に選択されるのは、短期的にみれば、家主にとっては賃貸住宅経営以外には収益を得る方法が少ない、家賃高騰の引き起こす社会的不安の危険が高い、借家人の居住の安定が経済のより円滑な発展に不可欠であり、総資本・社会全体の利益に適合する等の条件があるからです。

　低所得者向けの住宅供給を長期的に増加させるには、良質な民間賃貸住宅建設を行う賃貸人へ建設補助金を付与する政策もありますが、これによっては借家人の家賃負担能力が高まるわけではありませんので、借家人へ住宅手当を支給して家賃負担能力を高めつつ、より良質な住宅へ居住することが可能となる政策が望ましいとされ、多くの西欧諸国では家賃補助政策・住宅手当制度が採用されています。建設補助金と住宅手当の政策目的はそれぞれ微妙に異なっており、他の社会政策・経済政策との比較における優先順位、実施に際しての困難さ等を総合的に考慮して選択されています。

　民間市場における借家の供給を促進するためには、賃貸人の経営利潤の確保も必要であり、賃借人の保護の要請との調和が課題となります。そこで、賃貸市場を機能させるために、住宅の客観的状況に応じた家賃を定めて、賃貸人に経営利潤を確保させ、他方、賃借人の所得に応じて定まる家賃負担限度額との差額につき、地方自治体が補助をする家賃補助・住宅手当制度が一般化しています。家賃補助制度の具体的な内容は国により異なりますが、賃借人の所得・世帯人数・支払賃料が考慮されます。なお、ドイツでは一定域内の賃借人団体と賃貸人団体との交渉によりその地域の家賃を定め標準賃料表によって賃料を定めます。

　ヨーロッパ諸国では日本法以上に民間賃貸住宅市場への公的介入

がなされており、住宅法という法体系が整備され、借家法は住宅政策立法としての役割を果たしています。非営利団体による賃貸住宅の供給が盛んな国では、非営利住宅の家賃水準が実質的な基準となり、民間借家の家賃水準が定まります。日本法では、賃料制限に関しては、借地借家法において賃料の増減請求権が規定されるのみで、生活保護法における住宅扶助、生活困窮者自立支援法における住宅支援給付を除けば、賃料補助制度は発展していません。

2 家賃・借賃の増減請求権

制度の趣旨と適用の要件

借家の場合も契約締結時に前提とされていた諸事情に変更が生じ、従前の家賃では不相当となった場合に、将来に向かって、借賃の増額または減額を請求できる家賃増減請求権制度があります（法32条、旧借家7条）。その要件は、土地もしくは建物に対する租税その他の負担の増減により、土地もしくは建物の価格の上昇もしくは低下その他の経済事情の変動により、または近傍同種の建物の借賃に比較して不相当となったときです。

家賃借賃の増減請求に関する法32条は、地代等増減請求（法11条）と同趣旨ですので、基本的な内容については、そこでの解説を参照して下さい（第1部第4章第1節）。

1980年代末から90年代初めの地価高騰・崩壊時期に、サブリースをめぐり法32条の適用が問題となりました。サブリースは第2部第1章第2節で説明しています。

相当な家賃・借賃の算定

相当な家賃は当事者の合意によります。当事者の協議が整わないときは、調停に付され、調停委員会による解

決ができないときには、裁判所が決定することになります（調停前置主義、民調24条の2）。建物の使用目的、敷地の地形、建物の位置・構造・耐用年数、付近の環境等の建物の使用価値に関する事柄、当事者間の人的関係、権利金・敷金の有無、修繕費の負担状況、賃貸期間の長短、従前の賃料額、従前額決定時よりの期間等が、相当な家賃の算定に際して考慮されます。

建物賃貸借契約締結時に当事者間に特殊な事情があった場合の相当賃料の算定に関しては、その事情を考慮します。賃貸人の地位の承継前に本件建物を所有していた会社の代表者が賃借人のうちの1人の親であったため、賃料が低廉に設定されていたことを考慮し、鑑定に基づいて試算した賃料と従前の賃料との間に倍以上の乖離が存在したので、その中間値をもって相当賃料額とした事例（東京高判平18・11・30判タ1257-314）があります。他方、特殊事情が失われたとして商業用ビルの1フロア全体の賃貸借契約における賃料増額請求につき、賃貸借契約が締結された当時から、法32条1項所定の経済的事情などは、賃料増額の要因となる方向には変動していないが、賃貸借契約設定当時に賃貸人が賃借人の事情に配慮して賃料を低額にし、賃借人もそのような賃貸人の配慮を認識できたという現行賃料額決定の経緯等を考慮して、賃料増額請求を認めた事例（大阪高判平20・4・30判タ1287-234）があります。

家賃算定に関する訴訟では、当事者双方から鑑定書が提出されます。専門的な知識があるとは限らない裁判所の対応は難しいようです。喫茶店として営業している建物賃貸借契約において双方から提出された鑑定書における賃貸事例はいずれも適切なものとはいえず、差額配分法、利回法、およびスライド法による各試算賃料を5：2：3の割合で関連づけて計算される額に基づいて適正賃料を算定する

のが相当であるとした事例（東京地判平22・2・17LEX/DB25463998）もあります。

> 家賃・借賃の増減請求

以下では、家賃・借賃に特有なことについて触れましょう。増額請求に対して賃借人が弁済供託した額が裁判により確定した額を超過していた場合には、過払金返還請求権が生じますが、法32条2項但書は適用されず、返還請求権は通常の不当利得請求権であり、賃貸人は過払金の受領時において悪意とされ、5%の法定利息を支払うことになります（東京高判平24・11・28判時2174-45）。

賃借人から家賃減額請求がされ、当事者間に協議が調わない場合、賃貸人は、減額を相当とする裁判が確定するまでは、賃借人に対し、相当と認める額の賃料の支払を請求することができます（法32条3項）。「相当と認める額」は、社会通念上著しく合理性を欠くものでない限り、賃貸人が主観的に相当と判断した額をいいます（東京高判平10・6・18判タ1020-198）。裁判所は、賃料減額請求に基づき継続賃料を定める場合には、客観的・経済的な価格とされる鑑定結果を基礎とし、当該賃貸借契約の個別具体的な事情を考慮した上で、当事者間の衡平を図る観点から具体的な賃料額を定めるべきであり、賃貸人が支払を受けた額が裁判所により正当とされた建物の借賃を超えるときは、その返還額に年1割の割合による利息を付して返還する必要があります（東京地判平17・3・25判タ1219-346参照）。

賃料増減請求の裁判手続は借地の箇所で説明しました（第1部第4章第1節）。

> 賃料増減請求権に関する特約

本条は賃料自動増額特約等の賃料増減請求

第1節　賃料・家賃

権に関する特約が存在する場合でも適用されます。サブリース契約に関する最高裁判決（最判平成 15・10・21 民集 57-9-1213）は、法32条1項の規定は強行法規であって、賃料自動増額特約によってもその適用を排除できないから、契約当事者は、賃料自動増額特約が存するとしても、そのことにより直ちに法32条に基づく賃料増減請求権の行使が妨げられるものではないとしています。最判平 15・6・12 民集 57-6-595 は、借地の場合について同趣旨の判断をしていました。

　もっとも、家賃額について、賃貸借の全期間（15年間）の売上高、固定資産税、減価償却費、投資金利、経常利益を予測し、これに基づいて土地および建物の売上高合計を計算し、毎月の純賃料額を計算しているという特別な事情がある場合、この賃料額は本件賃貸借契約を含めた共同事業の中核となるべきものと認められ、平均的な賃貸借契約におけるのと異なり、当事者に対する拘束性の強いものと評価するのが、契約当事者の合理的意思に沿うものというべきとして、法32条による減額請求を否定した事例もあります（大阪高判平 17・10・25 金判 1299-40）。この判決はサブリース最高裁判決の基本的な枠組みに従いつつも、共同事業性の強い契約関係を考慮するという判断をしている点で興味深いものです。

　賃料自動改定特約のある建物賃貸借の賃借人からの賃料減額請求の当否を判断するにあたり、上記特約による改定前に当事者が現実に合意した直近の賃料をもとにすることなく、上記特約によって増額された賃料をもとにして増額された日から当該請求の日までの間に限定して経済事情の変動等を考慮した原審の判断に違法があるとした事例（最判平 20・2・29 判時 2003-51）があります。

　大規模商業施設の賃貸借契約における「賃料は、経済情勢の変

化・公租公課・本物件における賃借人の経営状況・賃貸人の借入金返済状況等を勘案し、3年ごとに当事者協議の上改定することができる」旨の約定は、いわゆる協議条項（当事者が協議するという趣旨であり、協議義務の発生という法的効力は発生しません）を定めたに過ぎないのであり、法32条1項に基づく賃料増減の請求は、賃貸借契約が締結された後に約定賃料の前提となる事情につき変更があった場合に限りすることができ、賃料決定の当初から賃料が不相当であったとしてもそれのみでは賃料増減請求の理由とはならないとした判決があります（広島地判平22・4・22金判1346-59）。

公的住宅の家賃

公営住宅の家賃は、入居者の収入および公営住宅の立地条件、規模、建設時からの経過年数その他の事項に応じ、かつ、近傍同種の住宅の家賃以下で政令で定めるところにより、事業主体が定めることとされています（公営住宅法16条1項）。公営住宅の家賃変更の要件については、公営住宅法13条およびそれに基づく条例の要件を満たすことが必要であり（最判昭59・12・13民集38-12-1411）、旧借家法7条（法32条）の規定は適用されません（東京地判昭62・3・9判タ645-187）。

特定優良賃貸住宅の賃貸人と賃借人との法律関係は私法上の契約ですので、民法、借地借家法の規定が適用されます。地方住宅供給公社が民間事業者（＝賃貸住宅所有者）との間でなした特定優良賃貸住宅の借上契約についても法32条が適用され、借上料決定の経緯、住宅供給公社の収入予測に関わる事情、建物所有者の借入金返済予定に係る事情等、諸般の事情を考慮して減額請求の当否および適正額を判断すべきとされています（東京地判平22・2・15判タ1333-174）。

第2節 権利金・敷金・保証金

1 権利金

賃貸借関係設定に際して、賃借人が賃料以外に支払うことのある金員として、権利金、敷金、保証金、礼金等があります。基本的な内容は借地の箇所（第1部第4章第2節）で説明しましたので、借家に関して問題となる点について説明しましょう。

権利金は建物賃貸借の場合は、事業用建物賃貸借の設定の際に交付されることが多いようです。多様な性質を持つ金員であり、場所的利益の対価（人通りの多い駅前の繁華街である等、その場所、立地上の条件が事業にとって有利な意味を持つことへの対価）、営業権ないし営業上の利益の対価（例えば、従前と同じ業種の事業を営む場合には、それまでの顧客が今後も継続して訪れるであろうという期待利益を有する）、賃料の前払い、賃借権に譲渡性を付すことの対価（建物賃貸借に譲渡性を認めることは少ないので、この例はほとんどありません）等の性質を持つといわれています。

期間満了、合意解除、借主の債務不履行などにより賃貸借が終了した場合に、賃借人は権利金の返還を請求できるでしょうか。学説は、賃料の一括前払いとして、または一定の期間を予定した賃借権設定の対価として、権利金が交付されたが、予定より短期間で終了した場合、その返還請求をすることができるとしています。しかし、最高裁は権利金返還請求には否定的であり、営業上の利益の対価として、権利金が造作料名義で交付された場合につき、すでに十数年間も建物を賃借した以上、権利金の返還請求はできないとし、場所的利益の対価の性格を持つ権利金の返還請求を否定し（最判昭29・

3・11民集8-3-672)、また、店舗の賃貸借において、場所的利益の対価として権利金が交付され、賃貸借が合意解除された場合にも返還請求を否定しています（最判昭43・6・27民集22-6-1427)。ただし、返還を命じた下級審判決もあります（浦和地判昭57・4・15判時1060-123)。

2　礼金

建物賃貸借契約締結の際、一種の贈与として賃貸人に支払われる金員で、賃貸住宅、居住用建物の供給が少ないときに生じた慣行であり、1月分の家賃程度の額でした。借手市場になっている現在では交付の例は少なくなりました。国土交通省住宅局の2014年（平成26年）度住宅市場動向調査報告書によると礼金の交付があったものは50%未満です。

3　敷金

敷金の意義

敷金とは、賃貸借関係から生じる一切の債務を担保するために借主から貸主に支払われる金銭のことであり、賃貸借契約終了の際、借主に債務不履行があればその額が控除され、また債務不履行がなければ交付額がそのまま返還されるものです（改正案622条の2参照）。法律的には停止条件付き返還債務を伴う金銭所有権の移転です。民法改正案は第7節賃貸借に第4款敷金を設け、これまでの判例理論を整理した規定を置いています。国土交通省住宅局の平成26年度住宅市場動向調査報告書によると敷金の交付があったものは67%であり、交付事例のなかでは1月分が50.9%、2月分が29.8%です。関西では保証金と呼ばれることが多

いようです。オフィスビルの場合は1㎡当たりの金額が定められています。

関西では原状回復のために必要な費用が控除されることがあり、敷引特約という名称が用いられます。これについては後に詳しく説明します。

敷金の被担保債権の範囲・
敷金返還請求権の発生時期　敷金は賃貸借契約成立後、賃貸借が終了し、目的物の明渡しまでに生じた一切の債務を担保する（最判昭48・2・2民集27-1-80）とされています。また、敷金返還請求権は目的物の明渡しのときに発生すると解されています。（最判昭48・2・2民集27-1-80）。

賃借目的物明渡債務と敷金返還債務との間に同時履行の関係が認められるでしょうか。判例は、両債務は一個の双務契約によって生じた対価的債務の関係にはなく、両債務の間には著しい価値の相違があり、賃借人の保護は本来の利用関係につき必要だが、終了後には不要であり、同時履行の関係を認めることは公平の原則には合致しないとして、同時履行の関係を否定し、借主は目的物明渡後に、敷金返還請求権を行使できるとします（最判昭49・9・2民集28-6-1152、改正案622条の2第1項1号参照）。担保という性質からして、明渡義務が先に履行された後に、敷金返還請求権が発生すると説明されます。同時履行の関係を否定すると、賃借人は目的物を明け渡したが敷金を返還してもらえない事態が生じること、実際にも賃借人の明渡準備が整ったときに敷金が返還されていることから、同時履行の関係を認めるべきとする学説もあります。

敷金返還義務の承継　賃貸借契約の目的物である建物の所有権が

移転された場合、敷金返還債務が新所有者に承継されるでしょうか。賃貸借契約の存続中に賃貸人がその目的物の所有権を第三者に移転した場合においては、特段の事情のない限り、賃貸人の地位は新所有者に移転すると解されています（最判昭和39・8・28民集18-7-1354）。賃貸借継続中に建物所有権が移転し、賃貸人の地位の承継があった場合には、敷金返還債務も承継され、承継される敷金額は旧賃貸人の元で生じていた債務に当然充当された残額となります（最判昭44・7・17民集23-8-1610）。買受人は月額賃料の55月分の敷金返還債務を承継するとした判決もあります（大阪地判平17・10・20金判1234-34）。敷金の返還契約は賃貸借に付従する契約であり、敷金返還請求権は賃貸借契約が終了し目的物を返還した後に生じますので、返還請求時の賃貸人に請求するのが筋であり、旧賃貸人を発見して敷金の返還を請求する労力や、旧賃貸人が無資力となっている危険を賃借人が負担するのは適切ではないことがその根拠とされます。通常は賃貸人の地位の譲渡に際して、新旧賃貸人と賃借人との間で、従前の賃貸借関係で生じていた債務への充当、敷金返還債務の承継、新賃貸人による賃借人に対する増担保（敷金増額）の請求等について合意がされます。

敷金返還請求権の承継

これとは逆に、賃借権の譲渡・転貸があった場合には、敷金返還請求権は譲受人・転借人に承継されません（最判昭53・12・22民集32-9-1768）。賃借権が譲渡されると旧賃借人は賃貸借関係から離脱し、その後に賃貸人との関係で債務を負担する可能性はなく、返還させることによって関係を打ち切るべきであり、賃貸人も新賃借人の信用を考慮して新たに敷金契約を結ぶべきだからと説明されます。実際にも、賃借権譲渡の際に従前の賃借人

へ敷金が返還され、敷金関係は終結し、賃貸人は新賃借人の信用・資力に応じた新たな敷金を徴求します。改正案622条の2第1項2号は、賃借人が適法に賃借権を譲渡したときには敷金を返還すべきものと規定しています。

競売に伴う土地賃借権譲受許可にかかる裁判において、土地賃借権の譲受けに敷金交付を命じることができるとした最高裁の決定（最決平13・11・21民集55-6-1014）があります。これは敷金返還請求権が新賃借人に承継されないことを前提としています。

敷金返還請求権の譲渡・質権設定・差押え　多くの場合には、敷金返還請求権に譲渡禁止特約が付されます。債権譲渡禁止特約は善意の第三者には対抗できませんが、敷金返還請求権について譲渡禁止特約が付されることは金融機関や不動産業者にはよく知られたことですので、これらの者が債権譲渡禁止特約を知らないと抗弁しても重過失があるとされ、譲渡禁止特約を対抗することができるでしょう（民467条参照）。ただし、賃貸借関係が終了し、敷金返還請求権が具体的な金銭債権となった後には債権譲渡禁止特約の効力は及ばないとされています（東京高判昭48・11・19判時725-43）。

賃借人が敷金返還請求権に質権を設定した場合、質権設定者は、質権者のために目的債権を保全し、維持する義務を負い、債権の放棄、免除、他の債務との相殺など、質権者に不利な権利内容の変更を質権者に対抗できません。賃貸借において条件付き債権としての敷金返還請求権に質権を設定した場合において、質権設定者である賃借人が正当な理由に基づかず賃貸人に対し未払債務を生じさせ、敷金返還請求権の発生を阻害することは、質権者に対する担保保存維持義務に違反するとされます（最判平18・12・21民集60-10-3964）。

また、賃借人による敷金返還訴訟の提起等は禁止されます。敷金返還請求権に質権を設定することの実質的機能は賃貸借終了時点において賃貸人が賃借人に敷金を返還してしまうことを禁止することにあるからです。質権者は目的である債権を直接に取り立て、引き渡すよう請求でき、自己の債権の弁済に充てることができます（民366条1項）。

建物賃借人が、賃貸人の承諾を得て、敷金返還請求権に質権を設定した後、賃貸建物が譲渡された場合は、敷金返還義務は新所有者＝賃貸人に引き継がれ、質権者である賃借人の債権者は、賃貸借契約終了後、旧所有者（＝旧賃貸人）に対し、質権を実行して支払を求めることはできません（大阪高判平16・7・13金判1197-6）。

賃借人に対する一般債権者は、その債権につき債務不履行があった場合、その債権に基づいて、すでに具体的に発生した敷金返還請求権を差し押さえ、自ら取り立てること（民執155条1項本文）も、支払請求に代えて券面額で差し押さえ、債権者に移転する命令（転付命令）を得ること（民執159条1項）もできます。

> 敷引特約

関西地方では、かなり高額の敷金（保証金と呼ぶことが多い）が交付され、原状回復のための費用が控除されて返還される慣行があり、敷引特約と呼ばれています。敷金の3〜4割を控除する事例や、賃貸借契約締結時からの期間に比例して控除額を定める事例が多いようです。敷引特約それ自体は強行法規に反するものではなく、一応有効な特約とされます。しかし、その効力については様々な問題が指摘されています。

> 天災・地変による建物賃貸借の終了と敷引特約

阪神淡路大震災のような天災地変によ

り賃貸建物が滅失し、建物賃貸借が終了した場合、敷引特約を有効とする判決（神戸地判平7・8・8判時1542-94）と無効とする判決（大阪地判平7・2・27判時1542-104、大阪高判平7・12・20判時1567-104）とがありました。最高裁（最判平10・9・3民集52-6-1467）は、居住用家屋の賃貸借における敷金につき、賃貸借契約終了時にそのうちの一定金額または一定割合の金員を返還しない旨のいわゆる敷引特約がされた場合において、災害により賃借家屋が滅失し、賃貸借契約が終了したときは、特段の事情がない限り、敷引特約を適用することはできないとして、賃貸人は賃借人に対し敷引金を返還すべきものとしました。その理由として、敷引金は個々の契約毎に様々な性質を有するものであるが、いわゆる礼金として合意された場合のように当事者間に明確な合意が存する場合は別として、一般に賃貸借契約が火災、震災、風水害その他の災害により当事者が予期していない時期に終了した場合についてまで敷引金を返還しないとの合意が成立していたと解することはできないから、他に敷引金の不返還を相当とするに足りる特段の事情がない限り、これを賃借人に返還すべきものであるからである、ということです。

敷引特約と消費者契約法10条——最高裁平成23年3月24日判決

敷引特約が、賃貸目的物の利用によって当然に生じる自然損耗の修理費用を賃借人に求めるものであるとすれば、賃貸借目的物の原状回復義務に関する民法の規定に比べて賃借人の義務を加重する契約条項であり、消費者契約法10条に違反するのではないかが問題になりました。

最判平23・3・24民集65-2-903は、次のように判示しました。居住用建物の賃貸借契約に付された敷引特約は、通常損耗などの補修費用を賃借人に負担させる趣旨を含むが、賃借物件の損耗は賃貸

借契約の性質上当然に予定されており、賃借人に通常損耗等の補修費用を負担させる特約は任意規定の適用による場合に比べ消費者である賃借人の義務を加重するものであるとしました。次いで、敷引額が契約書において明示されている場合は、賃借人は賃料額に加え、敷引額についても明確に認識した上で契約を締結しているのであって、補修費用が賃料額に含まれないものとして合意しているのであり、通常損耗などの補修の要否やその額をめぐる紛争を防止する点で敷引特約が信義則に反して賃借人の利益を一方的に害するとは直ちにはいえないとします。もっとも、賃借人は補修費用の額については十分な情報を有しておらず、賃貸人との交渉によってこれを排除することも困難であり、その額が高額に過ぎる場合は情報の質および量ならびに交渉力の格差を背景に、賃借人が一方的に不利な負担を余儀なくされたとみるべき場合も多いとします。そして、消費者契約である居住用建物の賃貸借契約に付された敷引特約は、当該建物に生ずる通常損耗等の補修費用として通常想定される額、賃料の額、礼金などの一時金の授受の有無およびその額等に照らし、敷引金の額が大幅に過ぎると評価すべきものである場合には、当該賃料が近傍同種の建物の賃料相場に比して大幅に低額であるなど特段の事情のない限り、信義則に反して消費者である賃借人の利益を一方的に害するものであって、消費者契約法10条により無効となると解するのが相当であるとしました。

　しかし、当該事例へのあてはめに際しては、本件特約は、契約締結時から明渡しまでの経過年数に応じて18万円ないし34万円を本件保証金（40万円）から控除するというものであって、本件敷引金の額が契約の経過年数や本件建物の場所、専有面積等に照らし、本件建物に生ずる通常損耗等の補修費用として通常想定される額を大

きく超えるものとまではいえない。また、本件契約における賃料は月額9万6千円であって、本件敷引金の額は、上記経過年数に応じて上記金額の2倍弱ないし3・5倍にとどまっていることに加えて、賃借人は本件契約が更新される場合に1か月分の賃料相当額の更新料の支払義務を負うほかには、礼金等他の一時金を支払う義務を負っていない。そうすると、本件敷引金の額が高額に過ぎると評価することはできず、本件特約が消費者契約法10条により無効であるということはできない、としました。

最高裁平成23年7月12日判決

さらに、最判平23・7・12判時2128-43は、賃貸借契約における権利金、礼金等様々な一時金を支払う特約の効力について、賃貸人は賃料の他種々の名目で授受される金員を含めて総合的に契約条件を定め、賃借人もこれら一時金の額やその他の契約条件が契約書に明記されていれば、自らが負うことになる金銭的な負担を明確に認識して複数の賃貸物件の契約条件を比較検討して選択するものであり、賃借人が敷引特約を明確に認識した上で賃貸借契約の締結に至ったのであれば経済的合理性を有する行為と評価すべきであり、敷引金が賃料額に比して著しく高額に過ぎる等の事情があれば格別、信義則に反して消費者である賃借人の利益を一方的に害するものではないとします。

本件への当てはめについては、月額賃料（17万5千円）のほかに、保証金100万円を支払う義務があり、そのうち60万円は返還されないことが明確であり、それを認識して契約を締結したものであり、敷引額は月額賃料の3・5倍程度にとどまっており大幅に高額であるとはいえないとしました。

平成23年7月12日最高裁判決には岡部裁判官の反対意見があり、

消費者たる賃借人が敷引特約の性質を明確に認識できないままに賃貸借契約を締結していることが問題であること、賃借人は敷引金がいかなる性質を有するものかについての具体的内容が明示されてはじめて賃貸借契約の条件を検討し、交渉することが可能になること、敷引特約のある建物賃貸借契約では十分な情報が与えられているとはいえないことを指摘しています。そして、本件については賃貸人は敷引金の性質につきその具体的内容を明示する信義則上の義務に反しており、敷引金の額は月額賃料の3・5倍に達し得ており、高額な敷引金の支払義務を負わせるものであつて賃借人の利益を一方的に害するものであり、消費者契約法10条により無効であるとしています。学説の多くは岡部裁判官の反対意見に賛成しています。

4 保証金（建設協力金）

保証金の意義

　　　　　　　　　　　建物賃貸借契約締結に際して保証金という名目の金員が支払われることがあります。その法的性質は多様であり、契約の解釈により判断されます。建設協力金として交付される場合は、ビル等の建設に際して、賃貸人が賃借人となる者から予め建設資金として借入れし、一定期間経過後に返還される金銭です。賃貸借の予約と消費貸借契約とが一体化したもので、通常は5～10年据え置いた後、無利息で返還します。

　かつては、建設協力金として交付される例も多かったのですが、現在では、賃借人に債務不履行が生じた場合の資力を担保する目的で交付される例も多く、その場合には敷金と同様の性格を有すると解されます。関西地方では敷金を保証金と呼ぶことも多いようです。敷金としての性質を持つ場合の法律関係については敷金の箇所を参

照して下さい。

　また、事業用建物賃貸借では比較的高額の保証金が交付されることがあり、敷金であるとともに権利金としての性格を有すると解される場合があります。保証金として交付された金員がどのような性格を持つかは保証金の額、当事者の合意内容によることになります

建設協力金（保証金）の承継

　賃貸借契約継続中、償還期間満了前に、賃貸人の地位の承継があった場合、保証金の返還債務も承継されるかが問題となります。建築協力金として保証金が交付された場合について、賃貸借とは別個の消費貸借の目的とされていること、敷金とはその本質が異なること、返還債務を承継する慣習法がないこと、承継を肯定すると新所有者が被る不測の損害が著しいこと、当事者の利益衡量などを理由として、特段の合意のない限り、承継されない（最判昭51・3・4民集30-2-25）とされています。敷金として交付された場合の効力については敷金の箇所を参照して下さい。

　土地建物の賃貸借契約において、賃借人の賃貸人に対する建築協力金等の償還に係る償還金と賃料の一部とを対等額で相殺する旨の相殺契約がなされた場合は、その相殺契約は実質的には賃料の金額ないしは支払方法について賃貸借契約と同時になされた合意という性格を有し、賃貸借と一体の契約内容になっており、賃貸人の地位を承継した者に対しても、その効力が及ぶとされています（仙台高判平25・2・13判タ1391-211）。

保証金返還請求権を制限・否定する特約の効力

　事業用建物とりわけ店舗用建物の賃貸借の場合において、契約期間満了前に賃借人が立ち退いたときには、保証金返還請求権を放棄することにより契約を即時解約できる、満

了時までの賃料相当額を制裁金として没収する等の特約が定められることがあります。この種の建物賃貸借においては、賃借人・賃貸人ともに、投資額と回収額との合理的計算に基づいて契約を締結しており、建物の内装、仕様等も賃借人の都合に合わせて施されており、賃貸人にとっても中途解約には大きなリスクがありますので、保証金の全額または相当額を没収する旨の特約も全く不合理とはいえません。このような特約の効力については、保証金の性質についての合意内容、保証金の額、建物の用途、賃借人が事業者であるか、当事者の社会経済的地位、交渉力の格差を総合的に判断するほかないでしょう。

　賃借人である破産会社が賃貸人に対して保証金返還請求権を放棄して契約を解約することは破産法160条3項の無償行為に当たり、破産管財人は否認することができ、破産法53条1項に基づき契約の解除をすることができます。解除により保証金返還請求権が消滅するものではありません（東京地判平23・7・27判時2144号99頁）。また、学校法人と地方公共団体との間の病院の運営を目的とする建物賃貸借契約において、30年を存続期間とした事例において、期間前に契約が終了した場合の保証金の返還請求は信義則に反しないとしました（東京地判平26・9・17金判1455-48）。

第5章
借家関係と第三者

【Learning Goals】

本章では借家関係の当事者に変更があった場合の法律関係についての論点を検討します。

1 賃貸借関係が設定されている建物が譲渡された場合の法的効果、とくに建物賃貸借の対抗について説明して下さい。賃貸建物の譲渡に際して、新旧所有者間で賃貸人の地位を留保することができるでしょうか。
2 建物賃借人の建物利用が権原のない者により妨げられた場合について、不法行為に基づく損害賠償請求権、占有の訴え、賃借人による賃貸人の所有権に基づく妨害排除請求権の代位行使、賃借権に基づく妨害排除請求権が認められます。これらに関する法律関係を説明して下さい。
3 建物賃借権の譲渡・転貸に関するルールは借地権の譲渡転貸に関するそれとどこが違うでしょうか。建物賃貸借の譲渡・転貸において信頼関係理論はどのように適用されているでしょうか。
4 建物賃貸人である所有者が賃貸借契約締結後、建物に抵当権を設定した場合の法律関係はどうなるでしょうか。
5 賃貸建物の賃貸人が死亡した場合の法律関係はどうなるでしょうか。建物賃借人の死亡の場合はどうでしょうか。賃借人が死亡し相続人の存在が不明の場合、相続権のない同居者がいる場合の法律関係はどうでしょうか。建物賃借人が自死した場合はどうでしょうか。賃借人の離婚に伴い財産分与があったときの法律関係はどうなるでしょうか
6 賃借人の保証人はどのような責任を負うのでしょうか。家賃債務保証会社とはどのようなものですか。

第 1 節 | 賃貸建物の譲渡と賃貸借関係の対抗

1 賃貸借関係が設定されている建物の譲渡

建物の賃貸借契約が結ばれ、賃借人が建物を使用している場合でも、建物の所有者と買受人との合意により建物の売買契約を結ぶことはできます、これにより、所有権は移転し、賃貸人の地位も承継されます。所有権の移転、賃貸人の地位の承継に関する法律関係は借地の箇所で説明しました（第1部第5章第1節）

2 建物賃貸借の対抗

賃借権の対抗

賃貸借契約が設定されている建物を所有者が第三者に譲渡した場合、賃借人は建物の新所有者に対して賃貸借関係を主張できるでしょうか。建物賃借人が民法605条により賃借権登記を備えることはほとんどありません。旧借家法1条、借地借家法31条は建物の引渡しにより第三者に対する対抗力が発生するとしました。引渡しとは、賃借人が賃借建物へ実際に移動し居住等を始める（現実の引渡し、民182条1項）等、第三者に賃借権の存在を認識させるに足りる事実的な支配の移転をいいます。引渡しの意義は柔軟に解釈され、現実の引渡しのみならず、簡易の引渡し（民182条2項）、指図による占有移転（民184条、最判昭61・11・18判時1221-32参照）、占有改定（民183条）でもよいとされています。建物の引渡しを受けた賃借人が第三者によって占有を侵奪された場合には、占有回収の訴えを提起することにより対抗力は存続します。

同一建物に賃貸借契約が二重に設定された場合も、先に対抗要件

を備えた賃借権は対抗要件を備えていない他方の賃借権に優先する効力（東京地判昭58・11・14判時1116-82）を持ち、目的物の利用を妨げている者に対しては賃借権に基づいて妨害の排除＝明渡しを請求できます。賃借人が建物の引渡しを受けていない場合において、賃貸借契約が結ばれていることを知りつつ、賃貸借契約を結び引渡しを受けた第二賃借人の場合はどうでしょうか。不動産物権の二重譲渡においては、第二譲受人が背信的悪意者であれば、対抗要件を備えていない第一譲受人であっても物権取得を対抗することができるという判例理論が確立しています（民177条参照）ので、対抗要件を備えていない賃借人であっても背信的悪意者である第二賃借人には対抗できると解することになります。

対抗力の内容

賃借人が対抗力を具備している場合に、賃貸借目的物の所有権が移転されると、所有権を承継取得した者は、特段の事情のない限り、当然に賃貸人の地位を承継します。賃貸借の内容をなす条件、特約は原則として全て新賃貸人に承継されます。賃料前払特約は建物につき物権を取得した者にも対抗できます（最判昭38・1・18民集17-1-12）。建設協力金の返還請求権と賃料債権とを相殺する特約も対抗できます（仙台高判平25・2・13判タ1391-211）。従前の賃貸人は賃貸借関係から離脱します。新賃貸人からの賃貸人の地位を承継した旨の通知は不要です。

建物賃貸借が対抗力を有しない場合には、建物の新所有者は賃貸借の存在を否認して、賃借人に対して建物の明渡しを請求できます。

旧所有者に賃貸人の地位を留保できるか

賃借権の設定された建物の譲渡に際して、新旧所有者間で賃貸人の地位を旧所有権に留保することができるか

が問題になります。判例は、自己の所有建物を他に賃貸して引き渡した者が同建物を第三者に譲渡して所有権を移転した場合には、特段の事情のない限り、賃貸人の地位もこれに伴って当然に第三者に移転し、賃借人から交付されていた敷金に関する権利義務関係も第三者に承継されると解すべきであり、この場合に、新旧所有者間において、従前からの賃貸借契約における賃貸人の地位を旧所有者に留保する旨を合意したとしても、これをもって直ちに前記特段の事情があるものということはできないとしています（最判平11・3・25判時1674-61）。その理由として、新旧所有者間の合意に従った法律関係が生じることを認めると、賃借人は、建物所有者との間で賃貸借契約を締結したにもかかわらず、新旧所有者間の合意のみによって、建物所有権を有しない転貸人との間の転貸借契約における転借人と同様の地位に立たされることとなり、旧所有者がその責めに帰すべき事由によって建物を使用管理する等の権限を失い建物を賃借人に賃貸することができなくなった場合には、その地位を失うに至ることもあり得るなど、不測の損害を被るおそれがあるからと説明しています。ただし、民法改正案605条の2第2項は不動産の譲渡人および譲受人が賃貸人たる地位を譲渡人に留保する旨およびその不動産を譲受人が譲渡人に賃貸する旨の合意をしたときは、賃貸人たる地位は譲受人には移転しないとしています。

第2節　建物賃貸借に対する侵害

建物賃借人の建物利用が権原のない者により妨げられた場合の不法行為に基づく損害賠償請求権、占有の訴え、賃借人による賃貸人

の所有権に基づく妨害排除請求権の代位行使、賃借権に基づく妨害排除請求権についての法律関係は借地の場合と同様です（第1部第5章第2節参照）。

第3節　建物賃借権の譲渡・転貸

1　無断譲渡・転貸の禁止

　賃借人は賃貸人の承諾がなければ、賃借権を譲渡したり、賃貸目的物を転貸することはできません（民612条1項）。これに違反して、第三者に賃借建物の使用収益をさせると、賃貸人は賃貸借契約を解除できます（民612条2項）。賃借権の譲渡とは、賃借権それ自体の移転をいい、これにより賃借人の地位は移転・継承されます。転貸借とは賃借人による賃借物の賃貸をいい、従前の賃貸借関係（原賃貸借）に加えて、転貸借関係が成立し、同一目的物に二重の重畳的な賃貸借が成立します。譲渡と転貸とは異なる概念ですが、いずれも目的物の使用収益を第三者に委ねることですので、一括して譲渡・転貸と呼ばれることがあります。賃貸借契約は当事者間の人的信頼関係を基礎としているので、賃貸人の承諾なしに他の者に使用・収益させることは賃貸人の賃借人に対する信頼に背くことであり、そのような不誠実な者に対する制裁として契約を解除できるというのが民法612条の考え方です。実際にも、建物賃貸借契約書は通常、賃借権の譲渡・転貸を禁止しています。

　賃借権の譲渡・転貸には賃貸人の承諾が必要ですが、承諾の拒絶が合理的な理由に基づいているとは限りません。譲渡・転貸があっても、賃貸人の経済的な利益を害するおそれがなく、解除を認める

のは不適切な場合もありますので、賃貸人の契約解除権の制限が必要となりました。判例は、当初は、賃借人の当該行為は民法612条にいう譲渡・転貸に当たらない、信義則・権利濫用等の一般条項により解除権に制限を加える、さらには黙示の承諾を擬制するという手法を用いました。その後、賃借人が賃貸人の承諾なく第三者をして目的物の使用収益をなさしめた場合でも、賃貸人に対する背信的行為と認めるに足りない特段の事情があるときには賃貸人は契約を解除することができないという信頼関係理論が確立しました（最判昭28・9・25民集7-9-979）。背信行為と認めるに足りない特別の事情は賃借人が立証する必要があります（最判昭41・1・27民集20-1-136、最判昭43・3・29判時517-49）。

2　建物賃貸借における信頼関係理論の適用

判例によれば、以下のような場合には信頼関係の破壊がないとされています。

名義の変更はあるが使用状況に変更はない場合　賃借人名義が個人から法人名義に変更されたが使用状況に変更がない場合、たとえば、賃借家屋を使用してミシン販売の個人営業をしていた賃借人が税金対策のため株式会社組織にしたが、その株主は賃借人の家族や親族の名を借りたに過ぎず、実際の出資はすべて賃借人がなし、当該会社の実権はすべて賃借人が掌握し、その営業、従業員、店舗の使用状況等も個人営業の時と実質的に何ら変更がない事例（最判昭39・11・19民集18-9-1900）、店舗の賃借人がその営業（肉屋）を会社組織に改めた事例（最判昭46・11・4判時654-57）があります。

会社の株式譲渡・経営権の変更

賃借人は会社であって、その株式が全部譲渡され経営者が交替した場合は、法人格が同一なので転貸借には当たらないとされています。形式的には賃借人の変更はないが、実質的な経営者は変更する場合があります。法人の構成員や機関に変動が生じた場合であっても、株式の譲渡や役員等の変更は、法令・定款の範囲内において、原則として株主もしくは当該会社の自由であり、他の干渉すべき事柄ではありません。ただ、賃借人の法形式が全く同一であっても、その実態に変更があるときには、株式の譲渡や役員等の変更は民法612条の賃借権の無断譲渡・転貸と同視でき、賃貸借契約の解除原因となる場合があり得るという下級審判決があります（東京地判平3・9・30金法1317-24参照）。ただし、この事例では賃借人の営業目的や使用状況に全く変化がないこと、賃料の支払状況にも変化がないこと等を理由に、無断譲渡とはいえないとしました。民法612条にいう賃借権の譲渡とは賃借人から第三者への賃借権の譲渡、法人格の移転であり、法人格の同一性が失われない場合は、賃借権の譲渡には当たりません。賃借人が小規模で閉鎖的な有限会社であり、持分の譲渡および役員の交替により実質的な経営者が交替しても、民法612条にいう賃借権の譲渡には当たりません（最判平8・10・14民集50-9-2431）。

建物の一部転貸借の場合

転貸借の部分がごく一部の場合には解除権は発生しません。建物賃貸借において、賃借人が賃貸人の承諾を得ないで、玄関脇の4畳半の部屋を西陣織物工業協同組合の事務所とした事例がその典型例です（最判昭31・5・8民集10-5-475）。店舗用建物の賃借人が賃貸人の承諾を得ないで転貸した場合、その転貸

は賃借人との共同経営に基づくもので転貸部分は家屋のごく一部に過ぎず、右共同経営のために据え付けられた機械は移動式で家屋の構造にはほとんど影響なく、その取り除きも容易であり、しかも転借人はその家屋に居住するものではなく、また家屋の所有権は賃貸人にあるが、その建築費用、増改築費用、修繕費等の大部分は賃借人が負担したものであり、賃貸人は多額の権利金を徴している等の事情があるときは、右転貸は賃貸人に対する背信行為と認めるに足りない特段の事情があり、賃貸人の契約解除は無効としました（最判昭36・4・28民集15-4-1211）。

| 人的信頼関係・物的信頼関係 |

転借人・譲受人が暴力団員、売春婦など社会的に好ましくない職業に就いている場合、そのような者に譲渡・転貸したことを理由にして解除できるかという問題があります。信頼関係の意味について、賃貸人の経済的利益が害されること（物的信頼関係と呼ばれました）に限るべきという見解と、より広く人的信頼の喪失といった事情等も含めるべきという見解があります。判例は、閑静な高級住宅街にある建物の賃貸借において建物の一部についてなした無断転貸借は転借人がいわゆるオンリー（駐留軍の兵士の愛人）であるとみられてもやむを得ない女性であるときは、その期間が1月に満たない場合であっても賃貸借契約は全部解除できる（最判昭33・1・14民集12-1-41）としており、人的信頼の喪失も含め、背信行為に当たるかどうかを総合的に判断しています。なお、現在では、建物賃貸借契約においては、賃借建物を暴力団関係者に利用させた場合、賃借建物で売春行為が行われた場合には解除できるという特約が定められているのが通常で、これら特約は有効と解されています。

> 店舗経営の委託

業務委託契約、のれん分けのために店舗経営を従業員に委ねる行為等は賃借権の転貸に該当します。信頼関係の破壊がないときは、契約を解除できないとした事例もあります（東京地判昭61・10・31判時1248-76）。「のれん分け」のための試用とは、店舗の経営能力があるかを判断するための試験的な「経営委託」ですから、受託者はほぼ独立して営業を行っていますので、転貸借に当たるともいえますが、この事例では試験的な経営委託であって、一時的なものにすぎず、同一チェーン店内での経営委託であって、事業内容もほぼ変わらないので、信頼関係を破壊する程度にまでは至っていないとされました。

> 事業用建物賃貸借における転貸借の容認

事業用建物賃貸借には、転貸が当初から予定され、容認されている場合があります。その典型は、賃借人がオフィスビルなどの建物を一括して借り受けた上で賃貸人の承諾を得て転貸するというサブリース契約です。賃貸人による転貸の承諾も共同事業を遂行する賃借人の活動の承認といった色彩が強く、サブリースにおける無断転貸はよほど特別な事情のない限り信頼関係を破壊しないものと判断されます。無断転貸の事例ではありませんが、最判平14・3・28民集56-3-662は、サブリースの事案において、転貸を前提としていることおよび転貸借契約への賃貸人の積極的参加に鑑み、事業用ビルの賃貸借契約が更新拒絶によって終了しても、賃貸人は信義則上契約の終了を転借人たるテナントには対抗できず、テナントは使用収益を継続することができるとしています。

3 譲渡・転貸の効果

　建物賃借権の無断譲渡・転貸の場合の法律関係は借地の場合と同様です（第1部第5章第3節参照）。賃借権の譲渡または転貸を承諾しない賃貸人は、賃貸借契約を解除することができます。1つの賃貸借契約で2棟の建物を賃貸した場合において、1棟の建物の無断譲渡があれば賃貸借契約全部を解除できます（最判昭32・11・12民集11-12-1928）。また、賃貸人は、賃貸借契約を解除しなくても、所有権に基づき、譲受人または転借人に対して明渡しを求めることができます（最判昭26・5・31民集5-6-359）。賃貸人は、賃借人から賃料の支払を受けた等の特別の事情のない限り、賃借権の無断譲受人たる目的物の占有者に対して、賃料相当の損害賠償の請求をすることができます（最判昭41・10・21民集20-8-1640）。なお、無断転貸により賃貸借契約の解除権が発生した場合において、その転貸借が終了したという一事のみによっては解除権の行使は妨げられない（最判昭32・12・10民集11-13-2103）とされています。

　賃借権の譲渡、賃借物の転貸が有効になされた場合の法律関係は借地の場合と同様です（第1部第5章第3節参照）。

4　基本賃貸借の終了と転貸借

　基本賃貸借が終了した場合の転貸借の効力については借地の箇所で説明しました（第1部第5章第3節参照）。

　なお、期間満了・解約申入れによって基本賃貸借が終了するときは、賃貸人は転借人にその旨の通知をしなければ賃貸借の終了を建物の転借人に対抗できません。通知をしたときには、建物の転貸借はその通知がされた日から6月を経過することによって終了します（法34条、旧借家4条、東京高判平11・6・29判時1694-90）。

第2部　借家関係／第5章　借家関係と第三者

第4節　建物賃貸借と担保権

1　賃貸建物への抵当権設定

賃貸借契約締結後の建物への抵当権設定

建物所有者は、建物賃貸借契約締結後も当該建物に抵当権を設定することができます。抵当権設定前からの建物賃借人は抵当権設定後も従前と同じく建物を利用することができます。抵当権が実行され、建物が競落された場合でも、対抗要件を備えた建物賃借人は、建物の競落人に賃借権を対抗できます。建物の競落人（買受人）は建物賃貸人の地位を承継取得し、賃借権の負担のついた建物所有権を取得します。

抵当権設定後の賃貸借

建物の所有者が建物に抵当権を設定し、抵当権登記を経由した後でも、その建物に賃借権を設定することは可能です。この場合も、賃借人は目的物の使用収益をすることができます。しかし、建物への抵当権が実行された場合には、建物賃借人は引渡しにより建物賃借権について対抗要件を備えていても、抵当権登記には時間的に劣後しますので、競落人に対して建物賃借権を主張することはできません。

抵当権は目的物の使用収益を内容としませんので、抵当権設定後も建物所有者による目的物の合理的な使用収益が想定されており、目的物を賃貸することは可能です。実際にも、建物への抵当権設定後に結ばれた賃貸借契約により得られる賃料によって抵当債務を弁済するのは通常であり、賃貸人である抵当債務者の債務不履行により抵当権が実行されるのは稀です。したがって、平成15年改正前

第 4 節　建物賃貸借と担保権

の民法 395 条は抵当権設定後になされた賃貸借であっても期間 3 年以下の短期賃貸借は、建物の競落人に対抗できるとしていました。しかし、短期賃貸借は抵当権実行を妨害する目的で濫用されているという当時の規制緩和推進論者による主張により、この制度は廃止されました。ただし、現在でも抵当権に対抗できない賃貸借により建物の使用収益をする者であって（短期賃貸借でない場合にも適用されます）、競売手続の開始前から使用収益をする者などは、その建物の競売における買受人の買受けの時から 6 月を経過するまでは、その建物を買受人に引き渡すことを要しないとされています（民 395 条）。

さらに、平成 15 年民法改正は、抵当権に遅れる賃借権であっても、抵当権者の同意によって、建物賃借権を抵当権者に対抗できるとする制度を設けました。賃借権設定登記をした賃貸借につき、賃借権登記前に抵当権設定登記をしたすべての抵当権者が同意し、その旨の登記がなされたときには同意をした抵当権者に賃借権を対抗できるとするもので、抵当権実行の結果、建物の競落をした買受人に対しても建物の賃借権を対抗できます（民 395 条）。優良な賃借人を維持したいときに用いられるとされましたが、その例はほとんどないようです。

賃料債権への物上代位

抵当権の実行方法として、物上代位制度があり、賃料債権への物上代位が認められています（最判平元・10・27 民集 43-9-1070、民 372 条、304 条）、抵当権者は物上代位により賃貸人の賃料債権に差押えをすることができ、抵当権者は建物賃借人に対して直接賃料の支払を請求でき、賃借人は差押債権者に賃料を支払うべき義務が生じます。また差押抵当権者は賃料債権につき、

券面額で債権者へ移転させるべき転付命令を取得することもできます。

この最高裁判決以降、バブル崩壊後の不動産価格の下落による担保割れの状況が続く中で不動産競売によっても抵当債権を満足できない状態が続きましたので、賃料債権に対する物上代位により債権回収をしようとの試みがなされ、これに関する判例法が急速に進展しました。また、抵当権の実行方法として担保不動産競売とともに担保不動産収益執行制度も生まれました（民執180条1項2号）。

この点についての判例は以下のように展開しました。抵当権者が賃料債権を差し押さえ、物上代位の効力が発生した後、所有者が建物を譲渡し、賃貸人の地位が移転した場合は、譲受人は賃料債権の取得を差押債権者に対抗することはできません（最判平10・3・24民集52-2-399）。同一の賃料債権について抵当権者の物上代位としての差押えと一般債権者の差押えとが競合する場合は、一般債権者の差押え命令の第三債務者への送達と抵当権設定登記の先後によって優劣が決定されます（最判平10・3・26民集52-2-483）。

抵当権者による賃料債権の差押えに対して、賃借人は反対債権をもって相殺することができるかという問題があります。抵当権者が物上代位権を行使して賃料債権の差押えをした後は、抵当不動産の賃借人は、抵当権設定登記の後に賃貸人に対して取得した債権を自働債権とする賃料債権との相殺をもって、抵当権者に対抗することはできません（最判平成13・3・13民集55-2-363）。しかし、敷金が授受された賃貸借契約にかかる賃料債権につき抵当権者が物上代位権を行使してこれを差し押さえた場合においては、当該賃貸借契約が終了し、目的物が明け渡されたときは、賃料債権は、敷金の充当によりその限度で消滅します（最判平14・3・28民集56-3-689）。敷

金は賃借人の負担すべき債務に充当されるという性質があるからです。

なお、賃借人が賃借建物について転貸借契約を締結した場合に、賃借人が取得する転貸料債権については、抵当権者は抵当不動産の賃借人を所有者と同視することを相当とする場合を除き、転貸料債権には物上代位することはできません（最決平12・4・14民集54-4-1552）。抵当権者は物上代位の目的物である債権が第三者に譲渡されその対抗要件が備えられた後であっても、自らその債権を差し押さえて物上代位権を行使することができます（最判平10・1・30民集52-1-1）。

2　建物賃借人による担保権設定

建物賃借人は賃借建物について抵当権を設定することも譲渡担保権を設定することもできません。敷金返還請求権への質権設定についてはすでに解説しました（第2部第4章第2節）。

第5節　借家関係と一般債権者

1　賃貸人と一般債権者

賃貸人の一般債権者は賃貸人の所有する建物、敷地の所有権について強制執行ができます。買受人が現れた場合の賃借人との関係は抵当権が実行され買受人が現れた場合と同様です。

ほとんどの場合、賃貸人の一般債権者は賃貸人の有する賃料債権を差し押えることになります。その場合の効果については借地の箇所（第1部第5章第4節）で解説しました。

2 賃借人と一般債権者

　建物賃借人に対する一般債権者は敷金返還請求権を差し押えることができます。ただし、賃貸借終了後であっても建物明渡前においては、敷金返還請求権はその発生および金額の不確定な権利であり、券面額のある債権には当たらない（最判昭 48・2・2 民集 27-1-80）ので、差押えはできません。債権者は、敷金返還請求権が具体化したときには、これを差し押さえ、自ら取り立てること（民執 155 条 1 項本文）、賃借人がこれに応じないときには取立訴訟を提起すること（民執 157 条）ができ、支払に代えて券面額で差押債権者に移転する転付命令（民執 159 条 1 項）を得ることもできます。

第6節　借家と相続・離婚に伴う財産分与

1　建物賃貸人の死亡

　建物賃貸人が死亡した場合、賃貸借契約という負担のついた建物所有権が相続されます。この場合の法律関係については借地の箇所で説明しました（第1部第5章第7節）。

2　建物賃借人の死亡

事業用建物賃貸借の場合　　事業用建物賃貸借の場合、事業主である建物賃借人が法人であるときは相続の問題は発生しません。法人の吸収・合併により法人格が承継されますが、賃借権の譲渡・転貸には当たりません、自然人である個人が賃借人であるときは、相続が発生します。相続人が事業を継続するときは建物賃借人の地位を承継

することになります。

居住用建物賃貸借の場合

居住用建物の賃借人が死亡した場合、建物賃借権は相続の対象となります。相続人が複数いる場合、遺産分割の終了までは相続分に応じて使用収益できます。建物賃借権の共同相続人の負担する賃料支払債務は不可分債務です（大判大 11・11・24 民集 1-670、借地の事例）ので、建物賃貸人は共同相続人の１人に対して賃料の全額の支払を請求できます。

遺産分割の結果、相続人の１人が建物を利用する場合は、相続人は従前（被相続人）と同様に、権利を行使し、義務を履行することになります。相続により建物賃借人の名義が変更されても、法律による当然の承継、法人格の承継であり、建物賃借権の譲渡・転貸ではありませんので、建物賃貸人の承諾等は不要です。遺産分割の結果、建物賃借人が複数となる場合、共同相続人は持分に応じて全体を使用収益できます。建物賃貸人は共同賃借人のいずれに対しても賃料全額の支払を請求できます。もっとも、借家に居住する家族の全員が相続人の場合、家族の１人が賃貸借契約の名義人となるのが通常です。

建物賃借人の自死

賃借人が自死をしたとき、通常以上の清掃や設備の交換が必要になったとして、相続人に対して、原状回復にかかる費用の請求がされたり、その後に建物賃貸借契約を締結する際、従前の賃借人が自殺したことを事前に告知しなければならないことの結果、家賃を低額にせざるを得ないので、減収分について、得べかりし利益の損害賠償を請求できるかという問題があります。賃借人の死亡後は善管注意義務も消滅しますし、賃借人の自殺をし

ない義務違反を理由とする賠償責任という構成も困難であり、賠償義務を認めないのが適切でしょう。建物賃借人の死亡は、どのような原因であろうと、建物所有者・賃貸人として当然負担するリスクであり、賃貸人としては保険により対応するのが適切であって、自死による減収分は保険により補填すべきでしょう。

　賃借人の死亡に気づくのが遅れ、遺体が残留していたことにより、建物の清掃、設備・備品の交換等に通常以上の費用がかかる場合、それを賃借権の相続人に対して請求できるかという場合にも同じ問題が生じます。相続人に遺体を放置したことについての帰責事由がある場合は別として、賃料の減収分、賃貸の困難さという経済的な損失については損害賠償請求はできないと解すべきでしょう。賃借人が他者に殺害された場合、加害者に対して賃料減収分、賃貸の困難さを損害として賠償請求できるかという問題もこれに類似しています。いわゆる純粋経済損害の問題であり、不法行為者である加害者に対しても賠償請求はできないと解すべきでしょう。

　なお、転借人の自殺につき賃借人および保証人の損害賠償責任を肯定した事例（東京地判平22・9・2判時2093号87頁）があります。この事例では、転貸借について賃貸人の承諾を得ていないこと、保証人は保証人仲介業者を介して保証人になった事例であることが理由のようです。たしかに、賃貸物件内で自殺者が出ると第三者が心理的嫌悪感等を抱くため、次の賃貸が困難となり、または賃料を減額せざるをえないことがあるでしょう。しかし、前述のように、賃借人が建物内で死亡することは建物の賃貸により生じるリスクであり、賃借人が賃借建物内で自死をしない義務を負っているとはいえないでしょう。

相続人が明らかでない場合

賃借人が死亡し相続人の存在が不明の場合、賃貸人は賃貸借契約の解除、賃借人の残置物の処分、建物の占有回復等が必要になります。

賃借人の長期間の不在の場合には、賃貸人は契約を解除できる旨の条項や、賃借人が残置した物件については所有権放棄があったものとみなして賃貸人は残置物を処分できる旨の特約の効力については、自力救済の要件（最判昭40・12・7民集19-9-2101）を満たすことが必要であり、自力救済特約に基づく賃貸借契約の解除や個別同意がないままでの残置物の処分は違法とする判決があります（浦和地判平6・4・22判タ874-231・自力救済特約による残置物の搬出処分を違法としました）。賃借人が死亡した場合についても同様の判断がされるでしょう。

相続権のない同居者の保護

賃借人死亡当時、賃借人と同居して生活をしていた者が内縁の夫婦や事実上の養子であり、法律上は相続権がない場合、同居していた者が借家の利用を継続できるかが問題となります。戦後初期には、「借家権の相続」として問題になりました。

学説は同居者の居住を保護するという結論では一致していますが、理論構成は多様です。相続人による建物賃借権の相続を前提としつつ、同居者の保護を図る学説には、現実に利用している同居者は占有・居住を黙認されている占有補助者である、同居者は賃借権の援用をすることができる、同居者への死因贈与があった、相続人による明渡しの請求は権利の濫用であるという説などがありました。相続原理を否定して同居者に賃借権の承継を認める説には、居住者の生活共同体（家団）という概念を用いてこれが賃借権を承継すると

いう説、同居の継続を認められるべき居住権という法的権利があるとする説などがありました。しかし、それぞれ難点を含み、定説はありませんでした。

判例は、建物賃借権の相続を前提として、場合に応じて、権利濫用法理と相続権の援用法理とを用いて、同居者の保護を図ってきました。相続権のない同居者に対する相続人からの明渡請求は権利の濫用とし（最判昭39・10・13民集18-8-1578は相続人である養子から同居していた内縁の妻に対する明渡請求を権利濫用とした事例です）、賃貸人からの、無断転貸・譲渡を理由とする、同居者に対する解除、明渡請求に対しては、同居者は相続人の有する相続権を援用できる（最判昭37・12・25民集16-12-2455は事実上の養子に対する事例であり、最判昭42・2・21民集21-1-155、最判昭42・4・28民集21-3-780はともに内縁の夫に対する事例です）としています。

同居人であった者に対する明渡請求が権利濫用、賃借権の援用により制約されるとして、誰が賃料の支払義務を承継するかが問題となります。賃借権の相続という論理に従えば、相続人が賃料支払債務を負担することになります。しかし、そうすると相続人による賃料不払いにより賃貸借の解除が認められることになり、また利用権限があるにもかかわらず賃料支払義務がないというのは論理的には一貫しないので、同居者が賃料支払債務を負うとされています。

また、相続人と賃貸人とによる合意解除は、同居者である賃借権援用者に不信な行為がある等合意解除が信義誠実の原則に反しないような特段の事由がある場合のほか、賃借権援用権者に対抗できませんし、相続人による賃借権放棄も賃借人と共同生活を営んでいた者との関係では効力を有しません。

1966年（昭和41年）の借家法改正では、それまでの判例理論を

前提として、補充を図りました。居住用建物につき、賃借人が相続人なしで死亡した場合には、同居の家族が賃借権を承継することにしました（旧借家7条の2）。借地借家法36条はこれを現代的な文章に改めました。同条は、建物賃借権を承継した同居家族は賃貸借関係のなかで従前発生していた債権債務関係の全部を承継するとされています（同条2項）。延滞賃料その他の債務、敷金・保証金等の返還請求権を承継します。債務の承継を欲しないときは反対の意思を表示しなければならず、賃借人死亡後1月以内に放棄の意思表示をしない限り、承継したとみなされます（同条1項但書）。相続人がいる場合には、現在でも先に述べた判例理論が適用されることになります。

3　離婚に伴う財産分与

　離婚に伴う財産分与を原因として建物賃借人名義を変更した場合、従前の建物賃借人が離婚の結果、当該建物を立ち退き、他方配偶者が建物を利用している場合、建物賃借権の譲渡が生じたとされます。民法612条によれば賃借権の譲渡には賃貸人の承諾が必要ですが、上記の場合、通常は利用状況に大きな変化は生じませんから、賃貸人の承諾を得ない場合でも、信頼関係の破壊が生じるとは考えられず、解除は認められません。

第7節　賃借人の保証人の地位

1　保証人の意義

　建物賃貸借を結ぶ際、賃借人につき保証人が要求されることがあ

ります。賃借人の保証人は、賃借人が債務を履行しない場合、賃借人に代わって履行する義務を負います。保証債務は書面でしなければ効力は生じません（民446条）。保証債務の内容は、主たる債務に対する付従性と契約内容とにより決まります。通常は、賃貸借契約から発生する賃料債務、賃借物保管義務、目的物返還義務等を保証する（大判昭13・1・31民集17-27）とされ、不履行があった場合の損害賠償債務についても責任を負います（民447条）。

保証人は賃貸借契約の存続期間中責任を負います。賃貸借契約が更新された場合に、更新後の期間についても保証契約の効力が及ぶかが問題となります。借地借家法の規定および判例理論によって、契約の更新が原則的に認められていますので、債権者および保証人の合理的意思の推測により、法定更新であれ合意更新であれ、保証債務は更新後も継続するとされます。判例も、期間の定めのある建物賃貸借契約において、保証契約を締結した場合には、反対の趣旨を伺わせるような特段の事情のない限り、保証人は更新後の賃貸借から生じる賃借人の債務についても保証の責めを負う趣旨で合意されたものと解すべきとしています（最判平成9・11・13判時1633-81）。

賃借人の債務につき保証をしていた場合において、保証人に相続が発生したときにはその債務は相続され（大判昭和9・1・30民集13-103）、賃借人につき相続が発生した場合にも、保証人の責任は継続します。

2　転借人の行為についての責任

賃借人が転貸借をした場合、保証人は転借人の行為について責任を負うかが問題となります。賃貸人の承諾を得て、適法な転貸借がなされた場合には、賃借人は転借人の故意過失につき責任を負いま

す（大判昭4・6・19民集8-675）。転貸借について、保証人の承諾、保証人への通知があるときには、保証人は転借人の行為についても責任を負います。ただし、適法な転貸借であっても、転貸借について保証人の承諾・保証人への通知がないときには、保証人は特定の賃借人の行為について責任を負うのであって、転借人の資力等について調査する機会もないので、転借人の選任について賃貸人に帰責事由があるときには、信義則上、保証人の責任の限定、免責の可能性を認めるべきとされています。

賃貸人の承諾のない無断転貸借の場合、転借人の賃料不払い、用法違反による損害発生のときには、無断転貸借をするような賃借人について保証をしたこと、賃借人の保証には損害担保契約ないし身元保証契約的な要素があることを考慮し、保証人の責任の範囲に含まれるとされています。無断転借人が賃借地上に産業廃棄物の不法投棄をし、賃借人が不法投棄されたものの除去およびそれに要する費用の損害賠償義務を負うとき、保証人はそれについての責任を負うと解されています（最判平17・3・10判時1895-60）。

3 保証人の解約権

賃借人に債務不履行があるとき、賃貸人が何らの手段を執らないと、賃料債務、保証債務が過大になる危険がありますので、保証人に保証契約の解約権が認められています。建物賃借人が賃料の支払をせずに相当期間を経過したにもかかわらず、賃貸人が賃貸借を解除せず依然として使用収益をさせているときは、賃借人の保証人は賃貸人に対する一方的意思表示により保証契約を終了させることができます（大判昭8・4・6民集12-791）。期間の定めのない賃貸借契約成立後、継続して賃料支払がない場合において、賃貸人が保証人

に対してその事実を告知することなく、一時に多額の延滞賃料支払を求め、他方賃借人をして依然賃借物の使用収益をなさしめているときは、保証人は一方的意思表示により保証契約を解除することができます（大判昭14・4・12民集18-350）。

保証人には、主たる債務である賃貸借契約を解除する権限はありません。ただし、賃借人が一定期間賃借建物を利用しないとか、所在不明である場合には、保証人は賃貸借契約を解除できるという特約を事前に結ぶことは可能です。

4　家賃債務保証会社

家賃債務保証会社とは、賃貸住宅の不動産賃貸借契約を結ぶ際に、賃借人となるべき者から手数料を徴収して保証債務を引き受け、賃料債務を保証する会社のことです。近時、これが急速に拡大しています。その背景にはいくつかの理由があります。身寄りのない高齢者、家族関係の希薄となった世帯、単身世帯、外国人、障害者世帯等は保証人を見いだすことが困難ですし、賃貸人側もこれを利用することで滞納賃料の回収から免れるという利点があります。賃貸物件の供給過剰のなかで敷金・礼金なしのいわゆるゼロゼロ物件が登場し、担保がなく資力の乏しい賃借人が増加したことにより賃料滞納のリスクが高まったことも指摘されています。

建物賃貸借契約を結ぶ際、賃借人は家賃債務保証会社と保証委託契約を結び保証料を支払います。家賃債務保証会社は賃貸人と連帯保証契約を結び、家賃債務保証会社が保証人として弁済した場合には、賃借人に対して求償権が発生します。

家賃保証会社による賃借人に対する求償権行使における過酷な取立行為の違法性、不法行為該当性が問題となっています。延滞賃料

の回収については、業界団体の自主的なルールによる規制はありますが、法規制はありません。裁判となったものとして、家賃保証会社の従業員が賃借建物の玄関ドアに督促状を貼り付けるなどの方法による取立行為が不法行為とされた事例（大阪地判平22・5・28判時2089-112）、賃料債務を連帯保証し、延滞賃料を支払った家賃債務保証会社が、その求償に応じない建物賃借人に対し、その居室の鍵の付け替え、居室内の物品の撤去、処分などの追出行為をした事例につき、会社の不法行為責任と代表者個人について、会社法429条1項の責任を肯定した事例（東京地判平24・9・7判時2171-72）があります。

第6章

定期建物賃貸借制度

【Learning Goals】

本章では定期建物賃貸借制度についての論点を検討します。
1 定期建物賃貸借制度とはどのような内容のものですか。またなぜそのような制度が作られたのですか。
2 定期建物賃貸借の締結・効力・終了時の関係について説明して下さい。
3 取壊予定の建物の賃貸借、建物賃貸人不在期間の建物賃貸借とはどのような制度ですか。
4 定期借家制度の利用状況はどうなっていますか。
5 高齢者の居住の安定確保に関する法律に基づく終身建物賃貸借とは何ですか。

第 1 節　定期建物賃貸借制度制定の背景

　1991 年（平成 3 年）に制定された借地借家法は、一定の特別事情がある場合に、あらかじめ定めた時期に建物賃貸借が終了する期限付き建物賃貸借制度を設けました。建物賃貸人不在期間中に限って賃貸する場合（法旧 38 条）と、取壊予定の建物の賃貸借の場合（法旧 39 条）とです。その後、1999 年（平成 11 年）12 月に「良質な賃貸住宅等の供給の促進に関する特別措置法」が制定されました。同法には、良質な賃貸住宅の供給促進（2 条）、と住宅困窮者のための良質な公共賃貸住宅の供給促進（3 条）という努力規定もありますが、その目的は借地借家法の一部を改正し、正当事由の適用がなく契約の更新を認めない定期借家制度の導入にありました。これにあわせて、借地借家法は一部改正され、その部分は 2000 年（平成 12 年）3 月 1 日から施行されました。

　「良質な賃貸住宅等の供給の促進に関する特別措置法」の制定過程は異例でした。不動産業界等は、借地借家法の正当事由制度に対して、期間満了によっても建物賃貸借が当然には終了しないので、賃貸人には正当事由を補完するための立退料を支払うという経済的な負担が課せられている。家賃が低額に押さえられている等と批判して、正当事由制度の適用がなく、期間満了により賃貸借が当然に終了する定期借家制度を導入すべきと主張していました。法務省はこれには消極的でしたので、1998 年（平成 10 年）6 月に「借地借家法の一部を改正する法律案」が議員立法として衆議院法務委員会に提案されましたが、反対運動によって、審議は進みませんでした。そこで、1999 年（平成 11 年）7 月に、ほぼ同一内容の「良質な賃貸

住宅等の供給の促進に関する特別措置法」が議員立法として建設委員会に提出され、同年12月に法律となりました。同法は、建物賃貸人不在期間中の期限つき建物賃貸借を廃止し、賃貸借期間につき、特別の事情がなくても、一定の期間に限り、更新することのない定期建物賃貸借を導入しました。

第2節　定期建物賃貸借の締結・効力・終了時の関係

1　定期建物賃貸借の締結

　定期建物賃貸借契約とは、契約の更新がなく、期間の満了により終了する建物賃貸借契約です。期間の定めのある建物の賃貸借契約を結ぶ際、公正証書等の書面によって、契約更新にかかる正当事由の適用がなく、契約の更新が認められない旨の特約をする場合には、その特約は有効とされると規定されています（法38条1項）。定期建物賃貸借契約は、普通建物賃貸借契約に契約の更新がないこととする特約を付したものとして構成されています。

　定期借家契約を結ぶ際には、建物の賃貸人は賃借人に対して、予め契約の更新がなく期間満了により借家契約が終了することを記載した書面を交付して説明しなければなりません（法38条2項）。書面の交付による説明がないときは契約の更新がないこととする旨の定めは無効であり、通常の借家契約となります（法38条3項）。

　定期建物賃貸借の設定には、公正証書による等、書面の交付による説明が必要です。書面の交付と説明義務に関しては、賃借人がその契約に係る賃貸借は契約の更新がなく期間の満了により終了すると認識しているか否かにかかわらず、契約書とは別個独立の書面に

よることが必要です（最判平 24・9・13 民集 66-9-3263）。また、「説明書を交付しておこなうべき説明は、締結される建物賃貸借が一般的な建物賃貸借契約とは異なる類型の定期建物賃貸借契約であること、その特殊性は同法 26 条所定の法定更新の制度および同法 28 条所定の更新拒絶に正当事由を求める制度が排除されることがあるといった定期賃貸借という制度の少なくとも概要の説明と、その結果、当該賃貸借契約所定の契約期間の満了によって確定的に同契約が終了することについて相手方たる賃借人が理解してしかるべき程度の説明をおこなうことを要する」としています。説明は口頭でも書面でもよいのですが、単に「この賃貸借は契約の更新がなく、期間が満了すると終了する」旨の記載をした書面を読み上げただけでは説明したことになりません（東京地判平 24・3・23 判時 2152-52）。

　宅地建物取引業者が行う重要事項の説明は宅建業法により宅建業者がするものであり、定期建物賃貸借契約の効力要件である本条の書面を交付しての説明は賃貸人がすべきものですから、重要事項説明書とは別個の書面によることが必要です。実際にも別個の書面が交付されています。

　定期建物賃貸借はその始期と終期とが定まっていることが必要です。賃貸借期間の最短限に関する制限（法 29 条 1 項）がないので、1 年未満の短い期間の定期借家契約も有効です。また、期間の上限についての制限もありませんので、10 年、20 年などの期間とすることも可能です。もっとも、賃借人による中途解約の制限があります（法 38 条 5 項但書）ので、賃借人が希望することは稀でしょう。

2　定期建物賃貸借の効力

　契約期間が 1 年未満の定期借家契約では期間満了により当然に契

約は終了します。期間1年以上の場合には、期間満了の1年から6月前までに、期間満了により定期建物賃貸借契約が終了する旨の通知をしなければ、期間満了によって契約が終了したことを賃借人に対抗できません（法38条4項）。賃借人に対して注意を促し、再契約や他の物件を見いだす時間的な余裕を与えるためとされています。賃貸人が通知を忘れ、存続期間を経過した場合でも、その旨の通知をすれば、通知到達のときから、6月経過後には期間満了による契約の終了を対抗できます（法38条4項但書、東京地判平21・3・19判時2054-98）。なお、通知を不要とする等のこれに反する特約は無効です（法38条6項）。

床面積200㎡未満の居住用の建物賃貸借では、転勤、療養、親族の介護、その他のやむを得ない事情により建物を自己の生活の本拠として使用することが困難となったときは、賃借人は、定期借家の解約申入れをすることができ、解約申入れから1月後に契約が終了します（法38条5項）。なお、中途解約に際して違約金を徴求する旨の特約など、これに反する特約は無効です（法38条6項）。

やむを得ない事情がない場合には、賃借人は期間満了前に定期借家の解約をすることはできません。その結果、非居住用建物または床面積200㎡以上の居住用の建物賃貸借では、定期建物賃貸借契約を結んだ賃借人は賃貸借契約を途中で解約できず、契約締結の際に合意した額の賃料を期間満了時まで支払わなければなりません。定期建物賃貸借契約に途中解約できず、解約した場合には倍額の違約金を支払う条項がある場合、契約当事者の自由意思に基づき合意され、その内容に不合理な点がない以上、有効とした下級審判決もあります。

契約後の事情変更により借賃が不相当になった場合、建物賃貸借

契約の当事者には家賃の増減請求権があります（法32条）が、定期建物賃貸借契約においてはこの規定の適用を排除できます（法38条7項）。賃貸借期間中賃料の増減をしない特約のほか、一定の期間経過毎に一定割合で賃料を変動させる自動的な賃料増額特約も有効です。裁判を回避し、当事者の合意を優先させるためです。

3 定期建物賃貸借の終了

定期建物賃貸借契約が終了した場合、当事者の合意により、再度建物賃貸借契約を結ぶことには問題はありません。更新ではなく再契約ですので、定期建物賃貸借契約締結に必要な要件を満たす必要があります。なお、終了後も建物賃借人が利用を継続し、賃貸人も異議を述べることなく家賃を長期間受領している場合には、普通建物賃貸借契約が黙示により設定されたものと解される余地があります。

居住用建物については、既存の普通借家から定期借家への契約の切替え、つまり普通建物賃貸借契約を合意解除して定期建物賃貸借契約を締結することが可能かが問題となります。2000年（平成12年）3月1日前にされた建物の賃貸借については、当分の間認められないこととされており、当分の間についての立法はありませんので、現在も認められません（良質な賃貸住宅等の供給の促進に関する特別措置法付則3条）。事業用建物の賃貸借については可能です。

なお、国は、本法の施行後4年をめどとして、居住用建物賃貸借のあり方について見直しを行うとともに、この法律の施行状況について検討を加え、その結果に基づいて必要な措置を講ずることとされていました（良質な賃貸住宅等の供給の促進に関する特別措置法付則3条）が、特段の処置は執られていません。

第3節 取壊し予定の建物の賃貸借

1 取壊し予定の建物の賃貸借の意義

　法律または契約により一定の期間を経過した後に建物を取り壊わすべきことが明らかな場合、その事由を記載した書面により特約を結ぶときには、建物を取り壊すことになる時に賃貸借が終了する旨を定めることができます（法39条）。借地借家法制定時に導入されましたが、定期建物賃貸借制度が導入された後も独自の借家類型として残っています。ただ、一般的な定期建物賃貸借が存在する現在では、制度の意義は少なくなりました。

2 取壊し予定の建物の賃貸借の要件

　取壊し予定の建物の賃貸借を有効に設定するための要件は、法律または契約により一定の期間を経過した後に建物を取り壊わすべきことが明らかな場合であることです。例えば、都市計画法に基づく計画事業の施行による建物敷地の移転（都市計画法67条以下）、土地収用法による建物敷地の収用または使用（土地収用法2条、102条）土地区画整理法に基づく仮換地に伴う建物の除去（土地区画整理法77条）等、法律により建物が取り壊される場合、および賃貸建物が定期借地権契約が締結された土地上の建物であって、定期借地期間の満了により借地権者＝建物賃貸人は借地権設定者に建物を収去して土地を明け渡さなければならない場合がその例です。契約上の義務として建物を取り壊す義務が賃貸人に課されていることが要件ですので、土地の売買契約において建物を取り壊して引き渡すべきことが定まっている場合は含まれますが、賃貸人が建物を取り壊し建

替えをする予定でその工事につき請負業者と契約を締結している場合は含まれません。なお、建物を取り壊すべき事由を書面に記載することも必要です（法39条2項）。

3　取壊し予定の建物の賃貸借の効果

契約を締結する際、取り壊すべき時期が定まっていれば、そのときまでの期限付きの建物賃貸借契約となります。確定期間のある建物賃貸借契約をし、建物を取り壊すことになる時に賃貸借が終了する旨の特約を付すことも可能です。取り壊すべき時期よりも前に確定期間が到来したときには、更新されることになりますが、取壊し時期が到来すれば賃貸借は終了します。期間を定めることなく、建物を取り壊すことになる時に賃貸借が終了する旨の不確定期限の建物賃貸借も可能です。

終了時期についての特約が付された建物賃貸借契約ですから、賃貸借期間中の当事者の権利義務は、通常の建物賃貸借と同様です。何らかの事情で取り壊し時期が延長された場合は、その時期が到来するまで建物賃貸借契約が延長されます。都市計画の変更により取壊し自体が不要になる場合は、特約のない建物賃貸借契約となり、更新拒絶、解約申入れには正当事由が必要となりますが、正当事由判断の際、取壊し予定の建物の賃貸借であったという事情が考慮されることになります。

第4節　建物賃貸人不在期間の建物賃貸借

建物賃貸人不在期間の建物賃貸借は借地借家法旧38条により導

入されました。建物賃貸人に、転勤、療養、親族の介護その他のやむを得ない事情があること、それにより建物を一定の期間、自己の生活の本拠として使用することが困難であること、一定期間経過後はその建物を再び自己の生活の本拠として使用することが明らかであることという条件を満たしていることが必要であり、上記のやむを得ない事情および更新がないことという特約を記載した書面により賃貸借契約をすることが必要でした（法旧38条）。

建物賃貸人不在期間の建物賃貸借が有効に結ばれた場合には、契約で定められた期間が満了したときに、建物賃貸借契約は終了します。この制度は、転勤等の事情により、一定期間建物を賃貸したいという、要望を満たすものとして創設されましたが、より一般的な定期建物賃貸借制度が創設され、それに吸収され、廃止されました。ただし、良質な賃貸住宅等特別措置法施行（平成12年3月1日）前になされた場合には、法旧38条に従って効力が維持されることになっています。

第5節　定期借家制度の利用状況

正当事由による存続保護制度を外すことにより、借家供給が促進され、借家の1戸あたりの居住面積も拡大する、賃料も減額化するという主張によって定期借家制度が創設されました。しかし、国土交通省住宅局の2014年（平成26年）度の住宅市場動向調査によると、定期借家を知っている者の割合は11.2%、名前だけは知っているが30.7%、知らないが57.5%で、ほとんど知られていません。また、民間賃貸住宅に住み替えた世帯の賃貸契約の種類の95.8%は通

常の建物賃貸借契約であり、定期借家は 3.2% であって、ほとんど利用されていません。

空き家が増加し、借手市場となっている民間借家市場では、借家人は存続保護がある賃貸物件（普通賃貸借）との比較により建物を賃借するので、更新の可能性のない定期建物賃貸借を希望する借家人は少なく、また、安定的な賃料の確保を期待する建物賃貸人にとっても定期借家契約は有利とはいえない状況にあるからです。

また、定期借家制度実態調査によれば、賃貸人にとっても定期借家を選択する理由は乏しいようです。契約締結・終了時に手間がかかる。従来の建物賃貸借で特段不都合はない。定期借家にすると空き家のリスクが高まる。空き家リスクを減らすには中途解約ができない制度にすることが必要であるが、それができないのであれば、従来型の借家契約で十分である。賃借人も従来型の借家契約を希望するという理由が挙げられています。

事業用建物には定期建物賃貸借契約が用いられることがあります。賃貸借当事者の経済的な力関係、賃貸市場に関する情報の取得、法律的な交渉能力に著しい格差がない場合には、自由な合意によって定期建物賃貸借が選ばれることもあります。不動産の流動化、証券化のスキームに組み込まれた建物賃貸借においては、確定した期間の間の継続的安定的な賃料確保が不可欠ですので、自動増額特約等の賃料に関する特約を付した定期建物賃貸借契約が用いられることがあります。しかし、建物賃貸借は賃借人にとっては自己の意思、事業経営の状態の変動により自由に移動できる利用形態であることが望ましいので、中途解約禁止条項は特別の事情がない限り選択しないようです。

第6節 高齢者の居住の安定確保に関する法律に基づく終身建物賃貸借

1 制度の趣旨

　終身建物賃貸借制度とは、高齢者が死亡するまでの終身にわたり居住することができ、死亡時に賃貸借契約が終了する制度です。高齢者の居住の安定確保に関する法律（平成13年法律26号）により設けられました。

　同法は、高齢者が日常生活を営むために必要な福祉サービスの提供を受けることができる良好な居住環境を備えた高齢者向けの賃貸住宅等の登録制度を設け、良好な居住環境を備えた高齢者向けの賃貸住宅の供給を促進するための措置を講じ、高齢者に適した良好な居住環境が確保され高齢者が安定的に居住することができる賃貸住宅について終身建物賃貸借制度を設けることを目的としています。

2 終身建物賃貸借の法律関係

　賃借人となることができるのは、自ら居住するための住宅を必要とする高齢者（60歳以上の者）または高齢者と同居する配偶者です。

　賃借人の終身にわたって住宅を賃貸する事業を行おうとする者は、当該事業について都道府県知事または国土交通大臣の認可を得た場合、公正証書による等書面によって契約をするときに限り、借地借家法30条の規定にかかわらず、当該事業にかかる建物賃貸借について、賃借人が死亡したときに終了する旨を定めることができます（同法52条）。

　認可を得るには、住宅の規模・設備、および賃貸住宅の加齢対応構造が、段差のない床、浴室などへの手すり、介助用車椅子で移動

できる幅の廊下等、高齢者の身体機能の低下を補い、日常生活を支障なく営むために必要な高齢者居住法施行規則34条の定める基準に適合していることが必要です（同法54条）。

事業者は、賃借人からの申出がある場合、終身建物賃貸借を結ぶ前に、定期建物賃貸借を定めることにより、体験的な入居が可能となる期間付き死亡時終了建物賃貸借をすることもできます（57条）。

事業者からの期間満了前の解約申入れは、住宅の老朽、損傷、一部滅失その他の事由により住宅を維持することができない、賃借人の長期にわたるに不在により住宅を適正に管理できない等の一定の事由がある場合に、都道府県知事の承認を受けたときに限られます（同法58条）。賃借人は、療養、老人ホームへの入所その他のやむを得ない事情により賃借人が居住することが困難になったとき、親族と同居するため居住する必要がなくなったとき等、一定の事由があれば解約の申入れをすることができ、上記の場合には、1月後に契約は終了します（同法59条）。これら2条の規定に反する特約で賃借人に不利なものは無効です（同法60条）。終身建物賃貸借において、賃料改定につき特約がある場合には、借地借家法32条の規定は適用されません（同法63条）。

3　終身建物賃貸借の実態

身体機能の低下に適合する構造を有する建物への住替え、快適で便利の良い都市内住宅への移動、良好な田園的環境での居住など、多様な理由により、高齢者の住替えが進んでいます。高齢者向けの住宅には、有料老人ホーム、高齢者専用マンション、サービスつき高齢者向け住宅等の制度があります。高齢者向け住宅の利用関係は多様であり、住宅部分の利用に関しては、賃貸借契約の締結、所有

権の取得、利用権契約の場合があり、入居者に対する介護サービス契約と結合している場合もあります。終身建物賃貸借は、死亡するまで建物を賃借できますから、有料老人ホーム利用契約でみられるような事業者の都合による居室の移動、入院による利用権の終了などはなく、安定的な利用を確保することができます。

　終身賃貸事業者となるには、賃貸する住宅が基準に適合したものであることに加えて、賃貸条件が適正に定められていること、賃借人から前払金を受領する場合はその算定の基礎が書面で明示されかつ保全措置が講じられていること、事業者の基本方針が適切であること等の要件を満たすことが必要であり（同法54条）、終身建物賃貸借の認可を受けている住宅は限られています。例えば、東京都において認可を受けている住宅は、2015年（平成27年）3月末現在、24箇所、1133戸にとどまっています。

むすびにかえて

　建物の賃貸借関係は時代により変化してきました。居住用建物の賃貸借においては、家主借家人の間に疑似親子的な関係がみられた伝統的な建物賃貸借や、高度経済成長時期に盛んであった自宅敷地の一部にアパートを建設し賃貸するという形態は現在ではほとんど見られなくなりました。これに代わって、遊休不動産を活用し、家賃の獲得を目的として借家を経営するという意識が賃貸人には一般化しました。個人的信頼関係を基礎とした関係から純粋に経済的利益の獲得を目的とした関係へと変化しました。賃貸人には、自ら、借家人を見いだし、賃貸借契約関係に入るという意識は乏しくなり、賃料収入を確保するために、宅地建物取引業者に、賃貸住宅経営に関する一切の業務を委託する傾向が強くなりました。滞納賃料を保証する家賃保証会社も登場し、これらの業者の組み合わせによる借家関係が形成されています。宅地建物取引業者も建物賃貸借契約締結の仲介をするのではなく、賃貸管理業務の包括的な委託を受けるという業務へと変化しています。

　事業用建物の賃貸借においては、賃料取得のための賃貸借という傾向は一層強いものです。賃貸借当事者に経済的な力関係、賃貸市場に関する情報の取得、法律的な交渉能力に著しい格差がない場合には、自由な合意によって建物賃貸借契約が結ばれ、建物利用と賃料取得からなる即物的・金銭的な契約関係に入るという意識が基調になりました。都市の空間を金融商品とする不動産の流動化、証券化のスキームに組み込まれた建物賃貸借においては、居住用であるか事業用であるかを問わず、継続的安定的な賃料確保が賃貸借関係

むすびにかえて

の中心的な課題となっています。

　不動産賃貸借に関与する人々も多様になりました。賃借人を見いだし賃貸借契約を締結する不動産仲介業者、賃料の徴収・賃貸不動産の現実的な管理業務を行う不動産管理業者の役割が重要になりました。これらの者による専門的な賃貸経営が一般化し、不動産所有者は、仲介業者・管理業者に具体的な経営を任せ、賃料徴収にのみ関心を抱くようになりました。建物所有者にとっては賃料取得を安定させ確実にすることが目的ですから、自ら使用するために賃貸借契約の更新を拒絶することはなく、賃料収入が不安定になることや、それが危殆化することを防ぐための手法が関心事になっています。

　居住用であれ事業用であれ、賃料債権の確保を基軸として建物賃貸借に関する関係が形成されています。建物の賃貸から得られる収益を対象とする投資商品が不動産投資信託として販売されるようになった現在では、賃貸借法は賃貸人と賃借人との物の利用関係を規律する法律関係ではありますが、一定の利回りを確保した賃料を獲得するための法律関係という側面を持つようになりました。賃料債権を対象とする権利が流動化、証券化という手法により譲渡されるようになるに伴い、借地借家法制は土地・建物の所有と利用をめぐる法制度であると同時に、賃料債権を投資の対象とする金融法的側面をも帯びるようになったのです。

借地借家法参考文献

◇旧法時期の基本書
星野英一『借地借家法』法律学全集・有斐閣・1969年
鈴木禄弥『借地法(上)(下)』青林書院新社・1971年、(改訂版) 1980年

◇借地借家法の注釈書・コンメンタール
広中俊雄編集『注釈借地借家法(新版注釈民法15別冊)』有斐閣・1993年
幾代通・広中俊雄編『新版注釈民法(15)・増補版』有斐閣・1996年
稲本洋之助・澤野順彦編『コンメンタール借地借家法・第3版』日本評論社・2010年
田山輝明・澤野順彦・野澤正充編『新基本法コンメンタール・借地借家法』日本評論社・2014年

◇より深く学ぶための専門研究書
鈴木禄弥『居住権論』有斐閣・1959年、(新版) 1981年
渡辺洋三『土地・建物の法律制度・上巻』東京大学出版会・1960年
渡辺洋三『土地・建物の法律制度・下巻』東京大学出版会・1962年
篠塚昭次『借地借家法の基本問題』日本評論新社・1962年
水本浩『借地借家法の基礎理論』一粒社・1966年
水本浩『借地借家法の現代的課題』一粒社・1971年
稲本洋之助『借地制度の再検討』日本評論社・1986年
稲本洋之助・望月礼二郎・広渡清吾・内田勝一編『借地・借家制度の比較研究』東京大学出版会・1987年
澤野順彦『借地借家法の経済的基礎』日本評論社・1988年
澤野順彦『借地借家法の現代的展開』住宅新報社・1990年
瀬川信久『日本の借地』有斐閣・1995年
内田勝一『現代借地借家法学の課題』成文堂・1997年
藤井俊二『現代借地借家法制の新たな展開』成文堂・1997年
山野目章夫『定期借地権論』一粒社・1997年

借地借家法参考文献

澤野順彦・丸山英氣・内田勝一編『借地借家法の理論と実務』有斐閣・1997年
阿部泰隆・野村好弘・福井秀夫編『定期借家権』信山社・1998年
佐藤岩夫『現代国家と一般条項』創文社・1999年
福井秀夫・久米良昭・阿部泰隆編『実務注釈・定期借家法』信山社・2000年
小柳春一郎『近代不動産賃貸借法の研究』信山社・2001年
田中英司『ドイツ借地・借家法の比較研究』成文堂・2001年
藤井俊二『借地権・借家権の存続保護』成文堂・2006年
升田純『平成時代における借地・借家の判例と実務』大成出版社・2011年
松尾弘・山野目章夫編『不動産賃貸借の課題と展望』商事法務・2012年
澤野順彦『論点借地借家法』青林書院・2013年
澤野順彦編『実務解説借地借家法・改訂版』青林書院・2013年
田中英司『住居をめぐる所有権と利用権』日本評論社・2013年
渡辺晋『建物賃貸借』大成出版社・2014年
平田厚『借地借家法の立法研究』成文堂・2014年
藤井俊二『ドイツ借家法概説』信山社・2015年

◇借地借家法の論点についての講座本
水本浩・田尾桃二編『現代借地借家法講座(1)〜(3)』日本評論社・1985〜86年
西村宏一・菅原晴郎・寺田逸郎・澤野順彦編『現代借地・借家の法律実務(1)〜(3)』ぎょうせい・1994年
稲葉威雄・内田勝一・澤野順彦・田尾桃二・寺田逸朗・水本浩編『新借地借家法講座(1)〜(3)』日本評論社・1998年

◇裁判官・弁護士を対象とする訴訟実務に関する講座本
塩崎勤・澤野順彦編『裁判実務大系23借地借家訴訟法』青林書院・1995年
渋川満・塩崎勤・玉田勝也編『現代裁判法大系3借地借家』新日本法規出版・1999年
塩崎勤・中野哲弘編『新・裁判実務大系6借地借家訴訟法』青林書院・2000年
塩崎勤・澤野順彦編『新・裁判実務大系14・15不動産鑑定訴訟法Ⅰ・Ⅱ』青林書院・2002年

◇市民・不動産実務家向け実務書・法律相談書
鈴木禄弥・高島良一・佐藤繁・山崎敏彦編『借地の法律相談・第3版』有斐閣・1998年
水本浩・澤野順彦・内田勝一編『借家の法律相談・第3版補訂版』有斐閣・2002年
内田勝一・山崎敏彦編『借地借家の裁判例・第3版』有斐閣・2010年
野辺博『借地借家の法律相談・第1次改訂版』学陽書房・2011年
荒木新五『実務借地借家法・新訂第3版』商事法務・2013年
荒木新五『借家の法律実務』学陽書房・2013年
太田秀也『賃貸住宅管理の法的課題』大成出版社・2011年
太田秀也『賃貸住宅管理の法的課題・2』大成出版社・2014年
荒木新五『要約借地借家判例154・新版』学陽書房・2015年
渡辺晋『借地借家法の解説・3訂版』住宅新報社・2016年

事項索引

あ 行

一時使用の借地権　36
一時使用の賃貸借　170
一部の転貸借　128, 260
一般債権者　144
　借家関係と――　267
　借地権者と――　145
　借地権設定者と――　144
　賃借人に対する――　246, 268
　賃貸人と――　267, 268
一般定期借地権　151〜154
売上げ連動型の賃料方式　232
オーダーメイド賃貸借　175〜177

か 行

会社の株式譲渡・経営権の変更　260
瑕疵担保　50, 186
期間の定めのある建物賃貸借　201
期間の定めのない建物賃貸借　202
基本賃貸借の終了と転貸借　131, 263
供託　100, 233
　――と弁済の提供　99, 233
供託物の取戻し　101
供託物引渡請求権・還付請求権　101
近隣妨害となる行為を禁止する特約　194
経営委託　169, 262

継続的契約関係　26, 65, 66
原状回復義務　52, 65, 188
建設協力金（⇨保証金）　250, 251
権利金　108, 241
合意解除　65, 220
合意更新　71, 201
更新料　89〜92, 222〜227
　――支払契約と消費者契約法10条　223
　――支払契約の不履行と賃貸借契約の解除　91
公的住宅　168, 240

さ 行

再開発　13, 85, 211
　――の必要性と正当事由　204
債権者代位権　94, 123, 258
裁判所による譲渡・転貸の許可　137
サブリース契約　172〜176, 236, 239, 262
地上げ　13, 212
敷金　109, 242〜251
　――の被担保債権の範囲　243
　――返還義務の承継　243
　――返還請求権の承継　244
　――返還請求権の譲渡・質権設定・差押え　245
　――返還請求権の発生時期　243
敷引特約　190, 243, 246〜250

事項索引

――と消費者契約法 10 条　247
事業用借地権　151, 155
事業用定期借地権　151, 155
事業用定期借地権等　151, 156
地震売買　10, 115
失火責任法　187
借地契約更新後の建物再築許可申立て　61
借地契約締結の際の説明義務　38
借地権が設定されている土地の所有権譲渡　113
借地権者による建物への抵当権設定　140
借地権者による抵当権者への念書の交付　141
借地権者の死亡　147
借地権設定者の介入権　139
借地権設定者の死亡　145
借地権の譲渡・転貸と借地非訟事件　136
借地権を設定した土地への抵当権設定　143
借地借家関係の変貌　12, 26
借地借家法の性格論争　25
借地条件の変更　58, 59
借地上建物
　――の賃貸借　133〜136, 202
　――の担保のための所有権移転　120
　――の朽廃　67
　――の滅失―旧借地権の場合　67
　――の滅失―普通借地権の場合　68
　――への譲渡担保設定　142
　――への抵当権設定　142
　――を競売等により買い受けた者の賃借権譲受許可の申立て　138
借地人に不利な特約　53, 75
借地非訟事件訴訟　57, 136
借家関係の終了と転借人への効果　221
借家契約締結の際の説明義務　178
借家権の相続　271
社宅の利用関係　167
終身建物賃貸借　290
修繕義務　47, 183
住宅法　27, 236
受領拒絶　99, 100, 233
使用継続による法定更新　71, 76
使用収益させる義務　47, 183
使用貸借　35, 167, 232
譲渡・転貸の意義　125, 258
譲渡・転貸の効果　128, 263
譲渡の承諾　129
消費者契約法　17, 24
　―― 10 条　223, 227〜250
使用方法違反　54, 187
使用方法に関する特約　54, 193
使用目的に関する特約　54, 192
人種、性別、国籍、年齢などを理由とする入居の拒絶　179
人的信頼関係・物的信頼関係　261
信頼関係　54, 65〜67, 101, 126, 127, 220, 233, 259

299

事項索引

正当事由　11, 13～15, 71～89, 203～217
　　――の意義　78
　　――の存在時期　87, 213
　　――の内容　79
　　――の判断要素と判断基準　80～87, 203～213
　　――判断の具体例　80～87, 205～213
説明義務違反　38, 178
善管注意義務　51, 187
占有の訴え　123, 257
増改築許可の裁判　60
造作買取請求権　189, 195～198
相続権のない同居者の保護　271
相当な賃料・地代・家賃・借賃の算定　103, 236

た　行

大規模な災害の被災地における借地借家に関する特別措置法　18, 40, 41, 44, 122, 172
立退料　79, 80, 83, 88, 89, 204～209
建物買取請求権　49, 68, 93～96, 132, 133
建物が滅失した場合の掲示　122
建物譲渡特約付き借地権　157
建物所在の地番の誤り　116
建物所有者登記名義の違い　117
建物賃借人による担保権設定　267
建物賃借人の敷地利用権　166
建物賃借人の自死　269
建物賃借人の死亡　268

建物賃借人の相続人が明らかでない場合　271
建物賃貸人の死亡　268
建物賃貸人不在期間の建物賃貸借　287
建物の一部転貸借　260
建物の堅固・非堅固の区別　42, 43
建物の増改築禁止特約（⇨増改築許可の裁判）　55, 194
建物の耐震性と正当事由　213
建物の滅失と借家関係の終了　220
建物の老朽化と正当事由　82, 207～211
建物は土地に服す　20
他人の物の賃貸借　49, 186
短期賃貸借　44, 143, 171
地代増減請求権（⇨資料増額請求）　102
調停前置主義　15, 103, 107, 237
直接訴権　131
賃借権に基づく明渡請求　123, 258
賃借権の対抗　115, 255
賃借権の物権化　25
賃借権の無断譲渡・転貸の禁止　125～129, 258, 259
賃借人が複数の場合　52, 192
賃借人（借地権者）の破産　70
賃借人（借家人）の破産　221
賃借人による立退料請求　218
賃借人の損害賠償の範囲　188
賃借人の保証人　147, 273～276
賃貸借契約締結後の建物への抵当権設定　264

賃貸借当事者の破産　70, 221
賃貸住宅標準契約書　18
賃貸土地所有権の移転と賃貸人の地位の承継　113
賃貸人の債務支払のための建物売却と正当事由　206
賃貸人の修繕義務　47, 183〜185
賃貸人の損害賠償義務　184
賃貸人の地位の留保　256
賃貸人の破産　70, 221
賃料
　——支払義務　51, 99, 187, 231
　——の受領拒絶　99, 100, 233
　——の意義　99, 231
　——の算定　103, 236
　——の自動改訂特約　106, 172, 239
賃料債権への物上代位　265
賃料債務回収のための自力救済　233
賃料増減請求　102, 231, 236
　——と相当な賃料の供託　104, 236
　——特約　106, 238
　——の裁判手続　107, 258
通常損耗　189〜191, 247, 248
定期借地権　43, 151〜159
定期借家制度の利用状況　288
定期建物賃貸借制度　281〜285
抵当権者による賃料債権の差押え　266
抵当権設定後の借地権設定　143
抵当権設定後の建物賃貸借　264

天災・地変による建物賃貸借の終了と敷引特約　246
転借地権者の行為についての借地権者の責任　130
転借人の行為についての保証人の責任　274
転貸借の効果　130, 263
転貸借の承諾　130, 262
動物飼育禁止特約　193
土地賃借権の時効による取得　39
土地賃貸借契約の終了と建物賃貸借契約　133
取壊し予定の建物の賃貸借　286

な 行
二重賃貸借　124
農地賃貸借　23

は 行
被災地特別措置法（⇨大規模な災害の被災地における借地借家に関する特別措置法）
必要費償還請求権　48, 185
表示の登記　118
費用償還義務　48, 185
普通借地契約更新後の建物滅失　69
フリーレント契約　232
弁済の提供と弁済供託（⇨供託）　99, 233
法定更新と更新料請求　90
法定地上権　39
保証金（⇨敷金、建設協力金）

250～252
保証金返還請求権　251
保証人　147, 273～275
　　——の解約権　275
　　——の責任　274

ま　行

未登記借地権と権利濫用　119
民法典論争　9
無形造作　197
無償契約　3, 35, 167
無断譲渡・転貸の禁止　125～129, 258, 259
黙示の更新　71

や　行

家賃債務保証会社　276

家賃・借賃の増減請求（⇨賃料増減請求）　172, 238
家賃統制・規制　234
家賃補助　234, 235
有益費償還請求権　23, 48, 185
有償契約　3, 35, 167
用法遵守義務　51, 53, 187

ら　行

リース契約　7, 8
離婚に伴う財産分与　127, 273
罹災都市借地借家臨時処理法　18, 40, 172
良質な賃貸住宅等の供給の促進に関する特別措置法（定期借家法）　16, 281, 282
礼金　242

判例索引

大審院

大判大 7・3・19 民録 24-445	53
大判大 10・10・15 民録 27-1788	7, 124
大判大 11・11・24 民集 1-670	53, 147, 269
大判大 15・3・3 新聞 2598-14	49
大判大 15・10・12 民集 5-726	74
大判昭 4・3・30 民集 8-363	130
大判昭 4・6・19 民集 8-675	130, 275
大判昭 8・4・6 民集 12-791	275
大判昭 8・5・9 民集 12-1123	114
大判昭 9・1・30 民集 13-103	274
大判昭 9・3・7 民集 13-278	131
大判昭 9・11・6 民集 13-2122	132
大判昭 10・12・20 民集 14-2064	50
大判昭 11・2・14 民集 15-193	133
大判昭 13・1・31 民集 17-27	274
大判昭 13・3・1 民集 17-318	197
大判昭 13・6・21 民集 17-1263	56
大判昭 13・8・17 民集 17-1627	49
大判昭 14・4・12 民集 18-350	276
大判昭 16・6・20 民集 20-937	133
大判昭 18・2・12 民集 22-57	11, 78
大判昭 19・9・18 法学新報 717-14	11, 78

最高裁判所

最判昭 25・6・16 民集 4-6-227	78
最判昭 26・5・31 民集 5-6-359	263
最判昭 27・4・25 民集 6-4-451	66, 187
最判昭 28・4・9 民集 7-4-295	87
最判昭 28・9・25 民集 7-9-979	126, 259
最判昭 28・12・18 民集 7-12-1515	123, 124
最判昭 28・12・24 民集 7-13-1633	33, 75

判例索引

最判昭 29・1・14 民集 8-1-16	198
最判昭 29・2・5 民集 8-2-390	124
最判昭 29・3・11 民集 8-3-672	109, 196, 197, 241
最判昭 29・6・25 民集 8-6-1224	185
最判昭 29・7・20 民集 8-7-1408	124
最判昭 29・7・22 民集 8-7-1425	198
最判昭 29・11・16 民集 8-11-2047	167
最判昭 30・2・18 民集 9-2-179	165
最判昭 30・4・5 民集 9-4-431	124
最判昭 30・4・5 民集 9-4-439	95
最判昭 30・5・13 民集 9-6-698	129
最判昭 31・4・6 民集 10-4-356	197
最判昭 31・5・8 民集 10-5-475	260
最判昭 31・5・15 民集 10-5-496	102
最判昭 31・6・19 民集 10-6-665	54, 76
最判昭 31・10・5 民集 10-10-1239	129
最判昭 31・10・9 民集 10-10-1252	228
最判昭 31・11・16 民集 10-11-1453	168
最判昭 32・2・7 民集 11-2-240	37
最判昭 32・3・28 民集 11-3-551	88
最判昭 32・6・5 民集 11-6-915	100, 233
最判昭 32・7・30 民集 11-7-1386	36, 37, 170
最判昭 32・9・3 民集 11-9-1467	104
最判昭 32・11・12 民集 11-12-1928	263
最判昭 32・12・10 民集 11-13-2103	263
最判昭 33・1・14 民集 12-1-41	261
最判昭 33・3・13 民集 12-3-524	197
最判昭 33・10・14 民集 12-14-3078	196
最判昭 35・2・9 民集 14-1-108	94
最判昭 35・3・22 民集 14-4-491	43
最判昭 35・6・28 民集 14-8-1547	66, 102
最判昭 35・9・20 民集 14-11-2227	95
最判昭 35・12・20 民集 14-14-3130	95, 132
最判昭 36・4・28 民集 15-4-1211	261
最判昭 36・7・21 民集 15-7-1939	99, 194
最判昭 36・10・10 民集 15-9-2294	36, 37, 170
最判昭 37・12・25 民集 16-12-2455	272

最判昭38・1・18 民集 17-1-12	231, 256
最判昭38・2・21 民集 17-1-219	134
最判昭38・3・1 民集 17-2-290	88, 214
最判昭38・4・12 民集 17-3-460	131
最判昭38・4・23 民集 17-3-536	94, 134
最判昭38・5・21 民集 17-4-545	67
最判昭38・5・24 民集 17-5-639	119
最判昭38・9・27 民集 17-8-1069	194
最判昭39・6・30 民集 18-5-991	128
最判昭39・7・28 民集 18-6-1220	66, 194, 233
最判昭39・8・28 民集 18-7-1354	113, 244
最判昭39・10・13 民集 18-8-1559	119
最判昭39・10・13 民集 18-8-1578	272
最判昭39・10・16 民集 18-8-1705	77
最判昭39・11・19 民集 18-9-1900	259
最判昭40・3・17 民集 19-2-453	116
最判昭40・5・4 民集 19-4-811	140
最判昭40・9・21 民集 19-6-1550	127
最判昭40・11・30 判時 430-27	103
最判昭40・12・7 民集 19-9-2101	234, 271
最判昭40・12・17 民集 19-9-2159	120, 142
最判昭41・1・27 民集 20-1-136	259
最判昭41・4・21 民集 20-4-720	55
最判昭41・4・27 民集 20-4-870	117
最判昭41・5・19 民集 20-5-989	134
最判昭41・10・21 民集 20-8-1640	128, 263
最判昭41・10・27 民集 20-8-1649	167
最判昭41・11・10 民集 20-9-1712	87
最判昭42・2・21 民集 21-1-155	272
最判昭42・4・28 民集 21-3-780	272
最判昭42・6・2 民集 21-6-1433	165
最判昭42・6・22 民集 21-6-1468	220
最判昭42・9・29 民集 21-7-2010	133
最判昭42・12・5 民集 21-10-2545	34
最判昭43・1・25 判時 513-33	185
最判昭43・3・28 民集 22-3-692	37
最判昭43・3・29 判時 517-49	259

判例索引

最判昭 43・6・21 判時 529-46	66
最判昭 43・6・27 民集 22-6-1427	109, 242
最判昭 43・7・5 判時 529-49	103
最判昭 43・9・3 民集 22-9-1767	120
最判昭 43・10・8 民集 22-10-2145	40
最判昭 43・11・21 民集 22-12-2726	221
最判昭 43・11・21 民集 22-12-2741	66
最判昭 44・3・28 民集 23-3-699	140
最判昭 44・4・24 民集 23-4-855	127
最判昭 44・5・20 民集 23-6-974	57
最判昭 44・7・8 民集 23-8-1374	40
最判昭 44・7・15 民集 23-8-1520	40
最判昭 44・7・17 民集 23-8-1610	113, 244
最判昭 44・10・28 民集 23-10-1854	117
最判昭 44・11・26 民集 23-11-2221	42
最判昭 44・12・23 民集 23-12-2577	117
最判昭 45・7・15 民集 24-7-771	101
最判昭 45・7・21 民集 24-7-1091	38
最判昭 45・8・20 民集 24-9-1243	100, 233
最判昭 45・12・15 民集 24-13-2051	40
最判昭 45・12・24 民集 24-13-2271	50, 135, 203
最判昭 46・2・19 民集 25-1-135	185
最判昭 46・4・23 民集 25-3-388	114
最判昭 46・6・17 判時 645-75	214
最判昭 46・11・4 判時 654-57	259
最判昭 46・11・25 民集 25-8-1343	88, 214, 215
最判昭 47・2・10 判時 662-42	37
最判昭 47・3・9 民集 26-2-213	129
最判昭 47・3・30 民集 26-2-294	166
最判昭 47・6・22 民集 26-5-1051	118
最判昭 47・11・16 民集 26-9-1603	55
最判昭 48・2・2 民集 27-1-80	243, 268
最判昭 48・10・5 民集 27-9-1081	42
最判昭 48・10・12 民集 27-9-1192	131
最判昭 49・4・26 民集 28-3-467	233
最判昭 49・4・26 民集 28-3-527	134
最判昭 49・7・12 民集 28-5-700	76

判例	頁
最判昭 49・9・2 民集 28-6-1152	243
最判昭 50・2・13 民集 29-2-83	119
最判昭 50・2・20 民集 29-2-99	194
最判昭 50・4・25 民集 29-4-556	50
最判昭 50・10・2 判時 797-103	34
最判昭 50・11・28 判時 803-63	118
最判昭 51・3・4 民集 30-2-25	251
最判昭 51・10・1 判時 835-63	90
最判昭 51・12・14 判時 842-74	135, 203
最判昭 51・12・17 民集 30-11-1036	66
最判昭 52・3・11 民集 31-2-171	142
最判昭 52・3・15 判時 852-60	75
最判昭 52・9・27 金判 537-41	121
最判昭 52・9・29 判時 866-127	40
最判昭 52・12・8 金判 850-38	133
最判昭 52・12・19 判時 877-41	56, 75, 76
最判昭 53・12・22 民集 32-9-1768	244
最判昭 54・5・29 判時 930-68	133
最判昭 55・5・30 判時 971-48	169
最判昭 55・12・11 判時 990-188	128
最判昭 56・3・13 民集 35-2-145	77
最判昭 56・4・20 民集 35-3-656	102, 106
最判昭 57・10・19 民集 36-10-2130	7
最判昭 58・1・20 民集 37-1-1	85
最判昭 58・4・14 金法 1047-42	118
最判昭 58・9・9 判時 1092-59	34
最判昭 59・4・20 民集 38-6-610	89, 91, 223
最判昭 59・9・18 判時 1137-51	39
最判昭 59・10・8 ジュリスト昭和 59 年重要判例解説	134
最判昭 59・12・13 民集 38-12-1411	168, 169, 240
最判昭 61・11・18 判時 1221-32	255
最判昭 62・2・13 判時 1238-76	168
最判昭 62・3・24 判タ 653-85	131
最判昭 62・6・5 判タ 654-124	40
最判昭 62・10・8 民集 41-7-1445	128
最判昭 63・7・1 判時 1287-63	99, 135
最判昭 63・9・8 判時 1291-60	129

判例索引

最判平元・2・7 判時 1319-102	121
最判平元・10・27 民集 43-9-1070	265
最判平 2・6・22 判時 1357-75	168
最判平 2・10・18 民集 44-7-1021	169
最判平 3・3・22 民集 45-3-293	218
最判平 3・9・17 判時 1402-47	52
最判平 3・10・17 判時 1404-74	183
最判平 3・11・29 判時 1443-52	103
最判平 4・2・6 判時 1443-56	166
最判平 5・2・18 判時 1456-96	105
最判平 6・6・7 判時 1503-72	82, 86
最判平 6・7・18 判時 1540-38	132
最判平 6・10・11 判時 1525-63	188
最判平 6・10・25 民集 48-7-1303	89, 218
最判平 7・6・29 判時 1541-92	34
最判平 7・12・15 民集 49-10-3051	95
最判平 8・7・12 民集 50-7-1876	105
最判平 8・10・14 民集 50-9-2431	127, 260
最判平 9・2・25 民集 51-2-398	132
最判平 9・7・1 民集 51-6-2251	117, 166
最判平 9・7・17 民集 51-6-2882	120, 142
最判平 9・11・13 判時 1633-81	274
最判平 10・1・30 民集 52-1-1	267
最判平 10・3・24 民集 52-2-399	144, 266
最判平 10・3・26 民集 52-2-483	266
最判平 10・9・3 民集 52-6-1467	247
最判平 11・3・25 判時 1674-61	257
最決平 12・4・14 民集 54-4-1552	267
最判平 12・12・19 金法 1607-39	135
最判平 13・3・13 民集 55-2-363	266
最決平 13・11・21 民集 55-6-1014	138, 245
最判平 14・3・28 民集 56-3-662	262
最判平 14・3・28 民集 56-3-689	266
最判平 15・6・12 民集 57-6-595	106, 239
最判平 15・10・21 民集 57-9-1213	173, 239
最判平 15・10・21 判時 1844-50	173
最判平 15・10・23 判時 1844-54	173

判例	頁
最判平16・6・29判時1868-52	107
最判平16・11・8判時1883-52	174
最判平17・3・10金判1226-47	176
最判平17・3・10判時1895-60	52, 129, 275
最判平17・9・8民集59-7-1931	146
最判平17・12・16判時1921-61	189
最判平18・1・19判時1925-96	119
最判平18・12・21民集60-10-3964	245
最決平19・12・4民集61-9-3245	139
最判平20・2・29判時2003-51	239
最判平21・1・19民集63-1-97	184
最判平21・11・27判時2066-45	128
最判平22・9・9判時2096-66	141
最判平23・1・21判時2105-9	40
最判平23・3・24民集65-2-903	190, 230, 247
最判平23・4・22民集65-3-1405	39
最判平23・7・12判時2128-43	191, 230, 249
最判平23・7・15民集65-5-2269	199, 223
最判平24・9・13民集66-9-3263	283
最判平25・1・22判時2184-38	35
最判平25・4・9判時2187-26	166

高等裁判所

判例	頁
東京高判昭48・11・19判時725-43	245
東京高決昭55・2・13判時962-71	137
東京高判昭55・6・18判時971-51	53
大阪高決昭61・3・17判タ637-138	138, 143
東京高判昭61・10・30判時1214-70	36
東京高判平元・3・30判時1306-38	211
大阪高判平元・4・14判タ704-224	178
大阪高判平元・9・29判タ714-177	208
大阪高決平2・3・23判時1356-93	140
東京高判平2・5・14判時1350-63	211
東京高判平3・1・28判時1375-71	83
東京高判平3・7・16判タ779-272	210
東京高判平4・3・26判時1449-112	210
東京高判平4・6・24判タ807-239	82

判例索引

東京高判平 5・12・27 金法 1397-44	212
大阪高判平 7・12・20 判時 1567-104	247
大阪高決平 9・1・29 判時 1599-88	41
東京高判平 9・9・30 判タ 981-134	47
東京高判平 10・6・18 判タ 1020-198	238
東京高判平 10・9・30 判時 1677-71	210, 215
東京高判平 11・6・29 判時 1694-90	263
東京高判平 11・12・2 判タ 1035-250	81
東京高判平 12・3・23 判タ 1037-226	212, 217
東京高判平 12・12・14 判タ 1084-309	206, 217
東京高判平 12・12・27 判タ 1095-176	192
東京高判平 15・2・13 判タ 1117-292	176
大阪高判平 16・7・13 金判 1197-6	246
東京高判平 17・4・27 判タ 1210-173	139
大阪高判平 17・10・25 金判 1299-40	239
東京高判平 18・11・30 判タ 1257-314	237
福岡高判平 19・7・24 判時 1994-50	177
東京高判平 20・1・31 金判 1287-28	178
大阪高判平 20・4・30 判タ 1287-234	237
東京高判平 20・7・10 金判 1299-16	36
東京高判平 21・5・14 判タ 1305-161	40
名古屋高裁金沢支判平 21・10・28 判時 2080-38	142
東京高判平 24・11・28 判時 2174-45	238
仙台高判平 25・2・13 判タ 1391-211	251, 256
東京高判平 25・3・28 判時 2188-57	227
大阪高判平 26・9・18 判時 2245-22	178

地方裁判所

横浜地判昭 40・2・9 判タ 176-139	56
東京地判昭 44・3・27 判時 568-57	140
東京地判昭 53・1・24 判時 902-77	169
東京地判昭 55・2・12 判時 965-85	227
東京地決昭 56・5・13 LEX/DB27481254	137
浦和地判昭 57・4・15 判時 1060-123	242
東京地判昭 58・1・28 判時 1080-78	193
東京地判昭 58・11・14 判時 1116-82	256
東京地判昭 60・1・30 判時 1169-63	192

判例索引

浦和地判昭 60・9・30 判時 1179-103	140
東京地判昭 61・1・30 判時 1222-83	166
東京地判昭 61・10・31 判時 1248-76	262
名古屋地判昭 62・1・30 判時 1252-83	184
東京地判昭 62・3・9 判タ 645-187	240
大阪地判平元・4・13 判時 1322-120	183
福岡地判平元・6・7 判タ 714-193	211
東京地判平元・6・19 判タ 713-192	212
東京地判平元・7・4 判時 1356-100	209
東京地判平元・7・10 判時 1356-106	206
東京地判平元・8・28 判タ 726-178	207
東京地判平元・9・14 判タ 731-171	85
東京地判平元・9・29 判時 1356-112	209
東京地判平元・11・28 判時 1363-101	205
東京地判平元・12・27 判時 1361-64	54
東京地判平 2・1・19 判時 1371-119	209, 217
東京地判平 2・3・8 判時 1372-110	212
東京地判平 2・4・24 判時 1368-79	179
東京地判平 2・4・25 判時 1367-62	81
東京地判平 2・9・10 判時 1387-91	211
東京地判平 2・11・13 判時 1395-78	183
東京地判平 3・4・24 判タ 769-192	208
東京地判平 3・5・30 判時 1395-81	211, 217
東京地判平 3・7・9 判時 1412-118	193
東京地判平 3・7・25 判時 1416-98	211
東京地判平 3・9・6 判タ 785-177	205
東京地判平 3・9・30 金法 1317-24	260
東京地判平 3・11・26 判時 1443-128	207
東京地判平 3・12・19 判時 1434-87	193
東京地判平 4・7・16 判時 1459-133	54
東京地判平 4・9・25 判タ 825-258	210
東京地判平 5・1・22 判時 1473-77	207
大阪地判平 5・6・18 判時 1468-122	179
東京地判平 5・7・28 判タ 861-158	228
大阪地判平 5・9・13 判時 1505-116	85
浦和地判平 6・4・22 判タ 874-231	271
東京地判平 6・8・25 判時 1539-93	83

判例索引

判例	頁
東京地判平7・2・24 判タ902-101	81
大阪地判平7・2・27 判時1542-104	247
東京地判平7・7・26 判時1552-71	35
神戸地判平7・8・8 判時1542-94	247
東京地判平7・9・26 判タ914-177	82
東京地判平7・10・11 判タ915-158	187
東京地判平7・10・16 判タ919-163	211
東京地判平8・3・15 判時1583-78	208
福岡地判平8・5・17 判タ929-228	219
東京地判平8・5・20 判時1593-82	209
東京地判平8・7・29 判タ941-203	82
東京地判平9・2・24 判タ968-261	213
東京地判平9・9・29 判タ984-269	211
東京地判平9・10・29 判タ984-265	210
東京地判平9・11・7 判タ981-278	212
東京地判平10・5・8 判タ1008-154	219
東京地判平10・8・21 判タ1020-212	84
東京地判平11・1・22 金法1594-102	212
東京地判平12・4・14 金判1107-51	122
東京地判平13・5・30 判タ1101-170	82
東京地判平13・11・26 判タ1123-165	95
岐阜地判平13・11・28 判タ1107-242	207
東京地判平16・6・2 判時1899-128	234
東京地判平17・3・25 LLI 06031262	216
東京地判平17・3・25 判タ1219-346	238
東京地判平17・7・12 LLI 06032951	83
大阪地判平17・10・20 金判1234-34	244
東京地判平18・8・31 金判1251-6	233
横浜地判平19・3・30 金判1273-44	232
広島地判平19・7・30 判時1997-112	232
東京地判平19・9・28 判タ1266-239	35
東京地判平19・10・25 判時2007-64	189
大阪地判平19・12・18 判時2000-79	180
東京地判平20・4・23 判タ1284-229	208
東京地判平20・10・6 判時2031-62	195
東京地判平21・1・16 金法1892-55	221
東京地判平21・2・25 判タ2049-33	128

判例索引

東京地判平 21・3・19 判時 2054-98 ……………………………………………………… 284
東京地判平 21・4・7 判タ 1311-173 ……………………………………………………… 175
東京地判平 22・2・15 判タ 1333-174 …………………………………………………… 240
東京地判平 22・2・17LEX/DB25463998 ………………………………………………… 238
広島地判平 22・4・22 金判 1346-59 ……………………………………………………… 240
大阪地判平 22・5・28 判時 2089-112 …………………………………………………… 277
東京地判平 22・9・2 判時 2093 号 87 頁 ………………………………………………… 270
東京地判平 22・10・28 判時 2110-93 …………………………………………………… 194
東京地判平 22・12・28 金法 1930-112 ……………………………………………………66
東京地判平 23・7・27 判時 2144 号 99 頁 ……………………………………………… 252
東京地判平 24・1・13 判時 2146-65 …………………………………………………70, 102
東京地判平 24・3・23 判時 2152-52 ……………………………………………………… 283
東京地判平 24・9・7 判時 2171-72 ……………………………………………………… 277
東京地判平 24・11・26 判時 2182-99 …………………………………………………… 113
東京地判平 25・1・25 判時 2184-57 ……………………………………………………… 213
東京地判平 25・2・25 判時 2201-73 ……………………………………………………… 213
東京地判平 25・3・14 判時 2204-47 …………………………………………………………85
東京地裁立川支判平 25・3・28 判時 2201-80 …………………………………………… 213
東京地判平 26・9・17 金判 1455-48 ……………………………………………………… 252

簡易裁判所

東京北簡判昭 62・9・22 判タ 669-170 …………………………………………………… 193

著者略歴

1946年東京生まれ。1970年早稲田大学法学部卒業。1984年早稲田大学法学部教授、2004年早稲田大学国際教養学部教授、現在に至る。専門は民法・土地法。
日本学術会議会員、早稲田大学常任理事・副総長、Asia Pacifiic Association for International Education の President, US-Japan Research Institute の President 等を歴任
著書として『現代借地借家法学の課題』（成文堂・1997年）、『債権総論』（弘文堂・2000年）、『現代の都市と土地私法』（共編著・有斐閣・2001年）、『借地借家の裁判例（第3版）』（共編著・有斐閣・2010年）等がある。

勁草法学案内シリーズ
借地借家法案内

2017年2月20日　第1版第1刷発行

著　者　内　田　勝　一
　　　　うち　だ　かつ　いち

発行者　井　村　寿　人

発行所　株式会社　勁　草　書　房
　　　　　　　　　けい　そう

112-0005 東京都文京区水道2-1-1　振替　00150-2-175253
　　　　（編集）電話 03-3815-5277／FAX 03-3814-6968
　　　　（営業）電話 03-3814-6861／FAX 03-3814-6854
本文組版 プログレス・大日本法令印刷・中永製本所

©KATSUICHI Uchida　2017

ISBN978-4-326-49935-9　Printed in Japan

JCOPY　〈(社)出版者著作権管理機構 委託出版物〉
本書の無断複写は著作権法上での例外を除き禁じられています。
複写される場合は、そのつど事前に、(社)出版者著作権管理機構
（電話 03-3513-6969、FAX 03-3513-6979、e-mail: info@jcopy.or.jp）
の許諾を得てください。

＊落丁本・乱丁本はお取替いたします。
http://www.keisoshobo.co.jp

勁草法学案内シリーズ

内田勝一
借地借家法案内
本書

七戸克彦
不動産登記法案内
四六判　2,600円
49933-5

鎌野邦樹
マンション法案内
四六判　2,200円
45090-9

半田正夫
著作権法案内
四六判　2,300円
49934-2

藤木英雄・板倉宏
刑法案内　1
四六判　2,300円
49931-1
刑法案内　2
四六判　2,300円
49932-8

小型でパワフル名著ダットサン！
通説の到達した最高水準を簡明に解説する。

ダットサン民法

我妻榮・有泉亨・川井健
民　法　1　総則・物権法　第三版
B6判　2,200円
45085-5

我妻榮・有泉亨・川井健
民　法　2　債権法　第三版
B6判　2,200円
45086-2

我妻榮・有泉亨・遠藤浩・川井健
民　法　3　親族法・相続法　第三版
B6判　2,200円
45087-9

姉妹書

遠藤浩・川井健編
民法基本判例集　第三版補訂版
B6判　2,200円
45103-6

勁草書房刊

現代によみがえる名講義

我妻榮著　遠藤浩・川井健補訂		四六判	1,800 円
民法案内 1　私法の道しるべ　第二版			49844-4
我妻榮著　幾代通・川井健補訂		四六判	2,200 円
民法案内 2　民法総則　第二版			49845-4
我妻榮著　幾代通・川井健補訂		四六判	1,800 円
民法案内 3　物権法 上			49829-1
我妻榮著　幾代通・川井健補訂		四六判	1,800 円
民法案内 4　物権法 下			49830-7
我妻榮著　川井健補訂		四六判	2,000 円
民法案内 5　担保物権法 上			49831-4
我妻榮著　清水誠・川井健補訂		四六判	2,200 円
民法案内 6　担保物権法 下			49832-1
我妻榮著　水本浩・川井健補訂		四六判	2,000 円
民法案内 7　債権総論 上			49833-8
我妻榮著　水本浩・川井健補訂		四六判	1,800 円
民法案内 8　債権総論 中			49834-5
我妻榮著　水本浩・川井健補訂		四六判	2,000 円
民法案内 9　債権総論 下			49835-2
我妻榮（水本浩補訂），川井健		四六判	1,800 円
民法案内 10　契約総論			49836-9
我妻榮（水本浩補訂），川井健		四六判	1,600 円
民法案内 11　契約各論 上			49837-6
川井健著　良永和隆補筆		四六判	2,000 円
民法案内 13　事務管理・不当利得・不法行為			49839-0

——————————————————— 勁草書房刊

＊表示価格は 2017 年 2 月現在、消費税は含まれておりません。
＊ISBN コードは 13 桁表示です。